シリーズ〈本の文化史〉1

読書と読者

横田冬彦▼編

平凡社

シリーズ〈本の文化史〉刊行にあたって

日本列島上の人類史において、武家上層だけでなく民衆までの広範な人々が書籍（書物、本とも）に関心をもち蔵書を形成しはじめたのは、近世である。一七世紀、この列島で商業出版が成立し、版本が多くの人たちによって購《あがな》われるようになるとともに、書写による写本もさらにさかんに流通した。本を読むことが、人が生きることの大きな一部となっていった。書籍の登場とその普及は、一七世紀から現代までを書籍の時代とひとくくりできるほどの大きな変革であった。

書籍は、社会や時代においてきわめて大きな役割を果したのであるが、そのことが自覚され、歴史・文化・社会にかかわる研究者の関心を引くようになったのはそれほど古いことではない。たとえば歴史研究において、書籍が注目されるようになったのは、近年のことである。戦後、各地の蔵に眠っていた文書が歴史を叙述する一次資料として脚光を浴び、日本全国で史料調査が行われ、文書の整理や目録の作成がなされてきた。ところが、そこでは手書きの文書のみが重視され、文書とともに書籍が出てきても「邪魔もの」扱いされて、文書同様の整理・研究の対象とならなかった。整理されたとしても目録の「雑」の部にひとまとめに入れられ、分析の対象となってこなかった。これに対して、書籍に着目して、文書史料に加えて書籍を史料として近世史を語ろうとする研究動向が現れてきたのは、戦後半世紀を過ぎた、一九九〇年代半ば以降のことであった。また、文学研究でも書籍の整理は行ってきたが、書籍がもつ社会的・歴史的意味は研究者の視野に入ってこなかった。そうした研究が出てきたのは、やはり同じ頃であった。

それから十数年。今日では、書籍・出版の研究は非常にさかんに行われている。歴史学や文学研究だけでなく、日本語学、民俗学、教育学、宗教学、美術史等々の人文諸科学の研究者が書籍に関心をもち、書籍自体やその集蔵体である蔵書、流通も含めた出版活動等に焦点をあわせた研究が進められている。書籍への関心は、広く人文学の研究者に共通のものとなり、書籍を俎上に載せることによって、狭い専攻の枠組みを越えた学際的な研究ができるようにもなってきた。こうした研究動向をとらえて、私たちは、シリーズ〈本の文化史〉を企画した。これにより、現在の書籍研究の規模（スケール）と内容を確認し、あわせて今後の研究を展望していきたいと思う。

どの分野の研究もそうであろうが、研究が進展していけばいくほど、内容や方法が多岐にわたり専門分化し、研究の全体像が見えにくくなってくる。本シリーズでは、書籍・出版研究を六分野にわけて、その全貌を示し、研究の現状を総点検できるようにした。書籍研究を志す方にとっては、絶好の入門書となるであろう。

もちろん本シリーズは、研究を志す人たちにのみ向けられたものではない。書籍・出版研究が盛んになってきたといっても、たとえば歴史研究にしても、研究者のすべてが書籍を史料として認知しはじめたわけではない。むしろ、おおかたの研究者にとって書籍の研究は、流行りの分野だというような認識にとどまり、自らが積極的にそれに参与するものとはなっていない。研究者にしてこうであるから、それ以外の人たちに書籍の意味をふりかえることは耳遠いことに属すだろう。先祖から伝わる書籍の所蔵者も書籍の大切さに思い至らず、書籍は処分され散逸し続けているのが現状である。本シリーズは、こうした一般の方々をも対象として、書籍を蓄積し保存してきた先人に思いをいたすとともに、書籍が地域の歴史を知る第一級の史料であることを広く知ってもらうきっかけになればと思う。

さらに考えてみたいのは、書籍文化のゆくすえである。インターネットや電子出版の急速な普及により、紙媒体の書籍がなくなるのではないか、書籍の時代は終わりつつあるという危機感を多くの人たちがもつに至っている。こうした時代を生きている私たちは、書籍が時代のなかで担ってきた歴史的役割を明らかにして、人々にとって紙の本を読むことが大きな意義をもった書籍の時代とはなんだったのか、あらためてふりかえってみる必要があろう。本シリーズがそのような検討に寄与できることを期待している。

編者　鈴木俊幸
横田冬彦
若尾政希

シリーズ〈本の文化史〉1　読書と読者◉目次

総論

読書と読者

横田冬彦

一　読者研究における三つの転機

読者がいなければ、書物は成立しない。その意味で読者は、書物の歴史とともに古くから存在した。そして読者が読まなければ、書物という文化装置もなりたたなくなる。しかし、作者や作品でなく、読者という問題の独自性が認識されたのはそう古いことではない。これまでの読者研究をふりかえる時、そこには、おおよそ三つの転機があったように思われる。

第一期――前史

第一の転機は一九二〇年代（大正後期～昭和初期）、読者論の起点ともいう時期である。新聞メディアの発達や初等教育の普及、大正デモクラシーなどを背景に、吉川英治・山本周五郎といった大衆文学・通俗小説の盛行と円本文学全集などにみられるように、読者層が一気に拡大した。円本の最初の改造社版『現代日本文学全集』全六三巻は、三〇万部以上の予約購読者を得たという。一方ではそうした「大衆読者」に迎合しない純粋文学論が唱えられ、他方では「大衆読者」への働きかけをめぐってプロレタリア文学批評が生まれ、「（大衆）読者」とは何かという問題が浮上したのである。

戦時下をくぐり抜けたあと、戦後民主化によって思想・言論・出版統制から解放された人びとの知への渇望は、文学のみならず人文書をはじめとしたさまざまな分野で膨大な読者を生み出した。娯楽としての文芸を超えて、なぜ戦争に至ったのかを知りたいという知への渇望がこれほど素直に表出されたことはなかったかもしれない。そうした状況をふまえて、『思想の科学』グループによる大衆文学研究や、「国民文学論」の提唱があり、「国民的歴史学」運動へもつながる。前田愛が「読者論小史」（一九七三年）であつかったのは、まさにここまでの読者論前史であった。

第二期――読者研究の自立

第二の転機は一九五〇年代後半～六〇年代である。前田愛は、「文学研究者のあいだで、読者の問題が研究領域のひとつとして認められるようになった時期は、昭和三〇年代に入ってからの数年間であったと思われる」と述べているが、その画期となったのは、一九五八年（昭和三三）の雑誌『文学』の特集「近世小説の作者と読者」であった。特集著者の一人暉峻康隆も、「社会的存在としての文学を立体的に把握するためには、今までのように作者のがわからのみ考えないで、その作者なり作品なりを社会的存在たらしめた読者の問題をこれからもっと本格的に考察すべきである」と述べていた。

第一期の読者論が、手法としては読者調査などの社会学的方法による現状分析であり、その論議の帰するところが社会的存在としての文学のあり方や、文学あるいは読者と政治の関係といった同時代的性格を色濃くまとっていたところにあるとすれば、『文学』特集に見られる読者研究は、そうした運動の退潮を背景に、同時代的要請からの歴史研究としての「自立」にあったということができる。特集著者の一人野間光辰が、「現代においては、アンケートによる間接調査や、調査員派遣による直接調査などの方法によって、社会学的に、読者層もしくは読書階層の実態を把握することが行われているが、それは同時代なればこそ可能なのである」と述べているのはそれをよく示す。それでは読者はどのような資料の中に姿を現すのか、歴史時代の読者は近代（現代）読者とどこが違うのか、それに自覚的に応えることとなしに歴史研究としての読者論は不可能であり、そのことが、たんに対象として読者をあつかえばいいというのでなく、方法論的な反省と挑戦をともなう本格的な読者論研究を促すことになったのである。

第三期——危機の時代

第三期は、一九七〇年代後半〜八〇年代頃に転機が訪れていたと思われる。第一・第二の時期が、大衆化という読者の広がりを背景に持っていたとすれば、この第三の転機は、「読者の危機・衰退」を迎えてのことであった。たとえば雑誌『国文学　解釈と鑑賞』は一九八〇年に「読者論・読書論のかなたへ」という特集を組んだが、冒頭の座談会は「日本の読書状況——この危機はどこからきたか」で始まる。一九七八年の『朝日ジャーナル』「誰が読書を殺したか」という特集から大学生の読書調査を引用し、「人文教養の世界というものが総体的に崩れ始めている」と述べた。出版や情報伝達、教育環境などの物的条件が進歩すれば、書物はより多くの人々へと解放され、社会の知的状況は進歩するという期待がもはや楽観的に過ぎることが見えて来た中で、読者論は新たな方向性を模索せねばならなくなったのである。

論点の一つは、読者の量的な広がり（大衆化）だけではもはや不十分で、「大衆的読者」というものの内容、読者の質を問題にせねばならないというところにある。それは裏返せば、優秀な知識人作者が著述し、一般の大衆読者がそれを享受するという構図、作者の大衆的読者に対する優越性・特権性への疑問にもなろう。また、もう一つは、封建的身分制社会からの「近代化」、「近代読者」の成立、さらにその現代化という「進歩」の過程が自明でなくなったことであり、現代読者の問題がたんに近代読者の発展の延長上にあるわけではなく、現代社会の問題として再考察されねばならないように、近世読者もまた近代読者への「過渡期」としてではなく、近世という時代の構造の中で位置付けることが必要になったのである。

おおよそ一九九〇年代後半以降、現在に至る時期は、客観的条件としてはそういう読者の危機がさらに深刻化した時代であることは誰もが実感している通りであろう（たとえば、本や雑誌の新刊点数は一九九五年に五万八〇〇〇点、二〇〇〇年に六万七〇〇〇点と増加し続けているのに、市場は毎年三〜五％づつ縮小をつづけ、街角にある本屋さんは毎年一〇〇〇店ずつ廃業していくという現状を、佐野真一『だれが「本」を殺すのか』が詳細にレポートしている）。

ところが、にもかかわらず、読者論をふくむ出版文化の歴史研究は百花斉放《ひやつかせいほう》ともいうべく、陸続と生み出されているのである（鈴木俊幸による『近世書籍研究文献目録』をみられたい）。これをいま仮りに第四期としておくが、まだ第三期の延長であるのか、次への転機を孕むものなのかはまだわからない。ただ、この危機の現状と研究の量産とのアンバランスは、歴史研究としての同時代性からの「自立」、「近代化」の呪縛からの解放がもたらした皮肉な結果といえるかもしれない。

ほんらいであれば、膨大に蓄積されたこの第四期の研究成果を整理して、そこから新たな展望を考えるべきであろうが、それだけの力量も余裕もない。ここでは少し立ち止まって、第二・第三の転機を主導したいくつかの論文を取り上げて考えてみたい。第四期の重要な研究潮流のいくつかは、明示されていないとしても、そこに淵源を持つものも多いと思われるからである。

二　読者研究の自立と展開

文学と歴史学の架橋——野間光辰「浮世草子の読者層」

前述した『文学』特集号の論文「浮世草子の読者層」（一九五八年）において野間光辰は、社会学的調査にかわって、浮世草子そのものに描写された読者の場面を、当時の「生活記録」その他の資料によって確かめるという方法を提起する。テクストを中心とする文学的方法と「生活記録」にもとづく歴史学的手法を融合する宣言であった。

この論文で野間が「生活記録」として具体的にあげたのは、大坂近郊の農村日下村の庄屋森長右衛門の日記であった（そのほかに『松平大和守日記』など大名の日記あるいは岡山藩池田家の蔵書などが使われているが、今はおく）。野間はまず、読者が浮世草子に接触する機会を、本屋の店頭だけでなく、行商・触売《ふれうり》、貸本屋・古本屋、辻講釈、御伽衆などと多様に設定し、そのうち、行商の本屋が足繁く訪れ、貸本もしていたことをこの日記から示した。購入しなくても貸本で安く読めるとすれば、たとえば浮世草子の値段の高さや限定的な出版部数などから、読者を上層町人に想定するような従来の方法が、それだけでは不十分であることになる。また、この庄屋が儒学書や漢詩文の書を読みながら、同時に「小説類はほとんど貸本で読んでいる」こと、「浮世草子の読者が浮世草子だけの読者ではない

〔中略〕他の学術書・通俗書・中間書と、多かれ少なかれ共通の読者をもっている」という事実は、高尚な学術書と通俗娯楽書など、テクストの内容のむつかしさや文体のわかりやすさなどから、それぞれに相応しい読者階層を推定するという従来の方法の限界をも明らかにした。現実の読者は同時に多様な書物を、多様な接触方法を通じて読む主体なのであり、そうした複合性は読者そのものを直接に見る位置に立たなければ、一つ一つのテクストの側からではわからないのである。森長右衛門は、庶民層における固有名詞をもった読者の最初の〈発見〉であった。

野間自身は、そうした読者側の実態をふまえた上で、それが作者や作品にどのように反映しているかとして、文学ほんらいのテクスト分析を深化させていくのであるが、他方、「生活記録」を提起された歴史学の側では、今田洋三の出版研究と長友千代治の貸本屋研究があるものの、全体としてはその提起を十分にうけとめられなかった。そこにはこの時期の歴史学における、経済還元主義のような文化史の方法の貧しさがあったように思われる。

思索する読者の発見――前田愛「近代読者の成立」

もう一つ、第二の転機を主導した研究は、前田愛「近代読者の成立」(初出一九六二年)である。前田はそこで、幕末~明治初年の回想録などから、「一人の読み手を囲んで数人の聞き手が聴き入る共同的な読書形式」を抽出し、さらに、一人静かに黙読する「個人的、内面的な読書の方式」では「書物が外への扉と同じく内への扉を開」き、そこに個人的思惟の主体(近代的自我といっていいだろう)

が成立するとし、それを「近代読者」と定義した。音読＝共同的読書・黙読＝個人的読書という読書形態論の導入、さらに読者が思索主体でもあることを位置付け、「近代読者」を特定の歴史段階に対応するものとして措定したことは、大きな衝撃を与えた。

さらに前田自身は、素読・朗読・朗唱など多様な音読の形態や、言文一致体といったテクストの文体問題など、作者・作品の文学的手法による分析によって、幕末〜明治初年の過渡期の実態をみごとに解きほぐしてゆく。

ただ、全体としていえば、明治以降の「黙読によって書物が享受される時代」と江戸の「音読の習慣が卓越する時代」が対比的にあつかわれ、近代の画期性が強調されるために、近世の「民衆のリテラシィの低さ」が強調されすぎるきらいがあったように思う。

中世の口承文芸が琵琶法師などの語り手と聞き手の関係であるとすれば、近世の音読ではこの語り手が書物の読み手へと変わっていなくてはならない。また、そうした読み聞かせの場面として、各家における家父長などとその家族や奉公人、あるいは寺における僧侶の説教や村・町における辻講釈などを想定するとすれば、本を読める読み手の広汎な成立がなければならない。さらに読み手の周辺の聞き手についていえば、前田が「読みものへの関心と欲求を備えながら、自主的に読書する意欲と能力に乏しい読者」「ひとりで読み解く努力を惜しみ、耳から聞いて娯しもうとする読者」と注意深く述べているように、読めるか読めないかではなく、平仮名が少し読めたり、自分の名前表記が認識できるというレベルから漢文が読めるまでの間に、多様な段階の「潜在的読者」が広範に存在したと理解する方が、近世の書物出版の実態にもよく対応するのではないだろうか。

以上のように考えれば、近世にも読書における思索主体の成立を考えてもいいのではないか。さらに、やや先回りして述べれば、近世の村落社会にも、読めない人への音読だけではなく、読める人が集まって読むさまざまな読書サークルが存在し、それが郷学や私塾などを生み出していくこと（横田）、また、こうした高次の共同的読書が「会読」として明確に意義付けられていたことを示し、それをいわゆる「公論」成立の前提として位置付けた前田勉の成果などが現れている。

通俗道徳から民衆儒学へ——宮城公子『幕末儒学史の視点』

文学の分野で文学作品の読者が問題になったのと同様に、歴史学の分野では、思想史研究が、思想家の著作を誰がどう読むのかという問題に直面していたはずである。しかし、儒学思想研究においては、一流の（頂点的）思想家の著作からその思想内容を分析することが最先端の思想史研究であると考えられ、折衷学者や仮名交じり普及版を書いた貝原益軒のような思想家は「二流」とみなされ、まして教化政策の対象という以外に一般民衆が問題にされることはなかった。

これに対して「民衆思想」について、勤勉・倹約・謙譲・正直・孝行などといった日常生活の規範を「通俗道徳」として積極的に定立し、その表現を心学や荒廃した農村に対する尊徳や幽学の復興の呼びかけ、貧困の最底辺から絞り出された民衆宗教の創始者たちの語りの中に見出していったのが、安丸良夫「日本の近代化と民衆思想」（一九六五年）であった。通俗道徳の実践を、身分制や「儒教・

仏教の宿命論」に対する「能動性・主体性の哲学」であるとし、そうした民衆の営為が、日本の近代化を生産力的に下支えしたと論じた。

宮城公子「幕末儒学史の視点」(一九八一年)は、およそ寛政期頃から「その裾野は小禄の下級武士や草深い山村の豪農商層等々の庶民」までに自主的な「儒学の学習熱」がおこり、「儒学の大衆化」がなされたと論じた。「彼等を儒学に向わせたのは、一般的には幕藩制支配の危機の、彼等の居村、また町方の村政・町政、あるいは家業の盛衰」つまり家と村の危機であったが、それが「仏教・神道・民間信仰等々に向わずに儒学」であったのは、「武士という身分への上昇願望」ないし「その観念的代償」としての儒学学習であったからという。彼らが学んだ儒学は朱子学・陽明学・折衷学にかかわらず、「己を修め、人を治める」という「内面的価値と政治的価値の一体化を強調する思想」(天人合一思想)であり、「己を修めることを忘れた民衆統治技術」に過ぎない徂徠学の政治論や現実の政治担当者が厳しく批判されるとともに、自ら学習し自己鍛錬する〈儒教的主体〉の政治参加への道が開かれ(西欧民権思想の輸入によるのではないコース)、それが草莽の志士や民権活動家を支えるという(「日本の近代化と儒教的主体」、一九八七年)。

安丸の通俗道徳が家と経営、生産力の主体であることを示したのだとすれば、宮城はそれが政治的主体ともなりうることを示したといえよう。安丸の通俗道徳の民衆は本を読むことなどおそらく全く想定されていなかったと思うが、宮城が「儒学の大衆化」というとき、たんに娯楽として文芸書を読むという以上の、儒学書まで読む「学習熱」をもった熱い読者がそこにいる。宮城論文は「大衆読者」の質を問題にしたことで、前述した第三の転機を画期付ける研究となったのである。

ただ宮城自身は、その実例として、回船業や絞油業を営む農民身分出身ではあっても、立身を遂げて儒者となった山田方谷や尾藤二洲らを取り上げるにとどまっていたが、それを、ベストセラーとなった漢文素読の自学テクスト『経典余師』の発掘によってみごとに解明したのが、鈴木俊幸『江戸の読書熱』（二〇〇七年）であった。鈴木はその読者を読書記録といった史料を残さないような「普通の読者」であるとし、「家の存続、村の存続、そしてそれを可能としてくれている御代の存続は、その理想的人生の大前提であったし、それも倫理的な生き方の何たるかを学問を通じて会得し、個々の徳を高めることによって実現しうると考え」る、そういう「普通の人々の善き心根」であるという。これはまさに〈通俗道徳〉であろう。

また、横田冬彦は、安丸が通俗道徳の最初の典型例としてあげた河内屋可正が、実は儒書・仏書・軍書の熱心な読者であり、経験的に体得された通俗道徳の諸徳目は、それを概念化する言葉と説明する論理を読書の中から獲得し、家訓書として表象されたことを示した。最底辺から神がかりした民衆宗教の創始者たちはともかく、〈通俗道徳〉の日常的生活主体と政治主体を一方の極とする〈民衆儒学〉の主体の間には、厳しい自己鍛錬と熱い学習熱・読書熱をもった、意外に幅広い連続性をもった分厚い層が形成されていたのではないだろうか。

彼らは子孫への家訓書を書き、村方文書を分類整理して「村の歴史」を書いた（酒井　一九九七）。

また、塚本学の地方文人、高橋敏の村落生活文化史、田崎哲郎の地方知識人といった先駆的研究は、宮城論文ともあいまって、川村肇の在村儒学、青木歳幸の在村蘭学、杉仁の在村文化論など、全国各地の事例を発掘していくことになる。

こうして読書する民衆がさまざまなものを書く主体にもなりうることが示されると、逆に知識人と言われた作者・思想家へも同様の批判が向けられる。安藤昌益もまた読者であったことを示した若尾政希の研究は、思想家の研究を思想の内容分析で事足れりとするのでなく、思想家自身が読者として自己形成したことを再審に付すことになったのである。

近代化論から構造論へ――青木美智男・柴田純

前田の「近代読者」も、宮城の「幕末儒学史の視点」も、西欧型か日本型かは別として、「近代化」という方向性をもった概念である。

一九七四年、青木美智男は「科学的な近世史料学の確立を」を書く。これは読者論ではなく、近世の村々に残された膨大な村方文書の存在について、なぜそのような形で文書が残されたのかを近世社会の構造的なしくみとして説明するという、近世史料学の提唱であった。兵農分離によって領主である武士が在地を離れて城下町に集住した近世の社会体制においては、年貢収納や村落行政事務は村役人が請負い、領主との間は帳簿と文書(検地帳・人別帳・触書・願書・免状……)によって管理することになる。「村請制」というしくみが、膨大な村方文書を書かせ残させたのである。とすれば村役人には、近世の最初期から、識字計算能力が必須であったが、さらに柴田純「近世前期における学文の歴史的位置」（一九八三年）は、初期村方騒動などをあげ、村請制が機能するために村役人以外の小百姓らもふくめてそうした識字計算能力が保持されていたことを示した。

民衆の識字能力の向上や寺子屋の普及について、それまでの民衆教育史研究（石川謙）は、寺子屋数・私塾数などの年次変遷表を作成して、寛政期頃にはじまり幕末期に爆発的な急増を示し、それを、農民的剰余や「民富」の形成という経済史のシェーマに重ねることによって、封建的身分制の解体過程、近代への過渡期として説明してきた。

これに対して「村請制」論は、村落社会の識字計算能力をその初発から構造的に組み込んだ社会のしくみであり、支配のしくみであることを論じたのである。これによって、以後の民衆教育史の叙述は根本的に変わった（辻本・沖田編 二〇〇二）。また、年次変遷表のもととなっている『日本教育史史料』について、明治初年の聞き取り調査によるというデータの不十分性が指摘され、他方、戦国期以来の識字率の実証研究も大きく進んだ（大戸・八鍬編 二〇一四）。

また識字計算能力は書物を読む能力の第一歩であるから、今田洋三が明らかにした一七世紀後半における大量出版の成立は、そのような書物を読める読者の受け手としての広範な成立を前提としていたのであり、それは元禄期の「浮世草子の読者層」となり、また、父が子に「かな書きの草子」くらいは読めないといけないと教訓するように（『河内屋可正旧記』）、「益軒本」がブームになるように、さまざまなレベルの読者や「潜在的読者」を拡大再生産していく。寛政期は大きな画期であるが、さらにそれは柴田や青木が注意するように、村役人たちの行政能力の向上させ、願書や建白書を書かせ、さらには「公事好き」「公事師」を、ひいては百姓一揆の指導者たちを生み（深谷克己『八右衛門・兵助・伴助』）、彼らの読書の場は、彼ら自身の思索・成長と支配・教化・統制とのせめぎ合いの場となり、さまざまな出版統制が模索され、筆禍事件が引き起こされることになる。

以上、ここでは第二・第三期の転機をなした論文を取り上げてみたが、歴史学における「文化史」は、有名な思想家や作家とその作品の羅列を超えて、こうした文学史や思想史・教育史などの分野と交錯するところにこそ、読者はその姿を現しているのである。

三　本巻の諸論文から

さまざまな読者、さまざまな書物

本巻には、九つの論文を収載した。ここでは、さまざまな身分の読者とさまざまな種類の書物との組み合わせが、公家と故実書、僧侶・信徒と仏書、農民と農書、在村医と医学書、女性と人情本、子供と日用教養書などといった形で取り上げられている。すでに述べてきたように、読者論は、第一期の「大衆文学論」が想定したような〈文芸書を・娯楽として読む・「大衆読者」〉という枠を大きく超えている。誰が・何を・何のために・どのように読むのかという形で問題を立てた場合、何のために・どのように読むのかという問いは、最も核心的であるが、複雑でむつかしい。誰が・何をという問いの組み合わせをさまざまに立てることによって、それぞれの論者がそれぞれの史料と視角で、この核心的問題に迫ろうとしたのである。

1章では、近衛・野宮・三条などの公家を取り上げ、朝廷での儀式や役職を遂行し、それぞれの家職を保持していく上での蔵書を形成し、もつことの意味を解き明かす。彼らは歴史書や漢籍などの版本を購入するほか、故実の資料となる日記や古記録を一門一流などを通じて貸借、書写して蓄積していたこと。摂関家などはその蔵書を自らに従う家礼関係にある諸家に貸し出し、それについて指南する能力を持たねばならないこと。和歌や漢籍などの書を読み解く会読が行われていたことが示され、幕末の政局に参加していく主体もまた展望される。朝廷儀礼・有職故実などの知は朝廷・公家という身分集団の存在証明そのものであるから、禁裏御文庫を頂点とする公家集団全体としての蔵書保全の意味も見えてくる。

2章では、近世後期に江戸から地方へと広がった各地の狂歌仲間のサークルにおいては、町人や豪農らはもとより、諸藩士や代官所の手代といった武士が多く含まれ、彼らが転封や赴任地変更で移動する実態が克明に明らかにされるが、その手法はかつて『江戸の転勤族』を著した著者の独擅場といってよい。なお、師匠や判者のもとに編纂される狂歌書は、一定の参加料を払って参加者が自分の作品を投稿するもので、参加者が作者であり、かつ読者にもなる、同人誌とでもいうべき書物である。

3章では、仏教諸宗派における、学林・檀林といわれる僧侶養成機関における統一的教科書の出版（そのための御用書肆）による僧侶養成、その後の多彩な商業出版に対して本山が校訂・公認した「御蔵版聖教集」の刊行などが述べられる。中世的な口伝・秘伝、あるいは聖教伝授による師資相承という段階から、こうした学林・教団による出版書物を通じての異端統制に、出版の時代としての近世の特質が見られる。「異端思想は僧侶や信徒の頭脳から自然発生するものではなく、むしろ［偽書の］読書行為から発生する」という言葉がそれを示す。

4章では、三保谷宿の名主田中畊太夫が、荒川や入間川によって囲まれた輪中である川島領における、川越藩による大囲堤普請をはじめとした水難克服の歴史を、さまざまな古文書を整理して『河嶋堤桜記』という地域史に編纂した過程を明らかにした。そこには、堤防に植えられた桜を題材に多くの人の投句による漢詩・和歌・俳句集も添えられたが、川島領の人びとの記憶の共有としての「郡中一和」、藩主家や村役人家の顕彰も期待されている。近世を「編纂文化の時代」ということができると提言する。

5章では、日本最初の刊行農書である宮崎安貞『農業全書』の編纂・出版、普及の過程が復元される。老農の経験を集約し中国農書を参照した編纂作業、貝原益軒ら知識人や書肆との合同作業として実現すること。刊行された農書が各地の農民によって読まれ、それぞれの地域での営農にいかされ、さらにまたその新たな経験が次の地域農書を生み出していくという「循環構造」が成立していくことが明らかにされている。

6章では、河内国八尾の在村医田中家が取り上げられ、その蔵書には和刻本医書のほか、中国輸入版や地域の医者仲間で貸借・書写されたものが含まれていること。こうした医書の文献研究と治療経験を合わせて、病症・処方を基準に整理した「方函」という自分用の処方集を編纂していること。また実際の治療カルテ、薬料簿から地域医療に貢献していたこと、そうした持続的努力が世襲医家としての水準と信用を保証したと述べられる。医学書の読解・研究→自分用の処方集の作成→実際の医療という関係が、現場をになう一つの医家についてこのように克明に明らかにされたのは、おそらく初めてである。

7章では、「女性を読者に想定した本格的な恋愛小説」の絵入り読本である人情本『梅暦』シリーズを素材に、そこに描写された読書場面から、貸本屋や読み聞かせ、彼女たちの古典教養の程度、読書の日常化などを示す。また、女訓書の挿絵などからも女性の蔵書の可能性を導き、さらに、大聖寺藩の御典医草鹿家に伝来した蔵書調査によって、馬琴『南総里見八犬伝』などの読本や『偐紫田舎源氏』など戯作合巻類が豊富に集められていたことを明らかにする。川越商人の父親が娘の嫁入りに女訓書を持たせたこともよく知られているが、近世の女性読者というものが、そうした女訓書と合巻類の両方を読み、また愛読書として所持していたのである。本章の分析方法と結論は、まさに野間「浮世草子の読者層」の女性読者版である。

8章では、「近江八景」や江戸・京都といった地域イメージが、どのように人びとの中に定着していくのかと提起し、「往来物」「節用集」など子供の手習い教育書や日用教養書の読書や学習を通じてそれらがすり込まれていくことを明らかにしている。それらは客観的な地理情報のようでありながら、江戸こそが日本の中心とか、近江の豊富な観光名所、雅な天皇・公家あるいは「平安王朝文化」といったメッセージも含まれており、民衆が天皇・公家を考える時のベースになり、近世後期の天皇権威の浮上にもつながるとする。

9章では、幕末から明治にかけて信濃に生きた家相見松浦琴生らを素材に、家相見が明治六年に淫祠邪教・迷信として禁止されながらも、人々の間に根強く生き続けたこと。そのために、「窮理学」と名を替え、従来の病気・貧福よりはむしろ酒造業や製糸業などに合わせて竈（ボイラー）の設置場所・方位に注目するなど、近代の状況に対応させたこと。さらには一枚物の『地理風水万病根切窮理磁石台』などを発行して配布し、「自宅で簡単に家相判断を行うことができ［中略］何か差し障りがあれば琴生に連絡して相談することもできる」ように琴生の自宅住所も刷り込んで顧客増加をはかるといった「戦略」に注目している。

いくつかの論点

最後に、いくつか私が注目したいと思う論点をあげておく。

第一は、読者がさまざまな形で作者にもなることである。農民や在村医が農書や医学書を読むとともに、自らの経験をもふまえて新たな地域農書や自分用の処方書を作っており、村役人が村落文書などを整理して地域史を編纂し、家相見が宣伝用の一枚刷りを作っている。しかもその地域農書も、『河嶋堤桜記』も、家相の一枚刷りも、さらに多くの農民や地域の人びとに読まれることが期待されている。それは、地域社会の中にさまざまな専門職業人が生まれることでもあり、〈作者―読者〉という関係は、〈中央書肆―地方読者〉というだけでなく、さまざまな連鎖や「循環構造」を生み出し、重層化していく。たしかに、書肆を媒介とした大量出版では〈知識人作者―大衆読者〉あるいは〈普及・啓蒙〉という構図が前提されているが、そうした〈作者＝読者〉関係が、地域社会の中にも多様にまた重層的に生み出され、構造化されていくことが、近世社会全体の文化の「進歩」なのではないだろうか。

第二に、「読者共同体」と言われる問題である。私塾での会読といった共同的読書のことではなく、ある一定の書物の知が共有される集団をさしている。とりあえずは、さまざまな共同的読書の場をもち、自ら出版もおこなうような、俳諧・狂歌などのサークルや、仏教宗派の教団、あるいは国学気吹舎のような結社を考えることができる。『河嶋堤桜記』を読む、堤防のこちら側の人々という枠組みも想定できよう。書物の知は閉鎖的なものが次第に開放されていく、あるいは出版によって不特定多数に普及していくというだけではなく、現実には特定の人的集団や階層・地域などに限定的であったり、媒介されている場合も多い。これについては、すでに藤實久美子が「閉鎖系の「知」・開放系の「知」」という概念を提起し、主に国家権力・書物仲間による規制という出版の側から、版本と写本の差などに注目する。ただ、近世の出版には国家の統制や身分制的な閉鎖性が強いが、これを読者の側からもう少し緩やかに捉えてみることもできよう。たとえば、狂歌サークルで示されるように、文化レベルにおいては身分や地域を越えられる場合も多い。読書の場はたしかに主体と統制がせめぎ合う場ではあるが、そこに「読者共同体」という次元を組み込むことで、その具体的な展開をとらえられるのではないかという問題設定である。

第三に、網野善彦は「日本の文字社会の特質」（初出一九八八年）において、近世の「村請制」を念頭にこう書いている。

こうした識字・計数能力を庶民—被支配層が保持していることが、決してただちに自由と民主主義を保証することにならず、かえって支配者の「専制的」な統治を容易にする場合もありうることを、この日本の幕藩体制はよく示している［後略］。

網野は「専制」には、無知や無権利のような粗野な専制と、自由や民主主義があるかに見える、より高次な専制がありうることを述べている。8章で鍛治は、子供用の「往来物」や日用教養書の中で、天皇や公家が住む京都というイメージが展開していたことに注意をうながす。私もかつて「節用集」について、当時刊行された辞書・事典、年表や地図など書物を読むためのさまざまな参照系のツールとともに、そこに、どこまでが日本の領域であり、どのように日本の歴史が展開し、公家や武家、伝統文化とはどのようなものかといった、日本という国家の空間的・時間的・文化的な内容が示されており、それは国学か儒学かといった個別的な主張とは別に、軍書を読み、名所記を見る、読者の読みと思索の〈枠組み〉という次元を構成しているということを述べた。このような読みの枠組みという次元を出版文化が作りつつあることもまた、近世の特色であろう。

第四に、「学習熱」「読書熱」といわれた、何のために本を読むのかという問題である。

かつて尾藤正英は、戦後の高度成長が行き詰まりを迎えた一九七五年、町人の経済力が元禄文化を生み出したのではなく、「経済的繁栄だけでりっぱな文化が生まれるものではない」とし、近松や芭蕉、徂徠、契沖らが牢人や医者の出身であることに注目し、彼らが文化創造の担い手たりえたのは、彼らが「理想とする武士の生きかた」と自らが牢人であらざるをえないという「現実社会との違和感」、「理想と現実との矛盾に引き裂かれようとする自我を、かつての男だて「傾き者」のように外面的に発散させるのではなく、心の内面に沈潜させて、これをなんらかの表現形態に定着させようとする意欲」こそが社会や人間のあり方への深い洞察を可能とし、その学問や芸術創造を支えていたと述べた。

尾藤は、作者の側について述べたのであるが、読者が作者でもあり得るという本論からいえば、それは読者についても言えるのではないか。代官所手代や村役人、あるいは医者や僧侶など、本巻で取り上げた人びとには、〈武士―百姓・町人〉という政治的経済的な身分区別がそのままではあてはまらないような、〈中間身分〉ないし〈身分的周縁〉といわれる存在が多い。近世という社会は、一人一人の主体的な努力が現実の身分制の枠組におさまりきらないようなズレを生じるようなところに、さまざまな文化的契機があるのではないか。

現代社会は、贅沢せずに真面目に働き、正直に生きるという「普通の人びととの善き心根」が大きく揺らいでいる時代である。「善き心根」と現実との矛盾・ズレの中に苦闘する人びとからこそ、この時代や社会、人間のあり方を示す書物が求められているのかもしれない。経済的な豊かさがそのまま文化の進歩につながることが自明ではない「危機の時代」においては、読者の歴史研究がその「自立」に際してとりあえずは傍らにおいてきた同時代性、研究者自身が生きる場であるこの時代と対峙する緊張関係をもう一度回復することが必要なのかもしれない。

〈付記〉本巻第7章の執筆者青木美智男氏は、本シリーズの母胎となった「「書物出版」と社会変容」研究会（代表・若尾政希）の主導的メンバーの一人であり、本巻のために女性読書についての新たな論考を準備していただいていたが、二〇一三年七月一一日に逝去された。このため、氏が二〇〇八年一月に上記研究会で報告された原稿を御遺族の了解を得て掲載させていただくことにした。その前半は、『歴史評論』六九四号掲載論文「人情本にみる江戸庶民女性の読書と教養」と重なる部分がある。

参考文献

青木歳幸『在村蘭学の研究』、思文閣出版、一九九八年
青木美智男「科学的な近世史料学の確立を」『歴史評論』二八九号、一九七四年
青木美智男「幕末期民衆の教育要求と識字能力」『講座日本近世史 七』、有斐閣、一九八五年
網野善彦「日本の文字社会の特質」『日本論の視座』、小学館、一九九〇年
大戸安弘・八鍬友広編『識字と学びの社会史』、思文閣出版、二〇一四年

尾崎秀樹『大衆文学論』、勁草書房、一九六五年
川村肇『在村知識人の儒学』、思文閣出版、一九九六年
今田洋三「元禄享保期における出版資本の形成とその歴史的意義について」『ヒストリア』一九号、一九五七年
今田洋三『江戸の本屋さん』、日本放送出版協会、一九七七年
酒井右二「村政に関する元禄~享保期の記録編纂作業」『千葉県史研究』五号、一九九七年
佐野真一『だれが「本」を殺すのか』、プレジデント社、二〇〇一年
柴田純『思想史における近世』、思文閣出版、一九九一年
杉仁『近世の地域と在村文化』、吉川弘文館、二〇〇一年
鈴木俊幸『江戸の読書熱』、平凡社選書、二〇〇七年
鈴木俊幸編『近世書籍研究文献目録』、ぺりかん社、一九九七年
塚本学『地方文人』、教育社、一九七七年
高橋敏『近世村落生活文化史序説』、未来社、一九九〇年
田崎哲郎『地方知識人の形成』、名著出版、一九九〇年
辻本雅史・沖田行司編『教育社会史』、新体系日本史、山川出版社、二〇〇二年
暉峻康隆「仮名草子の作者と読者」『文学』二六巻五号、一九五八年
長友千代治『近世貸本屋の研究』、東京堂出版、一九八二年
長友千代治『近世の読書』、青裳堂書店、一九八七年
野間光辰「浮世草子の読者層」『文学』二六巻五号、一九五八年

尾藤正英『日本の歴史19 元禄時代』小学館、一九七五年
深谷克己『八右衛門・兵助・伴助』、朝日新聞社、一九七八年
藤實久美子『近世書籍文化論』、吉川弘文館、二〇〇六年
前田愛「近代読者の成立」「読者論小史」『近代読者の成立』、有精堂、一九七三年、のち『前田愛著作集』、筑摩書房、一九八九年
前田勉『江戸の読書会』、平凡社選書、二〇一二年
宮城公子『幕末期の思想と習俗』、ぺりかん社、二〇〇四年
安丸良夫『日本の近代化と民衆思想』、青木書店、一九七四年
横田冬彦「『徒然草』は江戸文学か?」『歴史評論』六〇五号、二〇〇〇年
横田冬彦「近世の出版文化と〈日本〉」『歴史の描き方 1』、東京大学出版会、二〇〇六年
若尾政希『安藤昌益からみえる日本近世』、東京大学出版会、二〇〇四年

1　江戸時代の公家と蔵書

佐竹朋子

本章は、江戸時代の公家は、蔵書をどのように集め、どのように活用したのかについて検討することで、江戸時代の公家の蔵書には、どのような意義があったのかを明らかにすることを目的とする。

公家とは、天皇をとりまく朝廷の官人の総称である。

公家は、平安時代中期から官職位階《かんしょくいかい》の昇進が、家ごとに慣例化していった。鎌倉時代・室町時代には、家格（摂家《せっけ》・清華家《せいがけ》・大臣家《だいじんけ》・羽林家《うりんけ》・名家《めいけ》・半家《はんけ》）ごとに官職位階の昇進が決まるようになり、江戸時代には定まったのである。また、江戸時代に新たに取り立てられた公家があり、江戸時代以前から続く家を旧家と称したのに対して、新家と称した。

公家の仕事は、天皇に仕えて、天皇が主祭する朝儀《ちょうぎ》（朝廷儀式）をつとめることであった。古代、公家が政務や朝廷儀式をつとめるに際しては、官撰の「国史」や「格」（法令集）・「式」（施行規則）、そして朝廷儀式における礼儀作法を著した「儀式」などに則って行われていた。しかし、古代から中世への時代の転換期において、官撰が新たに編纂されなくなり、その時代の記録や新しい法令集・規範集といった情報が公的機関から提供されなくなった（尾上 二〇〇三）。

また、平安時代後期から、公家社会において家格らしきものが形成されはじめたことで、官職が世襲化しはじめ、特定の官職をつとめるための知識や技術は私的な形でしか得られなかった（松薗 一九九七）。そのため、公家は、先祖や親族から伝承した故実の整理と次世代への継承に励むことが必要になった（尾上 二〇〇三）。そして、何代にもわたって集められた日記や記録類は、個々の「家」ごとに独自の内容をもった存在である家記《かき》として後代へ伝えられたのである（松薗 一九九七）。

さらに、公家には、歌学《かがく》や故実《こじつ》、蹴鞠《けまり》や雅楽《ががく》など、家ごとに継承される学問や学説を持つ家（家学《かがく》・家業）があった。

以上から、江戸時代以前の公家の蔵書の内実は、家記や家学・家業に関する記録がほとんどであったといえるであろう。

ただし、朝廷は、次第にその勢力を失い、朝廷儀式も固定化したことで、家記を活用する機会は減っていき、応仁・文明の乱以降、朝廷儀式の多くが中断してしまったのである。また、公家は、戦火を避けて、家記をはじめとする蔵書を、郊外の寺院や南都などに疎開させた。しかし、長引く戦乱によって京都及び近郊の治安は悪化し、疎開先で蔵書が焼失するなどして、戦国時代には、家記の多くは失われてしまったという。そして、困窮した公家の多くは都を離れたのである（松薗 二〇〇六）。

その後、豊臣政権は、「古くからその道の伝統的な」家業を有する家はその家業を任じ、家業を持たない公家については、「有職《ゆうそく》」や「儒道《じゅどう》」といった家業を家格ごとに当てはめることで、すべての公家に家業を設定し、「家業に励むことが公家衆の「役」、公家衆の務めである」と公家の存在を位置づけた（橋本 一九九三）。

次いで、江戸幕府は、公家に対し、家業を担って公儀の規範下にある朝廷へ奉仕することを求め、家業維持のため学問に励むことを規定しつづけた（橋本 二〇〇〇）。つまり江戸時代の公家にとって家学や家業を学び伝えることは、「家の名誉と存立、身分を維持する必須の課題」であり、幕府と朝廷から課された仕事でもあったのである（山口和夫 一九九五）。

ただし、朝廷儀式の多くは断絶したままであり、江戸時代の天皇は、朝廷儀式を再興させることに熱意を燃やした。ところが、古代からの朝廷儀式に関する記録を収めた禁裏《きんり》文庫（天皇家の文庫）も、文明八年（一四七六）の火災によって蔵書の多くが焼失していた。そこで、後陽成《ごようぜい》天皇（一五七一―一六一七年）以降、江戸時代の天皇は、禁裏文庫の復興のため、蔵書の焼失を免れた公家や寺院から記録類を借り出し、自ら書写を行う一方、公家にも書写を命じて写本を作成し、禁裏文庫の充実を目指したのである（松澤 二〇一二）。そのため、江戸時代の公家は、朝廷における職務として、官職や朝廷儀式をつとめる他に、古記録の書写や校合を行わなくてはならず、仕事をつとめるためにも自らの能力を鍛えるため古記録の書写や校合、漢籍の講読を行ったのである（佐竹 二〇一二）。

なぜならば、先ほども述べたように、中世末期の戦乱や江戸時代初期の度重なる火災によって、公家の多くも蔵書を失っており、再び集める必要に迫られていた。また、江戸時代に設立を許された新家は、蔵書を一から集めなくてはならなかった。

そうした事情をふまえて、本章では、まず、江戸時代の公家社会において、公家を統制する立場にあった摂家の蔵書の意義について説明したあと、新家である野宮家と閑院一門三条一流の嫡家である三条家を取り上げ、それぞれの家において蔵書がどのように集められ、どのように活用されたのかについて検討を行いたい。

一　摂家と蔵書

家礼《かれい》関係

江戸時代の公家社会には、公家が摂家（近衛《このえ》家・鷹司《たかつかさ》家・一条家・二条家・九条家）に家来のように付き従う関係である家礼関係が存在した。

家礼関係とは、古代から幕末に至るまで、公家社会を中心に存在した独特の編成原理である。中世までの家礼は、複数の主家と二重三重に主従関係を結んでいたが、江戸時代の家礼は主家を重複することはあり得なかった。なぜなら、江戸時代の家礼関係は、公家に対する摂家の強力な統制であったからである。ただし、中世と同じく、江戸時代においても、家礼側の判断によって主家を変更することができた（松澤　一九九四）。

では、摂家と公家との間になぜ家礼関係が結ばれたのか、それが具体的にどのような関係であったのかを松澤克行氏の研究からまとめてみよう。すなわち、公家が、主家である摂家に付き従うことで与えられた恩典は、

① 家礼に対してのみ摂家が所蔵する記録類の利用を許可し、朝廷儀式における作法の指南や和歌の指導を行う。

② 家礼の官職位階の昇進について、天皇へ取次を行う。

③ 家礼の子息の元服について許可を与える。

と、三点があげられる。特に、本章の主題とかかわる①について説明すると、先ほども述べたように、公家は家ごとに、朝廷儀式においてどのような装束を身にまとい、どのような作法を行ったのかについて記された家記があった。しかし、中世末期の戦乱によって、公家の多くは家記を失っており、朝廷儀式をどのようにつとめたらよいのか、明らかにできない状況にあったのである。一方、摂家には、焼失を免れた蔵書があった。そこで、家記を失った公家は、摂家の家礼になることで、主家の当主から、朝廷儀式において着用する装束や作法などの故実の指南を受けることができ、摂家の蔵書を利用することが許された（松澤　一九九四）。

なぜなら、中世初期、公家が、摂家などの権力者に対して家記を提供することは、公家の奉公の一つの形態と認識されていた。一方、摂家では、年中行事や家政を運営するために、朝廷儀式とは異な

った先例（故実）や作法を必要としたことから、家記を保持する公家から、日記の提供を受けていた（松薗 一九九七）。そのため、摂家の蔵書は、他家の記録も充実しており、家礼になった公家は、摂家の蔵書を活用することができたのである。

では、家礼が主家である摂家に対して行った奉公とは、どのようなものであったかというと、主家当主の年始・奏慶《そうけい》・拝賀《はいが》などに際して、参内《さんだい》への扈従《ごじゅう》を行うことや、主家で催される芸能などの種々の会への参仕が求められた。そして、そのような会においては、家礼は、主家から、家礼ではない公家より一段低い存在として遇されるなど、待遇上の差別があった。そのため、公家にとって家礼になることは、不名誉な性格を帯びたものであり、家礼関係に属さない公家もいたのである（松澤 一九九四）。

摂家における蔵書の意義

表1は、享保期と幕末期の摂家において、家礼が何家いたのかをまとめた表である。表1の中で、家礼が多くいるのは近衛家と一条家であり、鷹司家と二条家にいたっては数家しかいない。なぜ、近衛家と一条家に家礼が集中したのかというと、近衛家と一条家の蔵書が、充実していたからである。

では、九条家・二条家・鷹司家の蔵書はどのような状態であったのか、再び松澤克行の研究からまとめてみよう。

九条家は、戦国期に多くの蔵書を失っていた。そこで、九条道房《みちふさ》（一六〇九―四七年）は、兄康道《やすみち》が

表1　摂家家礼の分属状況

	近衛家	一条家	九条家	鷹司家	二条家
享保期	49家	33家	15家	6家	3家
幕末期	48家	37家	20家	8家	4家

松澤克行「近世の家礼について」(『日本史研究』387、1994年)から作成

養子に入って継いだ二条家や、先祖が九条家の家司であった五条家、縁戚関係にある三条西家、さらには醍醐寺や尾張徳川家など、公家に限らず寺社や武家の蔵書までを借り出して書写することで、蔵書を充実させていった。つまり九条家には相当の蔵書があったのである。しかし、九条道房の息男兼晴《かねはる》(一六四一—七七年)以降、九条家は当主や後継者の多くが早世し、蔵書を活用できる当主がいなかったために(松澤 二〇一〇)、家礼がさほど多くなかったのであろう。

二条家は、江戸時代初期まで蔵書が充実していたが、延宝三年(一六七五)の大火で文庫を焼失させてしまった(松澤 二〇一一)。鷹司家も、延宝元年(一六七三)五月八日に起きた火災の火元になり、蔵書を焼失させていた。つまり、二条家や鷹司家には、家礼を集めるだけの蔵書がなかったのである(松澤 一九九四)。

以上から、江戸時代の摂家にとって、蔵書は、家礼を集める根拠になったことが明らかである。ただし、九条家の事例から、蔵書が充実していたとしても、蔵書を読みとき、家礼に対して朝廷儀式の指南を行える当主でなければ、家礼を集めることができなかったことがわかる。蔵書は、活用できる当主がいなければ意味をなさなかったのである。

二　野宮家と蔵書

野宮家

野宮家《ののみやけ》は、元和八年（一六二二）に野宮定逸《さだはや》を当主として設立が許された新家である。家格は羽林家で、近衛少将・中将を経て、中納言から大納言にいたるのを官途とする。家禄は一五〇石で、一条家と家礼関係を結んでいた。

野宮家が設立された経緯を記すと、慶長一四年（一六〇九）、花山院忠長《かざんいんただなが》（左大臣花山院定熙《さだひろ》息男として、天正一六年＝一五八八に誕生した）は、猪熊《いのくま》事件（慶長年間に起きた公家猪熊教利《いのくまのりとし》らと後陽成天皇女官の密通事件）にかかわったことで、後陽成天皇から咎めを受け、蝦夷島《えぞしま》へ流罪になった。そこで、花山院家は、流罪になった忠長にかわり、弟定好《さだよし》が継いだ。ただし、忠長には、慶長一五年（一六一〇）に誕生した息男定逸がおり、定逸は、禁中稚児として後水尾《ごみずのお》天皇に近侍していた。そのため、定逸が一家を興すことを許され、野宮家が設立されたのである。

結果から述べると、野宮家は、公家の中でも充実した蔵書を持つ有職故実《ゆうそくこじつ》に優れた家として幕末まで続いた。では、新家でありながら、なぜ、充実した蔵書を持つことができ、有職故実に優れた家としてのこれたのであろうか。

野宮家当主において、二代当主定縁《さだより》・三代当主定基《さだもと》は中院《なかのいん》家からの養子である。中院家は、摂家と家礼関係を結んでいなかった。なぜなら、家記などの蔵書が保持できており、摂家の指南を仰がずとも朝廷儀式についての作法が行えたからである。中院家はまた、江戸時代前期には『源氏物語』講釈を家学にしており、和歌に優れた当主を輩出した（橋本 二〇〇〇）。なかでも、中院通茂《みちしげ》（一六三一―一七一〇年）は、中院家の歌学を継承する一方、儒学を熊沢蕃山《ばんざん》（一六一九―九一年）に学び、蕃山門堂上四天王と称された人物である（宮川 二〇〇一）。

そのような中院通茂を父に持つ三代当主野宮定基は、野宮家を継いだ後も、実父通茂から教育を受けていた（宮川 二〇〇一・二〇〇二）。また、定基は、家礼として属した一条兼輝《かねてる》から支援を受け、有職故実に秀でた朝廷の食膳を司る御厨子所《みずしどころ》の地下官人（清涼殿に昇殿できない六位以下の官人）高橋宗恒《むねつね》から教えを受けた。そして、自らも儒学や有職故実の勉強に励んだ定基は、元禄七年（一六九四）に、応仁以来断絶していた朝廷儀式の一つである賀茂祭の再興に際し、祭祀の詳細を古記録から調べ上げるなどして尽力した。さらに、新井白石《あらいはくせき》から装束などの故実について問われた際、定基が回答した内容をまとめた『新野問答《しんやもんどう》』を著し、また、水戸藩からの依頼で、徳川光圀《みつくに》が朝廷儀式の実用に役立てることを目的として編纂した『礼儀類典《れいぎるいてん》』（延長八年＝九三〇から天文元年＝一五三二に至る朝廷儀式や公事に関する記事を、二百数十部の記録から抽出し分類した）の校訂にあたったのである。以上のような活躍を行うには、有職故実についての確かな知識が必要であり、定基が野宮家当主の時に、相当の蔵書が蓄積されていたことが考えられよう。

では、定基は、どのように蔵書を集めたのか、集めた蔵書はどのように後代へ伝えられたのかについて、定基や定基の孫である定之《さだゆき》が記した日記から検討したい。

野宮定基と蔵書

野宮定基(一六六九―一七一一年)は、延宝五年(一六七七)、叔父野宮定縁(中院通純息男)の死去により野宮家を継ぎ、延宝七年(一六七九)に元服した。そして、定基が一八歳である貞享三年(一六八六)七月に記した日記を見ると(原漢文。以下同)、

一八日条「亜相殿《あそう》[中院通茂]に向かう、薩戒記《さつかいき》応永廿二年正月上の故事校合《きょうごう》」

二一日条「亜相殿亭に向かう、薩戒記応永廿二年校合也」(『野宮定基日記』六巻、宮内庁書陵部所蔵)

とあり、定基は、実父中院通茂とともに『薩戒記』の校合を行った記事がつづく。

『薩戒記』は、中山定親《さだちか》(一四〇一―五九年)が記した日記で、中山家の家記である。中山定親は、有職故実に詳しく後小松《ごこまつ》天皇から重用され、武家伝奏《ぶけてんそう》も務めたことで、『薩誠記』には、当該期の朝廷と室町幕府の動向が詳細である。そのため、流布本が出まわり、江戸時代の公家にとっても、故実を調べる際のテキストとして重用された。また、校合とは、二種類以上の写本や刊本などを比べ合わせて、本文の異同を確かめたり誤りを正したりする作業であり、確かな学識が必要であった。そこで、

定基は、実父通茂から、朝廷での職務をつとめるためにも、校合の手ほどきを受けていたのである。

また、同年七月三〇日条では、「亜相殿亭に向かう〔中略〕宇治百首上下二冊拝借す」(『野宮定基日記』六巻)とあり、定基は、中院家の蔵書である「宇治百首」を借り出した。以降、定基の日記には、宝永七年(一七一〇)三月に実父通茂が死去するまで、中院家の蔵書を借り出していた記事が見られる。

さらに、定基の日記の元禄元年(一六八八)一〇月五日条には、

藪相公〔嗣章〕に対面す、大源抄〔体源抄カ〕・風管秘抄等借り給うべきの由契約、相公云う、薩戒記借りるべきの由也、許諾畢《おわんぬ》

(『野宮定基日記』一二巻、宮内庁書陵部所蔵)

とあり、定基は、藪嗣章《やぶつぐあき》と対面し、「大源抄」(雅楽の文献の一つである『体源抄』か)と「風管秘抄」(雅楽の文献か)などを借りる約束をした。藪嗣章からは、『薩戒記』を借りたいとの申し出があり承諾した、と記され、定基の蔵書と藪の蔵書を貸借しあっていたことがわかる。つまり、定基は、中院家の蔵書を書写して写本を作成することで野宮家の蔵書を増やし、さらに集めた蔵書を他家の蔵書と交換して写本を作成していくことで、野宮家の蔵書を充実させていったのである。

以上のように、公家同士で書物の貸借を行うことは、定基に限った特別な行為ではなかった。先ほども述べたように、江戸時代中期の公家は、朝廷における職務として古記録の書写や校合を行わなくてはならず、仕事をつとめるためにも自らの能力を鍛えるため古記録の書写や校合を行う必要があっ

た。そこで、家礼関係や同族に限らず、同じ職務や交際関係のある公家同士で、古記録の貸借が行われており、借りた書物の写本を作成することで、蔵書を増やしていったのである（佐竹 二〇一二）。

では、定基は、どのような蔵書を所持していたのか、定基は、蔵書を『松堂諸記目録』（『権中納言定基卿蔵書目録』、宮内庁書陵部所蔵）に記しており、その写本が現存している。そこで、『松堂諸記目録』から、定基の蔵書の概要を明らかにしていこう。

さて、『松堂諸記目録』は、全一〇合（箱）が記され、納められた内容ごとに分類されている。どのような分類がなされたのか、『松堂諸記目録』の記述をあげていくと、

甲一合「国史等の類之を納める」（『日本紀神代点本』・『古事記』など）
乙一合（『内裏《だいり》式《しき》』・『貞観儀式《じょうがんぎしき》』・『西宮記《さいきゅうき》』など）
丙一合「西園寺家記之を納める」（『公衡《きんひら》公記』・『公名《きんな》公記』など）
丁一合「日野・勧修寺《かじゅうじ》家記之を納める」（『永昌記』・『吉記《きつき》』など）
戊一合「此の一合第一珍記、家庫破損に及ぶを以て、中院家文庫に預け置く者也」（『玉葉《ぎょくよう》』・『殿《でん》記《き》』・『玉蘂《ぎょくずい》』）
己一合「三条・中山家記之を納める」（『公教《きんのり》公記』・『山槐記《さんかいき》』など）
庚一合「此の筥内秘抄甚だ多し」（『年中行事抄』・『三箇重事抄《さんかじゅうじしょう》』など）
辛一合「部類記等之を納める」（『改元部類記』・『温旧知新』など）

壬一合「秘記多く混ざる、此の中此の一合多くは未だ書写を遂げざる者也、追々成就に随いて分けるべく之を納める」（『花園院御記』・『貞信公御記《ていしんこうぎょき》』など）

癸一合「此の一合四ヶ大事、節会《せちえ》・大嘗《だいじょう》等をもって、以下秘抄之を納める、敢えて他見するなかれ」（『大江大嘗会御記』・『正安万一記《しょうあんまんいつき》』など）

（原漢文）

とあり、定基は、国史や儀式書にとどまらず、西園寺家・日野家・勧修寺家・三条家・中山家の家記や、古くは鎌倉時代の朝廷儀式に関する古記録など、「秘抄」とされる書物を多く所持し、癸一合については、あえて他に見せるな、とまで記している。

そして、文末には、「納める所、書写本五百八十五冊、梓行本八十六冊、已上六百七十一冊也、巻物四十一巻、此の外三括・六帖・十三枚」とあり、その後に、追加で、『続日本紀』二〇冊、『延喜式』五〇冊など、計九六冊が書き加えられている。つまり、定基は、七六〇冊以上の蔵書を所持したのである。

『松堂諸記目録』には、初代定逸や二代定縁が書写した写本も含まれたであろうが、ほとんどは、定基が書写したのだと考えられよう。すなわち、定基は、実家中院家から借り出したり、他家と貸借しあったり、家礼関係を結ぶ主家である一条家の蔵書を利用することによって、書物を集めていったのである。

以上のように、定基が蔵書を充実させていったのは、定基が職務を務めるため、または、儒学や有職故実を学ぶなかで自らの関心に従って集めたからである。さらには、新家である野宮家には家記がなく、定基の後に続く野宮家当主が、朝廷儀式をつとめるにおいて、作法を調べる際に困らないようにする目的があったのであろう。

では、次に、定基が集めた蔵書は、以降の野宮家当主によってどのように読まれ、どのように伝えられていったのかについて検討したい。

野宮定基以降の当主と蔵書

定基には男子がなく、定基が死去した直後である正徳元年（一七一一）に、正親町神道を提唱した正親町公通《おおぎまちきんみち》の息男定俊《さだとし》（一七〇二―五七年）が、定基の娘と婚姻して、野宮家を継いだ。ただし、定俊については、日記がほとんどのこされていないため、詳細を明らかにすることはできない。

その後、定俊と定基娘との間に誕生した定之（一七二一―八二年）が記した日記には、学問や書物に関する記事が多くある。例えば、定之が二八歳である延享五年（一七四八）に記した日記には（原漢文。以下同）、

正月二一日条「卯半刻寝を出る、通鑑綱目《つがんこうもく》前編第一・水左記《すいさき》抄書の壱冊を読む、去年十一月十三日一見了」

二月三日条「未刻家に帰る、聊か旧記を書写す、夜に入り台記《たいき》を見る」

二月八日条「厨子類記《ずしるいき》下校合了、定家朝臣記を見終わる、春記《しゅんき》を見初め、書写三枚許也」

（『野宮定之日記』一一巻、宮内庁書陵部所蔵）

とあり、正月二一日条には、『資治通鑑《しじつがん》』を独自の観点から再編成した歴史書である『通鑑綱目』前編第一と、源俊房《としふさ》（一〇三五―一一二一年）の日記である『水左記』の抜き書きを読んだとある。二月三日条では「旧記」を書写し、「日本第一大学生」（『愚管抄』）と称された藤原頼長《よりなが》（一一二〇―五六年）の日記である『台記』を読んだとある。二月八日条では『厨子類記』下巻を校合し、藤原定家（一一六二―一二四一年）の日記である『定家朝臣記』を読み終わり、藤原資房《すけふさ》（一〇〇七―五七年）の日記である『春記』を読みはじめ、書写をしたとある。

以上から、定之も、日記や古記録、漢籍を熱心に集めていた様子が明らかである。

では、なぜ定之は、蔵書を集めたのか、寛延三年（一七五〇）六月一日条に記された定之の主張を見ていくと、

近代有識と称する者、皆争論を以て業《わざ》を為す、我祖父納言［野宮定基］殿は近代の英俊、且尊霊の勤め数年にして、博《ひろ》く之を勘《かん》がえ、之を詳論す、実に宇治左大臣［藤原頼長］・後法性寺禅閣《ごほっしょうじぜんかく》［九条兼実］等の諸賢と雖も、曾て恥じる無し、其の為後日かくの如き予は、愚昧《ぐまい》にして家業を継ぐ、誠に富家《ふうか》衰微と謂うべきは悲しき哉、子孫もし好学の者あらば、予の微志を察し継ぎ、祖父

藤君［野宮定基］の業を遺し名を揚げ、後世に施さば、則ち我墳墓の下において之を聞き怡悦はてなし［中略］我が祖父藤君宝永御記、所謂事々物々、其の例を考えず其の理を窮《きわ》むるは、則ち尽きる勿《なか》れの遺訓、最も仰ぎ尊ぶべき事也

（『野宮定之日記』一五巻）

とあり、現在の「有識」と称する者は、皆争論をもって業をなす。定之の祖父定基は近代の英俊であり、定基の勤めは、ひろく有職故実について考えて詳論することであり、藤原頼長や九条兼実（一一四九―一二〇七年）などの賢人と比べても全く遜色がない。その定基の跡を定之のごとき愚昧が家業を継ぐことは、誠に富家の衰微であり悲しい事である。野宮家の子孫に好学の者がいたならば、定之の志を察して跡を継ぎ、定基の業を遺して名をあげたならば、定之は墓の下でこのことを聞いて、喜びに果てがないだろう。わが祖父定基の『宝永御記』にある、いわゆる「事々物々」について「其の例」を考えず理（道理）のみを追求することに終始してはならないとの遺訓は、最も仰ぎ尊ぶべき事である、と記されている。

以上から、定之は、有職故実に優れた定基を「近代の英俊」と称え、「愚昧」な定之が野宮家の「家業」を継ぐことは衰微の始まりであると記すなど、野宮家の家業は有職故実だと認識していたことが明らかである。そして、定之は、定基の遺訓を受け継ぎ、自らの日記に記すことで、後代の当主へ注意を促したのである。

この寛延三年の記述以降、定之の日記から、定之が古記録や漢籍の収集にさらにのめり込んでいっ

た様子が明らかになる。また、宝暦四年(一七五四)一月二六日に、父定俊が権大納言を辞し、定之が野宮家の当主になったことで、家計を自らの裁量で扱えるようになったためか、定之自身は能力が足りず読むことができない漢籍などの書物を、本屋から購入するなどして蔵書を増やしていった。なぜならば、定之は、後代に好学の者が現れることを期待しており、さらに、後代の当主が、有職故実においては、先例を踏まえずに抽象的な道理を求めることに終始してはならないとの定基の遺訓を実践できるよう、それぞれの物事について案じるための「例」となるような、さまざまな古記録を集めていたのである。

そして、近世後期以降の野宮当主には、定静《さだきよ》(一七八一―一八二一年)、定静の息男定祥《さだなが》(一八〇〇―五八年)、定祥の息男定功《さだいさ》(一八一五―八一年)がいる。彼らの日記には、幼年期には父から学問を教授され、元服後は侍講として雇った儒学者や国学者から指導を受けるなど、熱心に学問を行っていた様子が記されている。

例えば、定祥は、天皇の御前で近臣が漢籍や和書を会読する仁孝天皇《にんこう》(一八〇〇―四六年)「御会」への参加が認められていた。また、『令義解《りょうのぎげ》』を会読する「御会」においては、天皇に近侍した議奏《ぎそう》から、テキストに用いる版本の細かい文字が不分明なので、新たに書写するようにと命じられるほど、確かな学識を有していた。

定功も、有職故実に優れ、仁孝天皇「御会」への参加が認められた一方、文久二年(一八六二)から慶応二年(一八六六)にかけて武家伝奏に就任し、正親町三条実愛《おおぎまちさんじょうさねなる》や中山忠能《ただやす》らとともに、幕末政治史において活躍した（佐竹 二〇〇三）。すなわち、幕末まで、野宮家当主は、蔵書と蔵書を活用できる能力を維持できたのである。

三　三条家と蔵書

江戸時代の一門一流

公家社会には、古来、同族で結合した集団である一門があった。この一門という集団は、同一祖先からでた血縁者の集団を指したが、子孫が繁栄して家の分流が多くなると、分流ごとに結束していった。ただし、時代を下ると、一門や一流での結束の有り様が変容したり、朝廷が次第にその勢力を失ったことで、一門や一流で結束する意味が失われていったのである（平山 一九八〇）。しかし、江戸時代になると、新家を含めて、再び一門や一流での結束がなされていった。

そこで、本節では、公家社会の一門のなかでも最大の規模を誇り、三条流・西園寺流・徳大寺流の三つに分流していた閑院《かんいん》一門のなかで、三条一流の嫡家である三条家を取り上げ検討していきたい。

江戸時代の三条家と蔵書

三条家は、摂家に次ぐ家格である清華家で、太政大臣を先途とする家柄である。江戸時代の家領は

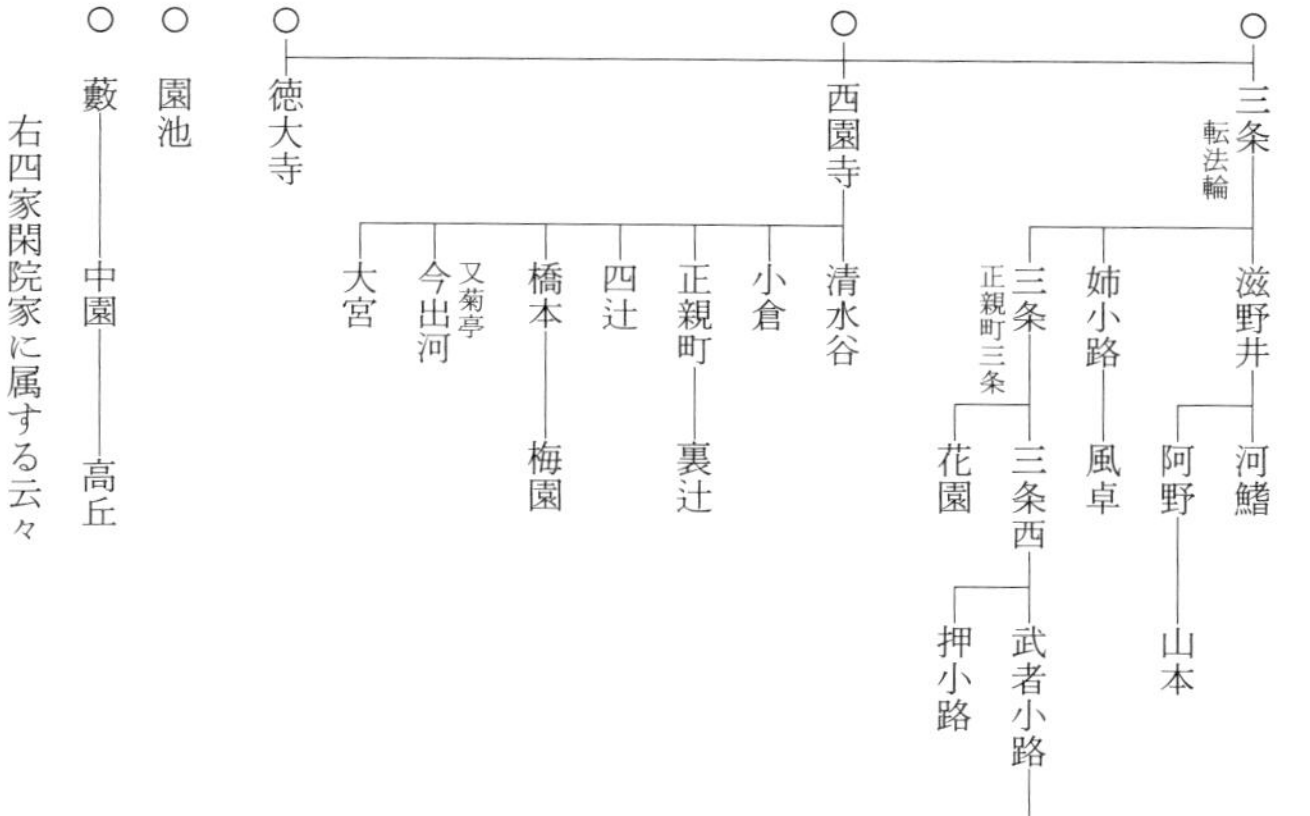

図1　閑院一門三条一流・西園寺一流・徳大寺一流の略図（宝暦9年『万世雲上明鑑』）

四六九石五斗あり、家礼関係には属していなかった。

戦国期、三条家は一時中絶した。すなわち、三条公頼《きんより》は、家計が苦しく、周防国の戦国大名である大内義隆を頼り下向した際、天文二〇年（一五五一）八月、大内家の重臣陶晴賢《すえはるかた》の反乱に巻き込まれ殺害された。また、公頼の息男実教《さねのり》も、天文二三年（一五五四）に死去したことで、三条家は絶えたのである。その後、天正三年（一五七五）七月、三条西実《さね》枝《えだ》の息男実綱《さねつな》が、三条家を相続したことで再興されたが、三条家では、実教が死去した時点で、蔵書の多くが散逸したことが考えられる。

例えば、寛文八年（一六六八）に、下御霊前《しもごりょうまえ》谷岡七左衛門が刊行した、公家の家格ごとの官位昇進ルートや、公家の家業についての紹介がなされた『諸《しょ》家《か》家業《かぎょう》』（早稲田大学図書館特別資料室所蔵）に、次のようにある。すなわち、

装束　三条転法輪《てんぽうりん》・大炊御門《おおいみかど》・高倉・山科
右装束ハ有職故実ノ一也、仍テ三条・大炊御門等先祖ヨリコトサラ是ヲ沙汰スルト見ヘ侍ル、但三条ハ代々装束色目《いろめ》等ノ事ヲサタシ、大炊御門ハ代々御装束著御ノ儀相続スト見ヘタリ、然ルニ両家トモニソノ事断絶シハベルニヤ、近代ハ高倉・山科コレヲ沙汰ス

とあり、「装束」を家業とする公家は、三条家（三条転法輪とは、正親町三条家と区別するための俗称）・大炊御門家・高倉家・山科家と紹介したうえで、装束とは有職故実の一つであり、三条家と大炊御門家は先祖よりことさら装束を指導してきた。ただし、三条家は、代々装束の色目（装束の色合い）を指導し、大炊御門家は、代々装束の着方を継承してきた。しかし、三条家と大炊御門家は、ともに装束の家業を断絶し、近頃は、高倉家と山科家が装束を家業とする、とある。つまり、三条家は、江戸時代初期には、装束の家業が行われなくなっていたのである。

また、江戸時代中期の三条家当主である三条季晴《すえはる》や息男実起《さねおき》は、三条一流に属し有職故実を家業とする滋野井公麗《しげのいきんかず》に入門し、朝廷儀式の指南を受けていた。ところが、明和九年（一七七二）一〇月、公麗が、閑院一門において、滋野井家も一流をなし、三条家・西園寺家・徳大寺家とならび立つ家なのだ、との主張を行ったことで、三条家と滋野井家との間に、嫡流争論が起きた。

公麗が争論を起こした理由は、三条家は、閑院一門三条一流の嫡家としての有職故実を蓄積せず、嫡家としての役割を果たせていないことにあった（佐竹 二〇一二）。

つまり、江戸時代の一門や一門の分流ごとに、それぞれ固有の有職故実が実践されており、嫡家は一門の有職故実を蓄積し、指南する立場にあったことが明らかなのである。しかし、三条家当主父子が、有職故実を家業とする滋野井公麗に入門したり、公麗から、三条家は嫡家としての有職故実が蓄積できていない、と指摘されたことなどから、三条家では、蔵書が乏しかったことが考えられる。

以上から、三条家は、家記や家業に関する記録の多くを失ったことで、装束の家業を維持することができず、三条家の有職故実（家説）や一門一流の有職故実を実践できない状態にあった。そのため、嫡家でありながら、三条一流内での立場は弱く、滋野井公麗から争論を起こされたのである。

では、なぜ三条家は、そのような状態にありながら、摂家と家礼関係を結ばなかったのか。三条家は摂家に次ぐ家格の清華家であったため、公家にとって不名誉な性格を帯びた家礼関係を結べなかったのであろう。そこで、近世後期の三条家では、実起が当主になって以降、失った家記や古記録を取り戻すべく、他家の蔵書を借り出して書写を行っていった。

例えば、菊地大樹氏によると、三条家は、遅くとも寛政一二年（一八〇〇）には、三条西家の蔵書である自筆本『実躬《さねみ》卿記』に関心を示したという。『実躬卿記』は、正親町三条実躬（一二六四年誕生）の日記であり、正親町三条家から分家した三条西家に伝来していた。そこで、文化五年（一八〇八）から、三条実起に加えて、実起の息男公修《きみおさ》と孫の実万《さねつむ》らが、『実躬卿記』の書写を行った。書写を始めた時は、三条西家の自筆本を借り出せず、他家から借りた流布本を書写していたが、後に三条西家の自筆本を借りだせて書写を遂げたという（菊地　二〇〇三）。つまり、三条家が、閑院一門三条一流に属する三条西家の家記『実躬卿記』を手に入れたということは、三条家が失った家記の一部を手に入れたことでもある。

『実躬卿記』の事例にとどまらず、三条家では、実起死去後も、公修や実万が、家記や古記録を集めていったが、特に、実万は、三条家の蔵書を充実させることで、三条家の家説や三条一流の有職故実をも復活させた。そこで、三条実万がどのようにして蔵書を充実させていったのか、どのようにして三条家の家説や三条一流の有職故実を復活させたのかについて明らかにしていきたい。

三条実万の履歴

三条実万（一八〇二―五九年）は、幕末の公家社会において、公家の教養において必要な学問を修得したうえで、さらに儒学者や国学者、先輩の公家から教えを受け、政治主体としての自己を形成させていった人物である。

具体的には、幼年期から、家格に相応しい教育を受けて成長し、仁孝天皇の「御会」に出席しはじめたことによって、教養形成期の学問を終え、他家で開かれた勉強会へも参加しはじめることで学問の場を広げていった。そうした教養を身につけた実万は、朱子学を大成させた朱熹《しゅき》の著作であり、中国宋代の名臣の言行や逸話などを列伝風に載せた『名臣言行録《めいしんげんこうろく》』を座右におき、水野忠邦《ただくに》の天保改革を評価し、臣下としての自己の役割を模索していた。そこで実万は、三条家が摂家に次ぐ家格にあるにもかかわらず、武家に追従する役職として軽んじられていた武家伝奏に就任して、朝廷制度改革を実現させようとしたのである。実万が政治主体としての自己を形成しえた背景には、当該期の社会状況に注目する必要がある。当時、多くの公家は困窮し、公家社会は風儀が乱れていた。また、世間では飢饉が続き、大塩平八郎の乱がおこる一方で、縁戚関係にある大名家から緊迫した対外情勢が伝えられるなど、まさしく内憂外患の状況にあった。こうした状況のなかで、実万は危機意識をもって政治改革の必要性を認識するにいたったのである（佐竹 二〇〇七）。

そのような実万が、三条家の当主になってまず行ったことは、三条一流の有職故実を復活させることである。例えば、実万が記した日記の天保一三年（一八四二）一〇月四日条には、「来月参行の料、冠・烏帽子・浄衣等新調すべきの間、装束師を召しこれを申付く、浄衣三条一流ひねりてこめ緒なし、此の如く雑事抄ニこれ有り、先年かくの如く調べせしむ」（『実万公記』八巻、東京大学史料編纂所所蔵。原漢文）とあり、実万は、参行の際に着用する装束を新調するにおいて、先年調べた際に、応永六年（一三九九）に高倉永行《ながゆき》が著した『装束雑事抄』に、浄衣には「三条一流ひねりてこめ緒なし」と記してあることを読み、装束師にそのように注文したのである。

つまり、実万は蔵書を活用して、三条家の祖先が身にまとった装束や、朝廷儀式の作法に関する記事を徹底的に調べることで、三条一流の有職故実を復活させていったのである。そして、三条一流の有職故実を復活させることで、三条一流に属する公家の信頼を取り戻すことに成功した（佐竹 二〇〇七）。

三条実万の書物貸借

では、実万は、どのようにして蔵書を集めていったのか。実万が遺した記録のなかに、安政三年(一八五六)に記された『書策借貸帳』(『三条実美関係文書』R16・一八・18、国立国会図書館憲政資料室所蔵)がある。そこで、実万が書物を貸借する様子を見ていこう。

『書策借貸帳』に記された内容を月日順にまとめたのが表2である。まず、表2から、貸借した書物がどのようなジャンルであったのか分析してみると、多くは、故実書として重宝されてきた日記や有職故実書である。なかには、旗本で有職故実家の伊勢貞丈《さだたけ》(一七一八―八四年)が、公家や武家故実の用語などを著した『安斎随筆《あんさいずいひつ》』や、宝暦事件に連座して蟄居していた裏松光世《うらまつみつよ》(法名固禅《こぜん》)(一七三六―一八〇四年)が平安京内裏の構成・建造物などを考証した『大内裏図考証』や、山田以文《もちふみ》が著した『錦所名目抄《きんしよめいもくしよう》』など、近世後期の有職故実家が記した書物も貸し出されていたことがわかる。

また、徳川家康から家斉までの各将軍の治世中の出来事を編年体で著した『泰平年表』や、文化元年(一八〇四)に著された『続日本王代一覧』など、近世後期に成立した年代記や通史が読まれていたことは注目できよう。

次に、実万が、書物を貸し出した人物についてみていく。まず、最も回数が多いのは、東坊城聡長《ひがしぼうじようとしなが》と夏長《なつなが》父子である。当時、東坊城聡長は、実万とともに武家伝奏在職中であった。また、三条家と同じく閑院一門である徳大寺公純《きんいと》へは、文化期に書写した『実躬卿記』や正親町三条実躬の息男公秀《きんひで》が記した日記である『公秀公記』などを貸し出していた。

さらに、前年に関白を辞して准三后にまで上り詰めていた鷹司政通《まさみち》へは、有職故実に優れ、九条兼実をも指導したと言われる藤原宗能《むねよし》（一〇八五―一一七〇年）の日記である『中内記《ちゅうだいき》』を貸し出し、一条忠香《ただか》へは、「諸公事図」を貸し出していたことに注目したい。一条忠香は、実万の母が一条輝良《てるよし》娘であるため縁戚関係にあったが、摂家である鷹司家や一条家に書物を貸せるほど、安政期の三条家は、蔵書が充実していたのである。また、実万が、蔵書を貸した相手は、閑院一門や三条一流の公家に限らず、仕事を同じくする公家や、地下官人などであった。一方、実万が蔵書を借りた相手については、ほとんど記されていないが、実万も、広範囲な交際関係を活かし、公家や地下官人などから書物を借り出し書写することで、蔵書を充実させたのである（佐竹 二〇〇七）。

三条実万の遺言

最後に、これまで明らかにしてきたことを踏まえたうえで、実万が何を目標にしていたかを、実万が記した「庭訓遺言」（『三条実美関係文書』R13・一四・54、国立国会図書館憲政資料室所蔵）を素材に考察していこう。実万が「庭訓遺言」をいつ記したのか明らかではない。しかし、「庭訓遺言」という題名から、実万が息男公睦《きんむつ》や実美《さねとみ》に宛てた教育方針であり、実万の思想の根幹を示していると考えられる。本文は以下の通りである（原漢文）。

一、当家流の有職ハ国史を以て本となし、これに加え漢学、律令・格式に及び、西宮《さいきゅう》・北山《ほくざん》・江《ごう》

	11月	群書類従 如是隔年代記　目録等	塙保己一	柳原光愛
		太平年表(泰平年表)	忍屋隠士 (大野広城)	正親町三条実愛
		続日本王代一覧	片山円然	
		続太平年表(続泰平年表)	竹舎主人	東坊城聡長
	12月6日	増鏡	—	正親町実徳
	24日	三位中将拝賀次第	三条実万	花山院家厚
		公睦中納言拝賀記	三条実万	醍醐忠順
		※古平緒紋類品々	—	東坊城夏長
	未詳	東大寺八幡宮神宝図	—	中山忠能
		日本史	—	東坊城夏長
		秘　中右記	藤原宗忠	鈴鹿筑前守連胤
		諸公事図	—	一条忠香
		榻鴫暁筆	—	東坊城聡長
		中右記	藤原宗忠	開明寺尊万院
		人車記	平信範	
		安斎随筆	伊勢貞丈	万里小路正房
		時慶卿記	西洞院時慶	柳原光愛
		公実公御像　権現記	—	姉小路公遂
II	4月13日	年中行事暦	—	頭左中弁
		年中行事	—	不明
	未詳	※檀木形帷	—	岡田式部少丞為恭
		柳原一	—	不明
		口中故事	—	
		神事	—	
		改元難除	—	
		改元部類	—	
		※法然上人所持物	—	
		文鏡秘府論	空海	
		絵図	—	
		古文書　仕舞考	—	
		文政五年歌会	—	仁和寺院家真光院教助
		左大将家哥会	—	
		百首和哥	—	
		新百人一首	足利義尚	
		四十二物諍考証	山本明清	

「安政三年改　書策借貸帳」(国立国会図書館憲政資料室編『三条実美関係文書』I、R16・一八・18、マイクロフィルム版、北泉社、1997年)から作成

I　三条実万が所蔵する書物を貸し出した事例

II　三条実万が他家から書物を借りた事例

※は、書物ではなく、古物の貸し出し

表2　三条実万の書物貸借

	月日	書名	著者	貸借の相手
I	2月22日	山城国陵田坪付	—	青蓮院宮（朝彦親王）
		諸願文集	—	
		滑稽雑談	四時堂其諺	
	2月24日	花園院御記	花園天皇	千種有文
	2月25日	中内記	藤原宗能	鷹司政通
	3月18日	実躬卿記	正親町三条実躬	勢多大判事章武
	3月29日	雅言集覧	石川雅望	甘露寺愛長
	4月3日	秘　中右記	藤原宗忠	開明寺尊万院
	4月7日	実躬卿記	正親町三条実躬	徳大寺公純
	4月13日	錦所名目抄	山田以文	竹屋光有
	4月19日	先人記 （『実躬卿記』別称）	正親町三条実躬	徳大寺公純
		実躬卿記		
		公秀公記	正親町三条公秀	
	4月22日	延喜式	藤原時平・忠平	三条西季知
	7月6日	崇仁御記	—	岡田式部少丞為恭
		教業御記	三条公教	
		喜多院文書	—	
	7月10日	北山鈔（北山抄）	藤原公任	正親町実徳
	7月26日	富家語抜書	藤原忠実	木工允
		浅浮抄	—	
	7月	秘　御室御相承等記	—	中山忠能
		御室相承記	—	千種有文
		大内裏考証 （大内裏図考証）	裏松固禅	左右近衛の処
		類典	—	岡田式部少丞為恭
	8月13日	放生会次第	—	三条西季知
		秘　放生会部類	—	
	8月15日	中右記	藤原宗忠	千種有文
	8月	玉海拝賀部類	九条兼実	姉小路公遂
		出立之御図		
		人車記	平信範	中院通富
		山槐記	中山忠親	
		秘　実躬卿逍遥院抜書	正親町三条実躬	徳大寺公純
		新奉　宸筆御書於山陵儀正元・文永等記	—	
		言談抄	藤原通憲	東坊城聡長
	10月20日	作庭記	橘俊綱	万里小路正房
		中右記	藤原宗忠	中山忠能
		平胡六図	藤貞幹	裏松恭光

次第《しだい》に及び、幷《ならびに》家記・一門の記録・抄物に眼を付けるべし、是実―《冬》公［藤原実冬］遺戒也、諸家の記繁多《はんた》の間、余力有るの時所見すべきの事

一、作法を以て宗となすべし、色目《しきもく》を付け、殿上人・諸大夫・侍等に至る、余力あらば殿舎敷設に及ぶべし、但此の事肝要たると雖も、浜嶋・谷口・山田功者の如くニ尋ねるべし、故を知り閣《かく》べし

一、漢学読誦の序、作法色目の助となるへきを抜萃《ばっすい》すべし

一、漢学ハ修身斉家たり

［中略］

一、本躰ハ治国平天下事に眼を付けるべきなれとも、当時家説を立てるの間、差しあたりたる所をいふニよりて作法色目をいふ也、心中須臾《しゅゆ》離るべからずは治国平天下、其の余りハ小事也

まず、一条目には、三条家の有職故実は、「国史」を根幹に据え、さらに、漢学や律令・格式、『西宮記』・『北山抄』・『江家《ごうけ》次第《しだい》』に及び、家記・一門の記録や、「抄物」に注目すべし。これは、三条実冬《さねふゆ》公（一三五四―一四一一年）の遺戒である。他家の記録類は数多くあるので、余力があるときは参考にすべき、とあり、三条家の家説が示されている。

二条目には、作法を第一とすべきである。但し、作法は肝要な事ではあるが、「浜嶋・谷口・山田」らの功者に尋ね、旧友らに意見を求めることはとどめること、とある。これは、有職故実について、裏付けされた知識を持つ山田ら以外に不確かな情報を聞くべきではないとの考えからであろう。

ついで、漢学は、「修身斉家」のために重要なことを述べ、最後に、本来は、「治国平天下」の事が最も重要なのだが、三条家の家説を立てるために、さしあたって作法の種目を中心に述べたにすぎない。だが、実万にとって心中から少しも離れないことは、「治国平天下」のことで、その他のことは小事にすぎない、とまとめている。

さて、この「庭訓遺言」では、一条目に三条家の家説が示されている。この家説は、三条実冬公の遺誡であると記されていることから、実万が、三条家の祖先が記した日記や古記録を読み込んでいくなかで再発見し、後代の当主へ注意を促したのであろう。

また、二条目では、有職故実について、裏付けされた知識を持つ浜嶋・谷口・山田ら以外に不確かな情報を聞くべきではないという、それまでにはない、新たな視点が示された。すなわち、西村慎太郎氏は、寛政期に活躍した国学者である藤貞幹《とうていかん》の蔵書を、山田以文、内膳司をつとめた地下官人浜嶋志摩守等庭《とうてい》らが譲り受けたと指摘し、谷口胤禄《たねさち》は、当時浜嶋等庭に続く有職家として認められた人物であったことを明らかにしている。つまり、浜嶋・谷口・山田は、当時有職故実に最も秀でた学者だと認識されていたのである（西村 二〇〇五）。実万は、幼年期から、浜嶋等庭や山田以文から教えを受け、特に山田からは『大内裏図考証』の指図を教授されていた。また、山田は、実万だけではなく、野宮定功ら他の公家の侍講も勤めていた。すなわち、浜嶋・谷口・山田らの有職故実は、公家社会に浸透していたのである。

そして、「庭訓遺言」において最も重要な部分が最後の条文にあることは明らかであろう。実万にとって、片時も忘れることができない問題は、「治国平天下」つまり、政治の問題だというのである。「治国平天下」とは、『大学』の八条目のうちの二つで、国を治め天下を太平にすることをさす。すなわち、実万にとって「治国平天下」とは、現実の政治問題を主体的に担っていこうとする意欲を端的に表明した言葉なのである。実万は、有職故実や漢学を学んで、改革を担いうる主体的自己を鍛え上げたうえで、具体的な朝廷改革に取り組み、さらには朝廷の政治的復権までをも視野に入れていた。こうした人物の登場は、公家社会の中から新たな政治主体が生まれてきたと評価することができるのである（佐竹 二〇〇七）。

本章では、摂家、新家である野宮家、三条一流の嫡家である三条家を取り上げ、それぞれの家における蔵書の意義を検討してきた。

すなわち、摂家にとって蔵書とは、家礼を集めるためにも、また、家礼関係を維持するためにも必要不可欠であった。ただし、充実した蔵書があったとしても、蔵書を活用できる当主がいなくては意味をなさなかったのである。

新家である野宮家は、野宮定基が、実家中院家や他家の蔵書を借り出して書写することで、野宮家の蔵書の基礎を築いた。そして、定基以降の当主は、定基の遺訓を守って、蔵書を充実させていくのと同時に、蔵書を活用する学識を維持していったことで、有職故実に優れた家としてのこることができたのである。

最後に検討した三条家は、本来であれば、一門一流の嫡家であるため、家説のみならず、一門一流の有職故実をも蓄積しておくことが必要であった。しかし、江戸時代中期の三条家は、蔵書の多くが失われた状態にあり、家説や一門一流の有職故実を実践することができずにいたことで、嫡家でありながら三条一流内での立場が弱かった。そこで、江戸時代後期以降の三条家当主は、蔵書を集めたのである。特に、幕末期の当主である実万は、集めた蔵書を読み解き、家説や三条一流の有職故実を復活させることで、三条一流に属する公家の信頼を回復させていった。さらに、実万は、広範な交際関係を活かして蔵書を充実させていく一方、三条家の蔵書を広く貸し出すことで、公家社会においても信頼を獲得していったのである。

以上から、朝廷儀式や家業をつとめるためにも、安定した家を保つためにも、公家にとって充実した蔵書を維持することは、必要不可欠であった。

江戸時代の公家社会における蔵書の特徴は、書物の貸借が、家礼関係や一門にかかわらず、広い範囲で行われたことで、一門以外の家記や本来であれば秘蔵の古記録も、交渉次第で手に入れることができたことにある。さらには、江戸時代に有職故実が学問として成立したことで、公家身分以外の故実家が著した書物も、公家の蔵書の対象になったことにあろう。

最後に、江戸時代の公家の蔵書には、どのような意義があったのかを考えていくうえで、三条実万は重要である。すなわち、実万は、三条家の蔵書を充実させることで、三条一流内に留まらず、公家社会における三条家の立場を強固にした。さらに、蔵書を活用して有職故実に精通するだけではなく、政治に関する書物をも読み込んでいくことで、幕末の政局で活躍することができた。すなわち、公家にとって蔵書の意義とは、最終的には、実万のような幕末の政局をリードできるような人物を生み出したことにあろう。ただし、実万は、安政の大獄において、落飾蟄居に処せられ、安政六年（一八五九）に死去した。しかし、実万の遺志は、実万が影響を与えた野宮定功・正親町三条実愛・中山忠能や、実万息男である三条実美（一八三七―九一年）などに引き継がれたことで、幕末の動乱において活躍できる公家が登場したのである。

参考文献

尾上陽介『中世の日記の世界』、日本史リブレット三〇、山川出版社、二〇〇三年
菊地大樹「『実躬卿記』写本の形成と公家文庫」、田島公編『禁裏・公家文庫研究』第一輯、思文閣出版、二〇〇三年
国立国会図書館憲政資料室編『三条実美関係文書』I、マイクロフィルム版、北泉社、一九九七年
佐竹朋子「学習院学問所設立の歴史的意義」『京都女子大学大学院文学研究科研究紀要　史学編』第二号、二〇〇三年
佐竹朋子「幕末公家社会における三条実万の役割」『新しい歴史学のために』第二六六号、二〇〇七年
佐竹朋子「一八世紀公家社会における学問と家業」『ヒストリア』第二三五号、二〇一二年
西村慎太郎「寛政期有職研究の動向と裏松固禅」『近世公家社会における故実研究の政治的社会的意義に関

する研究』、研究代表者吉田早苗、二〇〇二年度―二〇〇四年度科学研究費補助金 基盤研究（B）（一般）研究成果報告書、二〇〇五年
橋本政宣「豊臣政権と公家衆の家業」『書状研究』第一一号、一九九三年／『近世公家社会の研究』、吉川弘文館、二〇〇二年、所収
橋本政宣「江戸幕府と公家衆の家業」『国史学』第一七一号、二〇〇〇年／『近世公家社会の研究』、吉川弘文館、二〇〇二年、所収
平山敏治郎『日本中世家族の研究』、法政大学出版局、一九八〇年
深井雅海・藤實久美子『近世公家名鑑編年集成 第六巻（宝暦九年―明和六年）』、柊風舎、二〇一〇年
松澤克行「近世の家礼について」『日本史研究』第三八七号、一九九四年
松澤克行「寛永文化期における九条家文庫点描――九条道房の蔵書整理と貸借」『文学』第一一巻三号、二〇一〇年
松澤克行「近世の天皇と芸能」、渡部泰明・阿部泰郎・鈴木健一・松澤克行編『天皇の歴史 一〇 天皇と芸能』、講談社、二〇一一年
松薗斉『日記の家』、吉川弘文館、一九九七年
松薗斉『王朝日記論』、法政大学出版局、二〇〇六年
宮川康子「野宮定基卿記覚書（1）」『京都産業大学日本文化研究所紀要』第六号、二〇〇一年
宮川康子「野宮定基の思想形成」『京都産業大学論集 人文科学系列』第二九号、二〇〇二年
山口和夫「近世の家職」『岩波講座日本通史 一四 近世四』、岩波書店、一九九五年

2 武家役人と狂歌サークル

高橋章則

天明年間の江戸で盛期を迎えた狂歌界は、一九世紀に入り文政・天保という新たな画期を迎える。都市江戸から飛び出した狂歌は、地域的にも身分階層的にも新たな享受者たちを見いだし、彼らに対応した文政調・天保調という詠法を提供したのである。そうした享受層の拡散にともなって生じた様式や趣向をめぐる学芸上の要請の変化をいち早く察知し、それに対応しようとしたのが、燕栗園千穎《えんりつえんちかい》（一七七六―一八三七）であった。

伊勢に生まれ荒木田久老《あらきだひさおい》に和学を学んだ千穎は狂歌の世界と古学流の古典和歌の世界との融合を試みたばかりではなく、他ジャンルである俳諧をも含むさまざまな趣向・技術も取り入れ、「雑体」という狂歌の「趣向の枯渇の打開策」（牧野 二〇一一）を打ち出した。

千穎の門下においては「長歌・旋頭歌・片歌・折句・沓冠折句・沓冠・沓冠物名・多同字・無同

字・詠物・文字鎖・回文・物名・謎字・仏足石の体・今様・童謡」（「和歌雑体今撰百首」、福島県個人蔵）などを利用した狂歌作成の路が拓かれるに至ったのである。

　しかし、彼は志半ばの天保八年（一八三七）一一月六日、滞在先の常陸《ひたち》那珂湊《なかみなと》で亡くなった。その死没の事情を物語るのが、翌年に企てられた追悼会「故燕栗園師翁追福一会」（関西大学蔵）の案内広告である。開催の趣旨を記した美斗《みと》歌垣《うたがき》文彬《ふみあき》によると、六月に那珂湊の大和田某（広告に見える大和田伝左衛門か）のもとを訪れた千穎は当地の峰岸氏と懇意になり、その別荘に長逗留し狂歌会を催すなど自在に文事を展開した。ところが一〇月末、弟子である盈栗園芳雄《えいりつえんよしお》と戯れ詠んだ「何事もむなしきものを浅ましく身をいつ迄と頼むなるらん」が自分の死を予期した辞世に見えるがごとく、程なく病を得て亡くなった、というのである。

　千穎の遺骸が収められたのは大洗《おおあらい》の磐舟山《いわふねやま》であり、追悼集の刊行と磐舟山への記念碑建立を目的とし那珂湊願湨楼で開かれた追福会は、水戸・府中・鉾田・祝丁《いわいまち》・中湊の狂歌グループを主体に開催され、全国の「雑体総連」構成員が協賛した。この「雑体総連」こそが、「雑体吟社」を別号とし狂歌の革新運動を主導した千穎のもとで狂歌仲間たちが結成した全国組織なのである。そこには千穎が長く属した四方《よも》側《がわ》をはじめとしてグループ横断的な狂歌人たちが結集した。彼らがいわゆる「天保調」を成立させる人々なのである。

　上述の千穎の遺志は「二世燕栗園」久米《くめ》千寿《ちほぎ》に引き継がれた。武蔵国児玉郡八幡山に生まれた千寿は、本姓久米氏、父を六右衛門といいその二男であった。若くして江戸に出て小船町辺の商家で成人した彼は両国吉川町の書林文会堂の養子となり通称を山田佐助といった。文会堂は狂歌の基本文献『閭雲愚鈔』を板行し、総数は多くないが多分野の書物を刊行した書肆である。かつては四方側の判者でもあり、地方展開を重視した燕栗園千寿のもとには「雑体」を合い言葉にした狂歌仲間が集い、さらなる組織の拡充が目指された。

「雑体唫社同盟《ざつたいぎんしやどうめい》」と看板を改めた千寿配下の全国組織が嘉永七年（一八五四）閏七月に予告し翌安政二年（一八五五）正月に催したのが「和歌雑体今撰百首」の狂歌会である。その案内広告は先に例示したように「雑体」の内訳を明示している。また「雑体唫社」の主要メンバーが誰であるのかを示しており、興味深い。なかでも、撰者として特記された武家メンバーの事蹟をたどると、江戸から飛び出した一九世紀の狂歌の定着先の実態が浮かび上がってくるのである。

一 「天領」と狂歌

「和歌雑体今撰百首」の選者たち

「和歌雑体今撰百首」の案内広告には、春・夏・秋・冬・恋・雑・雑体の七部からなる「誹諧歌兼題」が示されている。その兼題（歌題）には「但し古調今調の和歌、或は狂歌といへどもくるしからず」と注記され、いかなる詠み方も許す旨が明示されている。まさに「雑体」であることが宣言された提示となっているのである。

その七種の部立の撰者として掲げられるのが、下総野田「柏唫社、茂木千輿」、陸奥八丁目「百舌鳥屋《もずのや》、渡辺排」、武蔵谷貫《やがぬき》「龍唫社、増岡広海」、近江日野在青梅「筱靡《ささなみ》唫社、岡崎敬喜」、上野館林「錬唫社、富田直路」、在甲市川「雑体歌垣、西邦嘉重」、江戸「燕栗園、久米千寿」の七人である。

以上のメンバーのうちで「会主」（開催主宰者）を務めたのは「雑体唫社」の号を持つ千寿と彼周辺の江戸グループ構成員（「雑体唫社総連衆」）であり、それ以外の六人の主宰する狂歌グループは別途に経費を負担した。「題摺（案内状）持」は近江日野、「甲乙録（成績表）持」は甲斐市河、「諸雑費（雑経費）補助」は陸奥八丁目・上野館林・武蔵谷ヶ貫、「集冊（狂歌本印刷）持」は下総野田にある総連衆の負担であった。ちなみに、一般参加費である「入料」は基本となる「七首詠一組」（七部すべてに応募）が「銀三匁」で、複数作品を応募する「十二首」は「銀一朱」、「三十首」は「金二朱」であった。

さて、春之部の撰者を務めた柏唫社は柏屋を屋号とした醬油醸造にも関わる野田の富裕な商家であり、百舌鳥屋も塩屋団七と称した福島八丁目の商家、龍唫社は村長でもある増岡政右衛門という武蔵野の豪農、そして筱靡唫社は日野商人で青梅に出店を持った人である（『近江日野の歴史』）。そして前述の通り、燕栗園は江戸の書肆であった。

それに対して、夢の屋直路とも称した恋之部撰者の錬唫社は上野館林藩士富田忠蔵であり、雑之部の雑体歌垣重隆こと西村敬之丞は甲斐市川陣屋付け代官所手代である。まずは後者「雑体歌垣」から見てみよう。

代官所手代・中沢平之丞

雑体歌垣が本名西村敬之丞であることについては『狂歌よみ人通称録』(後出)などが記すものの、彼が代官所手代であったとは狂歌研究の基本ツールである狩野快庵編『狂歌人名辞書』をはじめとした諸書に出てこない。にもかかわらず、そのように断定する際の手がかりがある。先の案内広告の「在甲市川」という居住地表示である。

甲斐国市川の住所の上に記された「在」字は居住が一時的であることを明示する際に用いられる文字で、狂歌本では月単位の短期の場合にも、数年にわたる長期の場合にも用いられる。この場合は後者に属すると見るのが妥当である。というのも、甲斐市川は幕初以来、代官所所在地として有名であり、商用などで中・長期逗留する狂歌作者よりも、赴任した代官あるいは代官所役人がこの地で狂歌を作り、そこから狂歌の催しに応募したとする蓋然性のほうがはるかに高いからである(高橋 二〇〇七)。

このような目で関連資料を見渡すと、『狂歌小伝録』(天保九年。石川 二〇〇九)という本に行き当たることになる。そこには「西村敬之丞」ではなく「雑体歌垣」を最近名乗り始めた「中沢平之丞」という人物が紹介されている。

江戸馬喰町初音馬場の官舎に住す。氏は中沢、通称平之丞、名師、字壮夫。幼時文武を嗜の折、数学に心を寄す。頗発達の聞えあり。弱冠にして公務にあづかり、陸奥なる塙および浅川の両陣屋に住す。その頃より狂哥を詠じ、葛飾連に入て文量舎蔵主と呼。故ありて燕栗園を慕ひ、翁より判者をゆるされ、文唫舎胤雄とあらたむ。其後江戸に帰りてよりは、いさゝかおこたりの心出て、喫茶俳諧をのみ弄しかど、近ごろふたゝび水魚喚友の間に遊びて、交り深し。また清水光房に随ひて和歌を詠じ、いとまある時は芳宜園の遺跡をならふときけり。会友館、萍屋の別号あり。このごろやむごとなき君より額をたまひて、さらに雑体歌垣の号あり。性質名誉をこのまず、出詠一組を限りとすれば、甲乙録において誉あることすくなけれど、世にしるところにはまされり。年いまだ厄をこえず……

江戸馬喰町には『江戸名所図会』が「馬喰町馬場」の題で挿絵し、歌川広重が「江戸名所百景」に描いた「初音ノ馬場」があり、近くには関東郡代の屋敷があった。その「官舎」内に住んでいた「中沢平之丞」は幼い時から文武の諸芸を嗜み、特に「数学」に熱心で非常に達者であったという。彼が二〇歳前後に就いたのが陸奥代官の「塙」と「浅川」の「陣屋」であり、赴任前後に「狂歌」を詠み始め、初代文々舎蟹子丸《かにこまる》の「葛飾連」に所属し「文量舎蔵主」と名乗った。その後、いろいろ考えて「燕栗園」に所属替えし、指導資格保持者である「判者」となり「文唫舎胤雄」と改号・改名した。

初代文々舎蟹子丸は通称を久保泰十郎といい本所割下水に住む幕府の与力であった。彼のもとにある狂歌人たちの狂歌号には「文」の文字が使われることが多く、平之丞も「文量舎」を授けられた。一方、雑体唫社を率いた燕栗園の門の狂歌号は「唫」(吟)字の使用が顕著であり、「文唫舎」という号は雑体唫社の構成員であることを宣言する号なのである。また、米蔵の持ち主や管理者を示唆する「蔵主《くらぬし》」よりも平之丞の字「壮夫」に通ずる「胤雄《たねお》」のほうがより格調ある狂歌名である。実名での詠歌を認める雑体唫社の「判者」らしい狂歌名である。彼は燕栗園の下で狂歌号・狂歌名を一挙に改めたのであった。

現在の福島県にある塙と浅川という二つの代官所で初任を経験した平之丞は江戸に戻ると、狂歌熱が一時冷めた。「喫茶・俳諧」へと関心が向かってしまったのである。しかし、近ごろまた狂歌作りに励むようになり、「水魚」連や「喚友」連といった狂歌グループと関係を持ち活躍している、というのである。

「清水光房」は国学者清水浜臣の子(養子)の和学者である。一方、「芳宜園」は幕府の与力で国学者として著名な加藤千蔭であり、千蔭は書家としても名をなした人である(文化五年(一八〇八)没)。平之丞は光房から和歌を学び、他方で今は亡き千蔭流の書の手ほどきを受けていたのである。その書道における号が「会友館」「萍屋」である。

ところで、平之丞は最近になって、「額」(書斎の雅号を記したもので、学芸の指導場所であることの明示のために掲げる)を有力者から拝受し、あわせて「雑体歌垣」の号を得た。師匠であるものの町人である燕栗園千穎を「やむごとなき君」とは記さないであろうから、扁額を書いたのは狂歌作者でもあ

図１　雑体歌垣（『月次連環集』、架蔵）

る大名などであろうと推察されるが、ともあれ人物紹介文がまとめられた天保九年頃に「雑体歌垣」を名乗り始めたことがわかる。

そうした平之丞の淡白な性格を示すのが「性質名誉をこのまず、出詠一組を限りとすれば、甲乙録において誉あることすくなけれど、世にしるところにはまされり」である。先に狂歌会への参加料には基本料金と追加料金とがあることに触れた。多くの作品を応募すれば当然、追加料金が発生する。しかし、複数作品を応募すれば高評点の作品も含まれるはずであり、また評点合算システムにおいてはダブルカウントされる場合もあり、複数投歌は自ずと成績上位者となる可能性を高める。そうすれば相撲の番付にも似た成績の一覧表「甲乙録」の上部に掲載されるチャンスが拡大するのである。そうした姑息な手段を用いなかったから普段の甲乙録では目立たなかったが、実際には秀作が多い、というのが平之丞の評価なのである。通好みの狂歌作者だったのである（図1）。

そして、引用は最後に記す。その平之丞の天保九年（一八三八）の年齢はというと「いまだ厄をこえず」、四二歳になっていなかったのである。

以上、『諸家小伝録』によると、江戸育ちで諸般の教養を身に付けた中沢平之丞は二〇歳前から代官所手代として陸奥の塙・浅川の両陣屋で勤務し、その仕事のかたわらで狂歌サークルに属し作品づくりに励んだ。しかし、必ずしも狂歌一辺倒だったわけではなく、俳諧や国学、書道にも関心を示した時期もあった。その平之丞は、東北での任務を終え、今は馬喰町の関東郡代役所内に住み、再び狂歌に向かい合い、燕栗園配下の判者「雑体歌垣」として活躍中で、年の頃は四〇歳ほど、といった人物像が浮かび上がるのである。

代官所関連文書でたどる平之丞の履歴

ところで、説明なしに平之丞の職業と断じた代官所手代について、少し補足しておこう。

江戸幕府が日本全国の枢要の地に配した「天領」を管轄したのは代官所である。そのトップが代官で、規模の大きな天領の代官を「郡代」と呼び、その場合の代官所は郡代役所と呼ばれた。代官の支配地は点在することが多く、役所も複数あり、主たる役所を代官所、附帯支配地の役所を「出張陣屋」と呼んだ。前出の塙や浅川は陸奥代官の代官所・出張陣屋の所在地であった。一方、代官役所は江戸にもあり、多くの代官は江戸と地方の代官所に交互に居住し任務を、そして任期を全うした。

江戸と地方の代官役所には一〇人前後の手代がおり、警察・裁判を担当するのが「公事方」、造作・民政担当が「御普請役」であり、武士身分を持つ「手附《てつき》」と町人や農民出身の准武士身分の「手代」とが身分の垣根なく任に当たった。管理職を「元締」と呼び、中間管理職を「加判」と言った。「代官所手代」は、そうした代官役所職員の総称なのである。

ということで、中沢平之丞は代官所手代として代官所ならびに出張陣屋、江戸の代官屋敷で生活したのであるが、もう少し詳しい彼の履歴をたどることはできないのであろうか。

実は、地方の代官所関連文書の中に、『諸家小伝録』が記した平之丞の足跡が一部現れ、『県令集覧』という代官所役人の一覧名簿録からは彼の代官所手代としての出世の様子がうかがえるのである。まずは地方の記録から。

代官所は少人数の文官による支配地であるため、地域の有力者のサポートが必須である。年番の村役人の代官所への出入りが欠かせない。彼ら地方有力者は役所奉仕を円滑化するための手控えとしてさまざまな文書の写しを保管するが、歴代の代官所役人についての雑記帳を作成するのが通例である。主要な陸奥代官が滞在した現在の福島県塙町周辺にもそうした文書が残る。その一つ、「年未詳塙代及び元締手附手代年番書上帳」(『塙町史』)には、次のような記述が見える。

天保四巳年五月廿五日ゟ
一　辻富治郎様御支配
　　中沢平馬／山田浜平／田口茂一郎／中沢平吉／安藤鉄治郎／武井庄治郎
　　午未年年番　塙　秦治右衛門／伊香　青砥伊十

天保七申年六月廿八日ゟ

一　島田八五郎様預り所

［後略］

辻富治郎が陸奥代官として塙に代官所を持った天保四年（一八三三）五月二五日から、次の代官である島田八五郎の支配に代わる天保七年（一八三六）六月二八日までの期間に、同じ「中沢」姓の「平馬」と「平吉」とが手代として存在した。

代官所の手代の中に同姓がいる場合には、親子などの縁者であることが多く、役人名簿の末尾近くの同姓者は初任の見習いであることが通例である。この場合も類似のケースであり、「平」字を共有する親族で重い名前の「平馬」が年長者で、若年者の名前である「平吉」がその子供であると推察される。そして、この「平吉」が天保九年（一八三八）以前に塙で過ごしたとされる「平之丞」の幼名と考えられる。なお、別人の手控えには「平吾」と記されている（「年未詳南郷歴代領主沿革記録」『矢祭町史』）。

一方、代官所の名簿が整う天保一〇年（一八三九）の『県令集覧』には「中沢平之丞」が、そして嘉永元年（一八四八）以後には「西村平之丞」が登場する。以下、二つの姓の「平之丞」に関わる記述を抽出し列記しておこう。

・天保十年（一八三九）　武蔵相模代官中村八太夫、江戸詰手代　　中沢平之丞

・嘉永元年（一八四八）　陸奥常陸代官荒井清兵衛、塙詰手代　西村平之丞
・嘉永四年（一八五一）　甲斐代官荒井清兵衛、市川詰手代加判　西村平之丞
・嘉永七年（一八五四）　甲斐代官荒井清兵衛、市川詰手代公事方加判　西村敬之丞
・安政五年（一八五八）　甲斐代官寺西直次郎、甲府詰公事方元締手代　西村敬之丞
・安政七年（一八六〇）　甲斐代官寺西直次郎、甲府詰公事方元締手代　西村敬之丞
・文久元年（一八六一）　信濃代官安藤伝蔵、御影詰公事方元締手代　西村敬之丞
・文久三年（一八六三）　甲斐代官安藤伝蔵、江戸詰御普請役格元締手代　西村敬之丞
・慶応二年（一八六六）　甲斐代官安藤伝蔵、江戸詰公事方元締手代　山田敬之丞

文政六年（一八二三）から天保一二年（一八四一）まで関東郡代付代官であった中村八太夫の江戸詰手代として、したがって関東郡代屋敷で勤仕していたのが中沢平之丞であった。まさに『諸家小伝録』時の平之丞である。

その後、平之丞が現れるのは、嘉永元年（一八四八）のことで、弘化四年（一八四七）から嘉永二年（一八四九）まで塙に代官所を置き浅川に出張陣屋を置いた代官荒井清兵衛のもとの塙代官所詰手代を務めたのが「西村平之丞」である。代官は辻から荒井へと替わったが、再び塙・浅川の地に舞い戻った平之丞であった。土地柄を知った手代として後任代官荒井から請われて任用されたものと見える。

なお、中沢から西村へと改姓した理由は定かでないが、町人の次・三男で文筆の才に長けたもので

ある場合が多い手代たちは他家の養子になることも多く、また手代仲間の娘の婿となる場合もあり、そうした事情から姓が改まったのであろう。ただし、西村は初代燕栗園の本姓でもある。その筋での改姓も考えられなくもない。

ところで、嘉永二年（一八四九）、荒井代官は甲斐市川に転出し、安政二年（一八五五）まで甲斐代官を務めた。平之丞はそれに付き随い転勤した。嘉永七年の『県令集覧』が記すのは、そうした転勤族西村平之丞の姿であって、「和歌雑体今撰百首」が「在甲市川　西邦嘉重」としたのはまさにこの時期の平之丞であり、彼は裁判関係の管理職「公事方加判」へと昇進を果たし勤務していた。

さて、荒井代官は安政二年（一八五五）に陸奥代官として桑折代官所に移り、安政五年以後は関東代官として江戸詰勤務に就き、文久元年（一八六一）からはやはり関東代官として馬喰《ばくろう》町の郡代屋敷を拠点とした。平之丞は今度は、その荒井代官に従い江戸に戻るという選択をせず、後任甲斐代官で甲府に代官所を持った寺西直次郎の下で任務を延長していた。

名代官として有名な寺西重次郎封元の孫である直次郎元貞は、父蔵太元英のもとで代官たる手ほどきを受け成長し、天保一三年（一八四二）以後、陸奥塙代官・駿河駿府代官・丹後久美浜代官を転々とし、安政元年（一八五四）から万延元年（一八六〇）まで甲斐代官として甲府を拠点とした。その甲府で裁判関係のトップである「公事方元締」を務めていたのが平之丞である。

居ること六年、寺西が納戸頭に移り地方と疎遠になったのは万延元年のこと。平之丞は新たな奉公先を求め、翌文久元年（一八六一）に信濃代官で中之条に代官所を置いた安藤伝蔵の信濃御影《みかげ》にある出張陣屋で再び公事方元締となったのである。そして翌々年以後は安藤の江戸にある代官屋敷で勤務することになった。ここで「西村」から「山田」へと改姓するのであるが、その改姓理由を考える際のヒントが、彼の父親の出自である。

中沢姓で江戸に育った平之丞であるが、その父親（先の「平馬」）の出身は上総東金であり、その地の有力者山田氏と関係が想定されるのである。こうした想定を支える史料となるのが、「秀作舎理善稲城居士追福俳諧歌稲花集」（関西大学付属図書館蔵）の案内広告である。この広告は天保一一年（一八四〇）に亡くなった稲城を追悼すべく開かれる翌年の狂歌合の募集案内の一枚摺であるが、稲城は四方側の有名判者であり、前掲の『諸家小伝録』によると

山田稲城　上総東金住、酒造を以て家職とす。通称山田八郎と呼ぶ。此里の長たり。癸歳より狂歌を詠じて秀作舎と号す。四方哥垣翁の門に遊んで判者の列に加はり、連号を山田連と呼。門下に遊ぶもの数多有。秀吟、諸側の集冊にありて世の人しる所也。

といった人物である。その追悼会の撰者となったのが「酒廼屋呑安《のみやす》」と「雑体歌垣胤雄」つまり平之丞なのである。呑安こと井川勘右衛門は東金に近い苅谷の人で弟「竹廼屋直彦」ともども有名な狂歌作者であった。呑安は地元の有力判者として撰者となったと考えられるが、この時江戸に住んでいた平之丞は稲城の妻「山田稲子」や成東の「小松堂繁根《しげね》」からの懇請を受け入れるかたちで撰者となっ

た。そしてさらに追悼会の案内文も草したのである。彼は文中、自分が筆を執った理由を

亡父とは従弟、とち《土地》のちなみ《因縁》もあればとて

と記す。その上で、稲城が導いた東金の狂歌熱を冷ますことなく、「山田連」の維持に尽力したい旨を記すのである。稲城と平之丞は血縁・地縁、狂歌の縁で連なっていたのである。以上を西村から山田への改姓をめぐる解釈としておきたい。

表裏の顔をもつ人々

かなり詳しく平之丞の手代としての履歴を振り返ってきたが、注目されるのは嘉永二年以後の市川ないしは甲府での生活が長期にわたることであり、代官が荒井から寺西へと交代しても平之丞が甲斐での生活を続けたことである。

雑体唫社の甲斐市川を拠点とした狂歌グループは判者雑体歌垣胤雄によって全国に名をとどろかせ、その下には熱心な狂歌人が生まれていた。たとえば、先の「和歌襍躰今撰百首」(安政五年)の競技会では市川の「浅霞庵春英、叶屋権右衛門」「随日園春詮、酒屋伊左衛門」「小島定賢」などが上位入選していた。そうした狂歌仲間との交流を深めた一方で、手代西村平之丞は甲斐における公事方でのキャリアをアップさせていった。そこには後継者と目される「西村義一郎」なる見習扱いの若年者すら

浮上する。狂歌と役人生活の両輪がうまくかみ合ったところに、甲斐生活延長の選択がなされたと考えられるのである。なお、信濃中之条周辺にも狂歌グループが点在しているから、そこでも彼の学芸生活の維持は容易だったと考えられる。

以上のような「雑体歌垣胤雄」こと西村平之丞と類似した経歴を持つ代官所手代は少なくなく、明治年間にまとめられた『狂歌人物誌』には同類型の代官所役人・狂歌人の先輩格の「佐屋裏襟《さやうらえり》」の伝記が記されている。そして、そこには秋葉篤太夫という「表の顔」の経歴と「裏の顔」が現れる狂歌本内の地名表記との関係が次のように紹介されている。

寛政年中、御代官手代となり、享和三年より文政二年まで十七ヶ年、甲斐国山梨郡府中陣屋に在勤しければ、狂歌書には多く甲府と記したれど甲州の人にあらざる事、前に記すがごとし

（『江戸狂歌本選集』）

また、「長者園萩雄」をめぐっては、「弘化の末つかた、越後水原郡代官元締として彼地へ出役し、在陣中あまたの門弟を取立しといふ」（同書）と、代官所と地域の狂歌人との関係に触れている。この「取立」が狂歌の門弟関係に限定されたものでないことは、全国の代官所周辺に狂歌サークルが多く存在し、その場所を出身とする代官所手代が多いことから推察されるのである（高橋 二〇〇七）。

二　「移封」と狂歌サークル

交替する武家作者たちと狂歌サークル

幕府の勢力を維持するためには大名・武士を自在に移動すべきであるという「鉢植え武士」論は元禄期の荻生徂徠によって主張されたとされるが、徂徠は『政談』巻一の中で武家の不安定な「旅宿の境界」は経済的にも風紀上にもよくないから、大名・武士に領地との関係を絶えず意識させ支配・維持させるべきだと「土着」論を主張している。また、そこでは「鉢植え」という言い方もしていない。「旅宿の境界」と「鉢植え」のありかたが類似しており、幕府寄りの意見書をまとめる策士徂徠なら「鉢植え大名・武士」論を提出するだろうと邪推され、通説になったように思われる。

その真偽はともかく、住み慣れた土地から突如として切り離され、繁殖の地を再開発せざるをえなくなる代表的なケースである転封・移封が大名・武士やその関係者に地域間移動を強い、莫大な経済的負担を負わせたことは確かである。また、移動に伴う支配層の全面交代が地域の文化や風俗の持続にストップをかける契機となったことも否定できない。

しかし、他方で、そうしたドラスティックで大規模な地域移動が前領地と現領地に住む人々の相互認識を育《はぐく》み、新たな人的交流や地域文化の重層化を用意したことにも目を向ける必要がある。「和歌雑体今撰百首」の撰者である「錬唫社富田直路」もそうした地域間移動を経験し、移動前後の二つの地域の学芸ネットワークを両にらみした人物である。

富田直路が勤仕した秋元藩は明和四年（一七六七）に武蔵川越から出羽山形に居城を移し、約八〇年後の弘化二年（一八四五）に至り上野《こうずけ》国館林に移転した。そのきっかけは天保改革に失敗した父忠邦の失脚に連なる浜松藩主水野忠精の山形への転封・減封にあり、その水野と秋元に連動して、井上正春は天保七年（一八三六）に陸奥棚倉から館林への入城後一〇年に満たずして遠州浜松に居を移した。そして、この井上以前に三代九〇年にわたって館林を治めていたのは延享三年（一七四六）に入城した越智《おち》家であり、彼らの場合は石見国浜田が館林後の領地であった。館林藩を考える際には、こうした移動を運命づけられた複数の藩主・藩士がいたことや彼らの地域との関わりにも配慮しなければならない。

この館林領主の交代劇を本稿が問題にしている「狂歌」の年表に重ね合わせてゆくと、盛期とされる天明期から、巨星たちが軒並み没し燕栗園千穎が雑体を意識し天保調を模索した文政末・天保初期まで、この地で狂歌を享受していた武士たちは越智藩士であり、二代目燕栗園千寿が家業のため狂歌活動に専心できなかったとする時期には井上藩が、そして雑体唫社が地方に拡がりをみせた時代は秋元藩がこの地を支配していた、ということになる。

右の変遷を、館林領に存在したのが諸身分包括的な一般的構成の狂歌サークルだったとの仮定の下でさらに踏み込んで表現すると、次のようになる。越智藩士が加わって形成された館林の狂歌サークルから天保七年（一八三六）に武士層が去り、入れ替わりに井上藩の武家作者が地域サークルへの加入を請う。しかし、ともに歩んだ期間は一〇年足らずで、弘化二年（一八四五）には山形から秋元藩の武家作者の面々がやってくる。一方、そうした武家の慌ただしさを尻目に、館林に定住する町人層・農民層の歌詠みたちは持続的に狂歌に向かい合い、斯界でのキャリアを高め、流入者との混淆の事態に即応した。

ただし、事態はそれほど単純ではない。狂歌の全国グループには複数の系統があり、盛んな地域では別系の複数サークルが併存するから、あるサークルの有力な指導者が移転した場合には指導系統の交代・再編が不可避となり、サークル自体の解体や構成員の別系サークルへの乗り換えなども想定せねばならない。つまり、館林の狂歌界は最低二度にわたる外在的な文化環境の大変動を経験するなかで重層的に出来上がったものなのである。

山形と館林の狂歌界の出会い

こうした多少込み入った諸条件を有する館林の狂歌界に最終的に身を置くことになる錬唫社富田直路なのであるが、彼をはじめとした秋元藩の武家作者たちは弘化二年の館林入城以前に既に出羽山形で活発な狂歌活動を展開していた。

その明証となるのが、燕栗園千穎が撰者に名を連ねた天保五年（一八三四）刊行の『春秋聯語集』と天保七年から天保一三年にかけて五篇が刊行された『狂歌扶桑名所図会』、そして陸奥桑折の代官所手代で天保一一年春に判者として別号披露の催しをもった愚鈍庵一徳に関わる「喚友同盟別号披露俳諧歌喚友集」（梁川町史編纂室蔵）の案内広告、同年秋に持たれた前出の「秀作舎理善稲城居士追福俳諧歌稲花集」の案内広告である。

『春秋聯語集』（東北大学附属図書館狩野文庫蔵）には「山形　直路」の作品が収められ、錬唫社として活躍する以前から山形で狂歌を作成していた痕跡が残る。同集によると、他に「直幹」「月雄」「静雄」「包雄」「優政」なる狂歌作者が山形にいたこともわかる。

そして、二枚の広告からは出羽山形の狂歌連の代表者として「錬唫社」ばかりではなく同じ雑体唫社に属する「博唫社」と「篤唫社」の号を有する狂歌人の存在が浮かび上がる。

このような案内広告に号が掲げられるのは地域を代表する判者もしくは有力な狂歌作者として認知されている場合であり、山形の狂歌界は彼ら三人がリードし、その下には准判者資格を有する都講や一般の狂歌作者が複数人控えていたという推測がつくのである。

三「唫社」のうちの篤唫社は山形二日町で米穀や油を商った「唐山人詩々成」こと坂仁三郎であり、『狂歌水滸伝』によると、福声楼・丁卯子などの別号を有する狂歌人であった。一方、博唫社は『和歌襍躰初度百首』巻一（架蔵）に「館林　博唫社」として作品が掲載される人物であり、錬唫社同様に山形・館林の両地で活動したことが確認される武家の狂歌人であった（『山形市史』）。

さて、彼ら三人のもとで、あるいは彼らと共に山形で狂歌制作に励んでいた人物と考えられるのは、燕栗園の社中で言えば「和歌雑体尚古集初会」（関西大学付属図書館）における出羽山ノ辺の「呉栗園随部」「小松浄名」「燕進亭由秋」「南海堂広記」「爺栗園春宜」であり、『連環集』（天保一〇年、架蔵）における「小竹の屋」「菅の屋」「挺子」らである。そのうちの呉栗園随部は「千年山人」とも称した人で、「羽州山野辺の商家、通称佐藤小太郎、名随部、燕栗園の門に入て呉栗園、又仙歌堂と号して雑体の吟を能《よく》す」（『俳諧歌古新集』、国文学研究資料館蔵）という人物である。こうした仲間たち、とりわけ同輩の篶唫社との別れを経験しつつ、錬唫社らは館林に赴くことになったのである。

一方、館林にも秋元藩の狂歌人たちがやってくる以前に既に狂歌界が形成されていた。そのなかの有力勢力が浅草側に属するサークルである。同じ上野の大間々桐原には江戸の有力な狂歌判者浅草庵を継承した「浅茅庵守舎」こと深沢新兵衛がおり、彼の寛政期からの努力により上州は狂歌の一大拠点へと成長していた。その流れが館林にも及んでいた。『草庵五百人一首』（天保四年、狩野文庫蔵）によれば、次の三人が浅草側の構成員である。

新島高村　上野館林人、通称勝治郎、号浅榈庵、又、柏園、七柏斎
室田守郷　同国館林人、通称宗治郎、号浅生庵、又、東感庵
室田春郷　上野館林人、室田守郷男、通称啓太郎、号壺満楼

このうちの新島高村については、これ以上の個人情報の持ち合わせがないが、室田守郷については翌年まとめられた『狂歌画像通名録』（九州大学附属図書館冨田文庫蔵）に

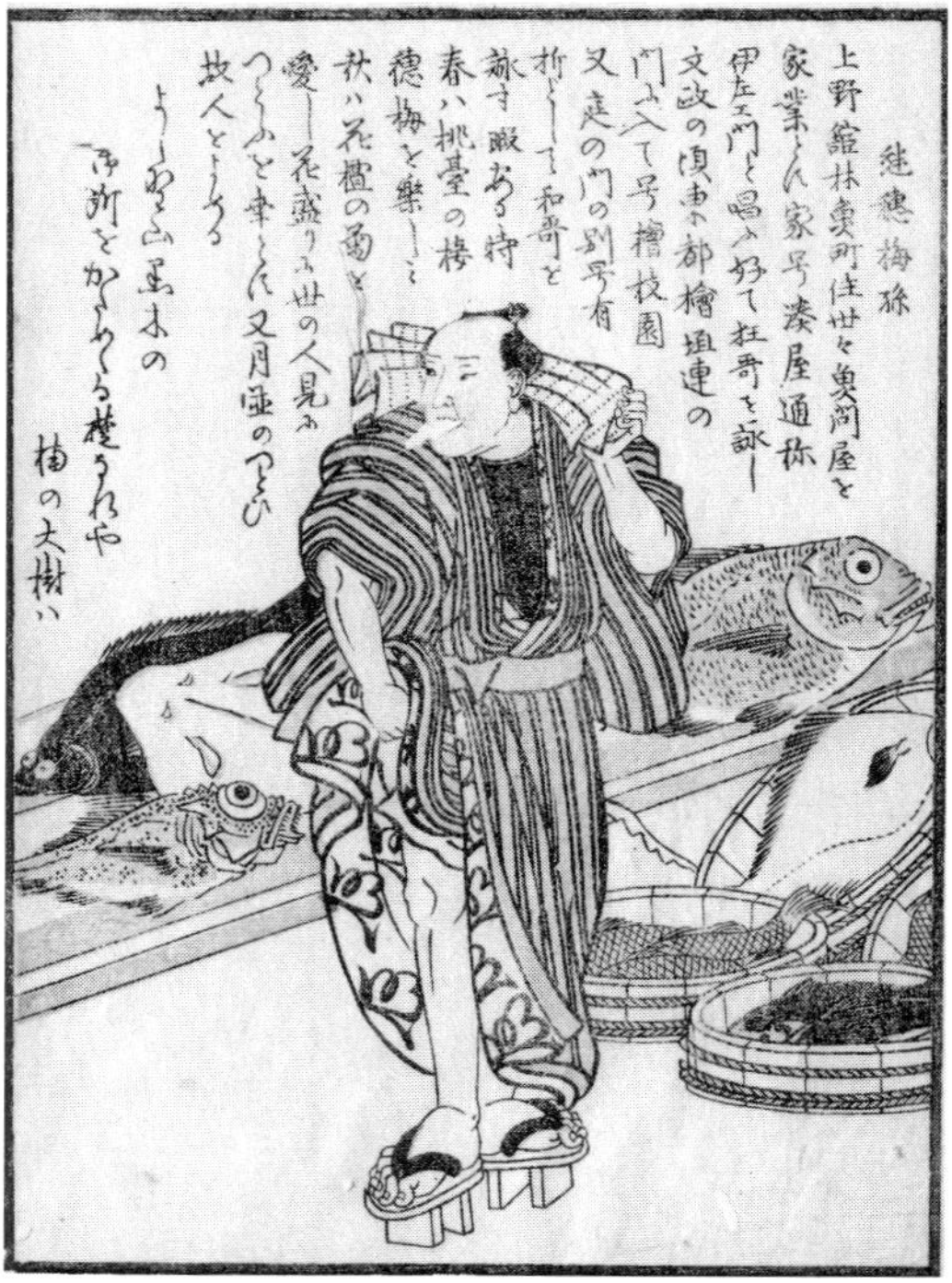

図２　継穂梅孫（『本朝風俗水滸画像集』嘉永七年、東北大学附属図書館狩野文庫蔵）

浅生庵守郷　上野館林環場町、室田氏、号壺満楼、又東盛庵、紙屋宗次郎

という記述を発見できる。そして、右をも参考にしたであろう『狂歌よみ人通称録』（嘉永四年、慶応

義塾大学蔵）には「浅生庵守郷（又東盛庵）仝足利町　室田氏　紙屋宗兵衛」と記される。館林環場町の紙商人室田宗治郎は浅草側に属し「壺満楼」の狂歌号を授けられ、さらに「浅生庵」の号を獲得し、前号を息子啓太郎・春郷に譲った、というのである。

浅草側における狂歌号は初代浅草庵の時に「壺」字の使用が始まり、晩年に「浅」字が盛り込まれるようになり、後者が大勢を占めるようになる。こうした流れを念頭に置くと関連文からは、組織内でステータスを有する「浅生庵」という号を得たのと引き替えに「壺満楼」という使い慣れた号を息子に譲った紙商人の学芸上の安堵感が読み取れるのである。

館林の商人作者をもう一人、見ておこう。湊屋伊左衛門である。彼については安政三年（一八五六）の『本朝風俗水滸画像集』（狩野文庫蔵）が詳しい（図2）。

継穂梅孫　上野館林魚町住、世々魚問屋を家業とす。家号湊屋、通称伊左衛門と唱ふ、好て狂歌を詠じ、文政の頃、東都檜垣連の門に入て号檜枝園、又庭の門の別号有。折として和歌を詠ず。暇ある時、春は桃台の接穂梅を楽しみ、秋は花壇の菊を愛し、花盛りに世の人見につとふを幸とす。また月並のつどひ、故人とよめる「よし野山黒木の御所をかためたる礎なれや楠の大樹は」

梅や桃の木の接木や菊栽培を趣味とし、自宅の菊庭を地域の人々に開放することを楽しみにするような肴町の粋人で魚問屋湊屋の主人伊左衛門は、文政期に檜園梅明に入門し「檜枝園」号を獲得していた。この伊左衛門については「檜杖園」という別号で記される場合もあり（『狂歌よみ人通称録』）、そちらが先行する狂歌号なのかもしれないが、いずれにしても檜垣連の有力地域判者として館林狂歌界をリードしていたことは間違いない。

このほかに天保五年（一八三四）の時点の館林には、「苧環連《おだまきれん》」という四方側の系列に属する歌垣綾麿こと河内丹南藩主高木正剛が組織したグループに属した「万寿庵亀俊」「国字堂真文」「秋玉亭知義」「美通垣久雄」の四人がおり、安政三年（一八五六）になると苧環連に関係付けられる狂歌人は一六人へと増大した（『俳諧歌苧環集』狩野文庫蔵）。彼らの本姓を確定することはもとより難しいが、まさに複合的文化条件のもとで館林の狂歌界は隆盛を見たのである。

三　諸藩武士と狂歌

飛地の狂歌作者

かかる館林の地に弘化二年（一八四五）、山形から飛び込んだのが秋元藩の狂歌人の面々であった。その顔ぶれは移封四年後の『狂歌よみ人通称録』によれば次のようになる。

千又庵大道（吉田仙太夫）　草の戸広繁（佐藤波之助）　釼園高麗雄（牧野勘左衛門）　藤園雅直（須賀

十三郎）　夢の屋直路（富田忠蔵）　新玉亭正光（新藤金治郎）

このうちの「夢の屋直路」が「錬唫社」であり、彼が忠蔵を称したことが判明する。そして、他のメンバーで個人情報を追加できるのは「草の戸広繁」と「千又庵大道」とであり、二人の紹介文は『月次連環集』（嘉永年間、架蔵）に掲載されている（図3）。

図3　藤蔭舎広繁（『月次連環集』）

> 藤蔭舎廣繁　国所上［上野国館林］に同じ。同藩にして姓は藤原、名は貞勝、哥道に志深く、師によらずして自ら得る所の秀詠多し。年廿有余歳とぞ。

二〇代半ばの広繁は「歌道」への志が深く、しかも独学で秀歌を作っていたというのである。館林に移動してから六年の間のことである。既にこのような紹介文が掲載される段階にあったのであるから、一〇代を過ごした山形においても狂歌に親しんでいたと考えられる。その草の戸広繁こと佐藤波之助は「藤蔭舎」とも称すようになり、館林にやってきて一〇年後の安政二年（一八五五）には、さらに「菫菜園」の別

図４　千又庵大道（『月次連環集』）

号も獲得し、「和歌裸躰今撰百首相撲立」への上位入選を果たしていたのである。

次は「千又庵大道」である。彼についても『月次連環集』は図像入りで紹介文を載せる（図４）。

千又庵　上野国館林の藩士、通称吉田仙太夫、姓は卜部、名は正明、学びの名を足穂屋と号す。狂哥別号に於ては人の能知る所也。

千又庵大道こと吉田仙太夫は卜部正明ともいい「足穂屋」という学舎名を持った、という。卜部姓であるから、占いや軍学等に造詣が深い学究肌の人物だったと見える。

ところで、この「大道」は天保一一年（一八四〇）刊行の『興歌六々集』・『狂歌美都調』に「在河内　千歌垣大道」として現れ、前掲の秀作舎理善の追福会の案内広告には、山形の三人の号に続けて「在河内　深山堂」と記される。このような広告では本拠地から離れて活動している同サークル所属の歌人については「在」字地名で列記する場合が多く、この深山堂も千又庵の別号と考えるべきである。吉田仙太夫の千歌垣・千又庵・深山堂の別号が広く認知されていたことが、「人の能く知る所也」という先の評言になったのである。

さて、仙太夫が住んでいたとされる「河内」国の八上・丹南・丹北十郡は代々秋元藩の「飛地」があったところで、河州勤番と称される「郡奉行」が配されていた。仙太夫が河州勤番の郡奉行・代官としての任務のかたわらで、作品を作り続けていた痕跡が「在河内」の居住地表示となったのである。そうした秋元藩の外縁部における学芸活動の軌跡を物語るさらなる資料が『狂歌扶桑名所図会』(天保七年から天保一三年)である。

『狂歌扶桑名所図会』に大道が登場する二編から五篇には、それぞれ「大坂山形蔵　大道」(二篇)・「河内　大道」「大坂山形蔵　大道」(三篇)・「在河内　千歌道」(四篇)・「在河内　大道」(五篇)と彼の所在が記されており、その中で注目すべきは「大坂山形蔵」という居住地表記である。というのも、この「山形蔵」とは大坂肥後島町にあった秋元藩(山形藩)の蔵屋敷を指し、まさに山形藩蔵屋敷を拠点に大道が狂歌を詠んでいたことを具現する特殊な居住地表記を『狂歌扶桑名所図会』が採用していたのである。また、同じ二篇には「真青」なる作者が「山形蔵」にいたことも記す。現在の中之島肥後橋付近にあった秋元藩の大坂蔵屋敷には任務のかたわらで狂歌詠作に励める複数の武士の姿があったのである。

以上に加えて、『狂歌扶桑名所図会』二篇の成績表「甲乙録」(東京都立中央図書館加賀文庫蔵)には、大道が執務していた河内国内の陣屋をめぐる特殊情報が盛り込まれている。

出版された狂歌集と狂歌会直後に印刷され発送される一枚摺の甲乙録とでは、時たま狂歌号や居住地表記に差違がある。記述が整序され板行される作品集よりも仲間内に頒布される甲乙録のほうがダイレクトな表記をとることが多いからである。この二篇の甲乙録のケースがその好例であり、作品集『狂歌扶桑名所図会』が「大坂山形蔵　大道」と秋元藩領内と蔵屋敷の往還を整序し一括りに表記するのに対し、甲乙録（天保八年六月二六日）は「河内黒土　千文庵《ママ》大道」と、作品を江戸の「集所」（取り纏め所）に発送する時に大道本人が記したであろう住所が居住地表記として取り込まれていたのである。

秋元藩の河内国丹北郡長曽根村黒土（現在の堺市北区黒土）にあった陣屋については、関係史料が少なく不明な点が多いが、従来、歴史資料とは考えられてこなかった狂歌の甲乙録が山形の藩庁から遠距離にある河内の陣屋における藩士の文化活動の迹ばかりではなく、藩政の具体像に接近する際のヒントを与えてくれるのである。

ところで、以上のような大道の狂歌人生に訪れた輝かしい出来事がある。それを紹介しておこう。時は慶応元年（一八六五）三月三日。この日に開催された「伊勢参宮帰路待受歌合一会」（蓬左文庫蔵）のことである。

伊勢参りに出かけた信夫・伊達地域（現福島市周辺）の狂歌界の有力者である「浅緑庵武村」（伊達郡藤田村山崎、長尾桂次郎）・「松濤唫社宮澄」（伊達郡大木戸、姓名不詳）が無事帰還したことを記念して催された狂歌の競技会では、「竹村」とも称した浅緑庵と「宮澄《みやずみ》（宮住）」の狂歌名から神社関係者と思われる松濤（寿）唫社にまつわる「竹不変色・古郷忍恋・地祇」が「兼題」とされ、作品二首の合計点で順位が決定された。この狂歌会で大道は最優秀の成績を収めたのである。仙台の「千柳亭」、浪速の「雪之門」、熱田の「橘庵」、美作の「空々庵」など全国の並み居る狂歌の判者たちをおさえて、最上位の「東之方」「大関」に位置付けられたのが「タテ林　千又庵」だったのである。

のみならず、本狂歌会で大道は本姓名「吉田正明」でも中位入撰を果たしている。このような重複入撰は小規模な企画において枯れ木に花を咲かせる苦肉の策として内輪の人物を何気なく再掲載させることがないではないが、この場合には実名での公表であるから事情が異なる。実名での応募は古典和歌を意識した詠法、狂歌号での応募は狂歌の範疇での詠法によるものとするのが妥当であろう。雑体唫社が許した多種詠法での作品作りを実践し、「伊勢参宮帰路待受歌合一会」に二領域で応募し、両方が入撰した成果が甲乙録のダブルブッキングになったと考えたい。

ともあれ、この狂歌会には、「和歌雑体今撰百首」の撰者である武蔵谷貫の「龍唫社」増岡広海や近江日野在青梅の「筱靡唫社」岡崎敬喜も参加しており、彼ら実力者が中下位の序列に留まったことから見ても、大道が大いに面目を施したことは明らかなのである。

山形・館林の藩庁から遠い河内の蔵屋敷・代官所での長期にわたる任務を経験しつつ館林に戻った大道は、秋元藩の狂歌界にあって重きをなした。そうした大道の生涯のハイライトとなる出来事が「伊勢参宮帰路待受歌合一会」だったのである。

分限帳にみえる分領の狂歌作者

さて、千又庵大道から得た飛地・分領における狂歌活動の持続という観点で秋元藩の狂歌人を見渡すと、さらに興味深い人物に出会うことになる。「藤園雅直」こと須賀十三郎である。秋元家の大坂と出羽村山にある分領に関わる武士たちの記録である『河州・羽州分限帳』には

高弐拾弐俵　弐人扶持　　御役金五両　　　父重三郎死　巳四十才
　内壱俵御足高　　　　　御勘定方　　　　　須賀市左衛門
　　　　　　　　　　　　　御役金弐両
　　　　　　　　　　　　高島流世話役　　　　　寅三十七才
　　　　　　　　　　　　務料金三分

という標記がある。この「須賀市左衛門」が藤園雅直なのである。以下、分限帳の記述から、彼の人物像を再現してみよう。

天保八年（一八三七）一二月一六日から元〆詰見習として召し出された「須賀市左衛門」は、前髪のまま御年寄御役所次之間に仕えていたが、九年三月二五日、五年前の「巳年」に四〇歳で亡くなった父の跡式一八俵二人扶持を引き継いだ。しかし、幼少で正式勤務はできず、翌天保一〇年三月二一日、幼い兄弟が独り立ちするまでの当分の間の措置として一人扶持を支給されることになった。三年

後の天保一三年九月一五日、山形の勝手方となり、同月二一日に成人を迎えた彼は、翌々日に幼名「谷治」を父と同じ「重三郎」に改めた。翌年正月一一日には御供小姓格・御勘定所詰となり、三年後の弘化三年（一八四六）七月二〇日に御供小姓代、四年四月一五日に持格御年寄附御書役御日記役心得となった。五年二月一五日、重三郎を「十三郎」と改め、翌嘉永二年（一八四九）一二月二七日「市右衛門」を名乗るが、翌年二月一五日に十三郎に戻った。同年三月二〇日、御日記役御書役心得となり、役金はそのままに、翌四年一二月一〇日に至り足高一俵を得て一九俵高となった。嘉永六年一〇月二〇日、定府の命を受け、安政二年（一八五五）三月九日、御勝手掛御手附兼御用組取扱掛、御役金二分となり、一二月二一日に幼少の弟たちの養育費一人扶持の支給が終了した。一六年にわたる支給であった。

安政三年一〇月一八日、御蔵方席大納戸手伝となるも役料等は変わらず、五年一二月二八日に足高一俵が特別加増され二〇俵高となり、安政六年一一月二七日御供小姓、御武具方下役を兼ねた。その時の役金は一分であった。二年後の文久元年（一八六一）一一月七日、御日記役御書役心得となるも御役金はそのまま。三年三月一三日、維新の変革のため館林における勝手方となり、六月一九日に御足高一俵が加増され、俸禄は二一俵となった。同時に河州御代官役を拝命し御勘定方を兼務、元治元年（一八六四）九月九日に至り高嶋流砲術世話役となる。翌二年三月一〇日に「市左衛門」と改名。その半月後の二三日に高嶋流世話役となり務料は金三分となった。慶応二年（一八六六）一二月二九日、足高一俵が加増され二二俵高。明治二年（一八六九）四月朔日、「治邑助」（副郡奉行か）となったが引き続き勘定方に属した。

以上、『河州・羽州分限帳』にしたがって、狂歌作者「藤園雅直」の山形・館林藩士としての履歴をまとめてみた。

本書がまとめられた寅年慶応二年（一八六六）の時点で彼が三七歳だったとすれば、生年は文政一二年（一八二九）。すると、父を失ったのは数え年で五歳、家禄の相続は一二歳のこととなる。元服は天保十三年（一八四二）、一四歳で行われた。秋元藩が山形から館林へ移転した弘化二年（一八四五）は一七歳、定府の命を受けた嘉永六年（一八五三）は二五歳、河州代官となった文久三年（一八六三）は三五歳、高嶋流砲術世話役となる元治元年（一八六四）が三六歳、維新を迎えたのが三九歳ということになる。こうした生涯のなかに狂歌作者として紹介された二三歳の嘉永四年（一八五一）があったのである。

幼い兄弟の面倒を見つつ城勤めをこなし、大人に混じり御日記役・御書役など主に文筆に関わる任務に就いた十三郎である。相続した「給人格」十八俵二人扶持は秋元藩内では中の下クラスで、兄弟を含め藩から手厚い庇護を受け順調に育ったことから見て、須賀家は代々有能な下僚を輩出する家で基礎的な素養も備わっていたのであろう。江戸生活を複数年経験し、いつの間にか高嶋流の砲術を身につけ最終的には「世話役」を拝命していることも、そうした推察を裏付ける。

こうした役人を輩出する須賀家の学芸環境が機縁となったか、あるいは先の「広繁」のような独学で狂歌の腕を高めていくような同輩がいたからか、雅直は館林の狂歌界の一員となっていたのである。

以上見てきたのは四七〇人ほどからなる秋元藩の藩士たちの中のほんの一握りにすぎない。しかし、山形そして館林の狂歌文化の興隆を下支えしたのは、生業を維持しつつ狂歌に取り組んだ多くの町人・農民に加えて、縷々見てきたようなさまざまな経歴を有する武士たちだったのである。

一九世紀の「類聚の時代」とも称しうる成熟し多様化した文化環境のもとで（高橋 一九八九）、狂歌サークルのさまざまな構成員の知的なニーズに応えようとする時、融通無碍な「雑体」なる詠法が必要となり提供されるに至ることは、自己の教養の開示に愉悦を求めた狂歌界に訪れるべき不可避な時の流れなのであろう。

参考文献

石川了「『諸家小伝録』に見えたる人々」『大妻女子大学紀要 文系』四一号、二〇〇九年
高橋章則「近世後期の歴史学と林述斎」『日本思想史研究』二一号、一九八九年
高橋章則『江戸の転勤族——代官所手代の世界』、平凡社選書、二〇〇七年
牧野悟資「『雑体詠格略鈔』考——和歌雑体と天保調」『国語と国文学』一〇四九号、二〇一一年
『江戸狂歌本選集』第一五巻、東京堂出版、二〇〇七年
『江戸時代幕府代官史料 県令集覧』、吉川弘文館、一九七五年
『江戸幕府代官履歴辞典』、岩田書院、二〇〇一年
『近江日野の歴史 第八巻 史料編』、二〇一〇年

『館林市史　資料編3　近世Ⅰ　館林の大名と藩政』、二〇一三年
『塙町史　第二巻　資料編1』、一九八〇年
『山形市史　中巻　近世編』、一九七一年
『矢祭町史　第一巻　通史民俗編』、一九八五年

3 村役人と編纂物——『河嶋堤桜記』編纂と郡中一和

工藤航平

江戸時代の蔵書目録を見ると、版本や写本に混じって、多くの編纂物が一緒に書き記されていることがわかる（工藤 二〇一一a・b）。編纂物には多種多様なものがあるが、「五人組条目新古写」とか「四堰水論留記」「街道筋宿助郷争論済口議定集全」などと題された、簿冊形態で、事項ごとにまとめられた先例集、マニュアル書が多くみられる。蔵書目録は当時を生きた人の蔵書認識を顕《あらわ》しており、そこからは、出版された書籍を念頭においた現代的感覚とは違う、江戸時代特有の蔵書・書物観がうかがえる。

編纂物とは、完成度や内容などさまざまであるが、御用留帳や訴訟日記など即時的に作成されたもの、日々書き継がれたものと異なり、一次利用が終わって蓄積された文書類を、明確な意図のもとでの二次利用を目的として編纂したものである。目的に合わせて文書や書物、金石文や伝承など、諸情報を蒐集・精査し、効果的に資料を配置して、私見を加えるなどしており、適宜、目次や表紙などを付けて装丁したものもある。

近世後期は「編纂書の時代」と表現されるように、幕府による修史編纂事業が活発化した（高橋 一九八九）。文書主義や考証学的な思考が民衆レベルまで浸透した江戸時代中期以降、幕府や藩の編纂物とは趣を異《こと》にするが、全国津々浦々にわたって、生業のいかんにかかわらず、編纂物が広く作成されていたと考えてよいであろう（久留島 二〇〇二、青木 二〇〇九）。

一方、これら編纂物に対する現在の研究上の評価・利用はというと、豊富な地域史料の写しを主体に構成され、現在では原本が確認できない史料を収載するものも多いことから、便利な〝史料集〟として認識され、きちんと史料批判が加えられないまま村方文書一般として分類されて、個々の史料が適宜抽き出されて利用されている、というのが現状といえる。

編纂物自体を対象とした研究では、地誌・郷土史（白井 二〇〇四）、旧記（岩橋 二〇一〇）、由緒書（井上 二〇〇三）、記録編纂（酒井 一九九七・二〇〇二）などの視角から検討が行われてきており、そこでは個々の課題意識、分析視角に当てはめて編纂物は位置づけられている。しかし、編纂物を、そこに書かれている内容だけでなく、本来の作成意図や効果（受容と影響）などの機能に注目して読み解くことで、この史料に既存の枠組みとは異なる新たな評価を与え、新たな史料としての可能性を引き出すことができると考える。

これら編纂物は特に、村役人らの手による地方書という、いわば地域〈知〉——支配行政・慣行・

歴史・地理など、地域特有の事象に関する〈知〉——の集約版・凝縮版といえるものである。これらは、支配層にとっては、支配行政の円滑化を図るとともに、地域の権益確保を実現するものであり、地域内部においては地域の調整機能を果たすものである。また、諸情報に解釈を加えて独自の論理を構成するものでもあり、地域論理の再発見・再構築、地域秩序の再編に大きな役割を果たしうる（工藤 二〇一一a・b）。

このような研究視角は、これまで分析対象とされてきた編纂物を再評価するだけでなく、村方文書一般として扱われているさまざまな史料についても、新たな史料的価値を見出すことができると考える（工藤 二〇〇五・二〇〇八a）。

近年、民衆の思想形成や政治常識の分析において、書物など新たな史料が利用されるようになっている（若尾 二〇〇六・二〇〇七・二〇〇九）。そこでは、村役人ら地域文人の著作（杉 二〇〇九）だけでなく、読書日記・行為（若尾 一九九九、小川 二〇〇八）、家訓（横田 二〇〇五）や村歌舞伎の演目（高橋 二〇〇五）、漢詩文（川村 一九九六）などが素材となっているが、それら限られた史料を遺した特定の人物のみが対象となっているのが現状であろう。

そこで本稿では、明確な目的意図をもって作成された編纂物である地方書に着目する。これら地方書は、著者である編纂者の意図を明確に示すとともに、閲覧対象は限られるが、地域のなかで読まれ、読書共同体のなかで共有されることを少なからず期待されていたものだからである。つまり、編纂者の個人的な参考書ともいえるものであるが、刊行された書物と同じ機能を有してもいて、しかもその期待される読者はずっと絞り込まれて具体的に顔が想定できる者たちでもあった。だからそこから、地域の実態に即したなかで、民衆の思想形成や政治常識、その共有化などを探り出すことが期待できるのである。また、全国津々浦々で広く作成された編纂物を素材とすることで、これまで以上に広範な人びとを分析の俎上にあげることができ、近世社会の実態を解明するより豊かな研究に道を開くといえよう。

一　『河嶋堤桜記』の構造と特質

本稿では、先述した新たな史料、書物・蔵書研究の可能性を探るため、武蔵国比企《ひき》郡川島領（現・埼玉県比企郡川島町）の一人の地域指導者によって編纂された『河嶋堤桜記』を取り上げて検討することとする。その構成は表1のとおりである。この編纂物は、江戸時代に川島領が経験した水害と修復普請について、その一部始終を事績ごとにさまざまな史料を並べてまとめたものである。

成立と伝来

この編纂物の原本は確認できておらず、大正六年（一九一七）に山田雄三なる人物が書写したものが川越市立中央図書館に所蔵されているのみである。この山田書写本は、乾・坤の二冊からなるが、

表1　『河嶋堤桜記』構成一覧

巻	篇	分類		内容	丁数
乾	（前篇）	概説	1	「水難行」（水害被災の歴史概略／目次）	6
		序文	2	河嶋堤桜記序（慶応2年冬）	6
			3	河島堤桜記序（慶応4年仲春）	3
			4	天保4年荒川通横見・大里両郡地理直し同様の御普請願一件	24.5
		水害・普請	5	宝暦11年新市野川堤上置・潰地争論裁許状	3
			6	享和2年荒川通水害・鳥羽井村持口切所修復普請願一件	6
			7	文政6年荒川通水害・鳥羽井村持口切所修復普請願一件	18
			8	天保11年荒川通水害・松永村持口切所普請一件	14
			9	弘化2年荒川通水害・谷中村堤切所普請一件	13.5
		普請・御用金	10	天保15年三保谷宿堤外家屋移設・荒川通堤手弱箇所普請一件	8.5
			11	文政13年荒川通大囲堤三保谷宿ほか手弱箇所普請一件	9
			12	天保14年荒川通宿大囲堤三保谷宿手弱箇所普請一件	1
坤			13	弘化2年川島領大囲堤修築御普請一件	49.5
			14	弘化3年市野川通横見・川島境堤上置一件（享和2年議定書あり）	24
			15	弘化3年5・6月川島領各所水防方日誌	11
		跋文	16	河島堤桜記跋（慶応4年）	3
			17	河嶋堤桜記（慶応4年暮春）	2.5
	後篇		18	弘化3年大囲堤横見・川島境堤腹付上置普請一件	12.5
			19	安政5年川島領大囲堤水防方・高割出金取極	16
			20	安政6年川島領3ヶ所切所御普請組込願一件	4
		跋文	21	［跋文］（慶応4年仲夏）	2.5

＊丁数は各項目の分量を比較するための目安であり、総丁数とは一致しない。

構成は、本編にあたる、仮に前篇とする部分と、補論的に加えられた後篇からなり、前篇には序文・跋文、後篇には跋文が付されている。序文・跋文からは、編纂当初より『河嶋堤桜記』という名称が付けられていたと判断できる。山田書写本が原本から書写したか写本からかがわからないため、原本が分冊されていたかは不明である。

この山田書写本は、両冊とも厚紙で表紙が装丁され、中身は和紙に墨書きで書写されており、紐で右側が綴じられている。書写した後、朱書きで誤字脱字の校正が加えられている。また、大正一五年（一九二六）刊『川島郷土誌』に序

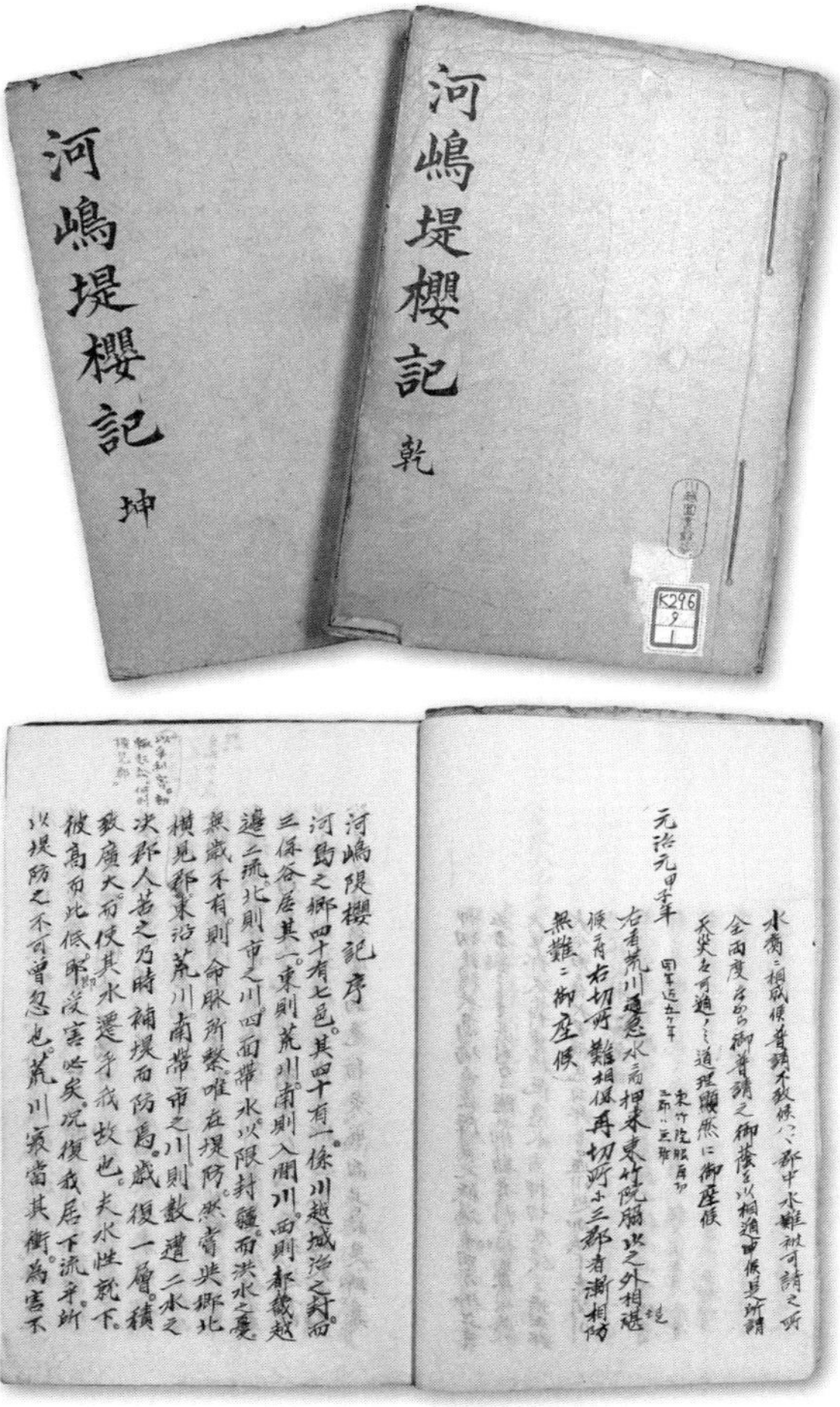

図1　上：『河嶋堤桜記』表紙　下：本文

文が引用されていることから、同誌編纂事業のなかで書写されたとも推察される。もとの史料を忠実に書写することを心懸けており、新たに追加・改変された箇所はないと考える。

乾巻は一一四丁、坤巻は一三〇丁であるが、内容で分けると前篇は二〇七丁、後篇は三七丁の二部

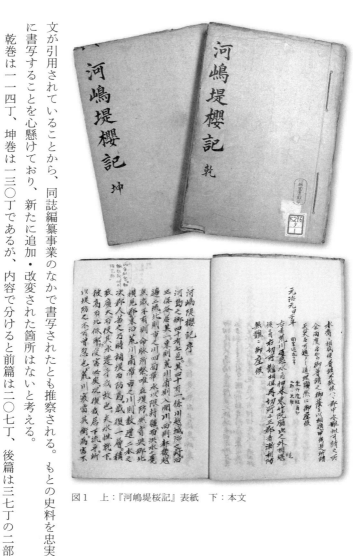

構成となっている（図1）。

編纂者は自らを、本書のなかでは「拙」「愚老」「野叟」「隠居」と称しているが、序文・跋文では「田中祥山」「楨桝堂祥山」と名乗っている。この自称だけで特定するのは困難であるが、収載されている史料の個人名と照合すると、三保谷《みおのや》宿の元名主で、川島領の惣代も勤めた田中畊《こうだゆう》太夫であることがわかる。田中家は三保谷宿の名主を代々務め、弘化期には既に名主役を息子の三左衛門（次平）へ譲っているが、川島領全体に関わる訴訟などでは息子とともに活躍している。

前篇の序文は慶応二年（一八六六）冬と同四年仲春の二つ、前篇の跋文は慶応四年ということが読み取れ、後篇の跋文は同四年仲夏と記されている。また、前篇の跋文の後ろに慶応四年暮春「河嶋堤桜記」が置かれている。収載されている史料では安政六年（一八五九）、私見等の記述では元治元年（一八六四）のものが一番新しいので、文久・慶応頃にまとめられはじめたものを、慶応二年に一応の完成、同四年に再度編纂しなおしたか、改めて序文・跋文を加えたと推察される。まとめはじめた年月は判然としないが、慶応二年と同四年に編纂を行う契機があったと考えて間違いないであろう。

構成と特質

では、本史料の構成について見ることにしたい。構成上の特徴は、地域で保管されている文書——訴願書、裁許状、日記、書状、普請関係帳簿、議定書など——の収載を主とし、解説や個人的見解が私見として適宜加えられている。項目によっては、授受された文書の写しだけでなく、日記調で日付や人物名、行動が詳細に記述されていることからも、一件日記のような文書がもともと存在していた可能性もある。一件日記はそれ自体が一つの事項の始終を詳しく伝えるものであるが、それをさらに適宜引用して編纂物を作成していたことがわかる。

項目ごとに目録・中表紙・改丁などで明確に分けられているわけではないが、表のような一件ごとのまとまりを持っている。

ここで、構成を理解するために、川島領と治水の関係について簡単に説明を加えておく。川島領は四方を市野川（北）、荒川（東）、越辺川《おっぺ》（西）、入間川《いるま》（南）に囲まれた四八ヶ村からなる輪中地域であり、河川の内側に沿って村々を取り囲むように大囲堤《おおがこいづつみ》（川島領大囲堤）が築かれている。『河嶋堤桜記』では、「当河嶋領之興廃は大囲堤之強弱による」と記述されるように、大囲堤が川島領の命運を握っていると認識されていた。

まず、冒頭の「水難行」では、川島領の水害被災状況と修復普請の歴史が端的にまとめられている。荒川通における大囲堤の決壊は、判明するだけでも、寛文・寛保・宝暦・明和・安永に一度ずつ、天明三回、寛政一回、享和一回、文政二回、天保一回、弘化一回、発生している（『川島郷土誌』）。享和以降の回数・年代は、「水難行」と一致している。

宝暦から弘化までの水害・普請の項目（表の5〜9）の後、直接水害に起因しない普請が三つ（10〜12）配されている。編年で並べるのではなく、普請の内容によってまとめていることがわかる。

次に、各項目の丁数の分量を見ると、天保四年（一八三三）の地理直し御普請、弘化二年（一八四五）

の川島領大囲堤修築普請、弘化三年の大囲堤修復普請にかかわる市野川通堤上置腹付普請《いちのかわとおりつつみうわおきはらつけふしん》をめぐる争論の三項目が突出して多いことがわかる。この要因は、川島領の水難・治水に対する編纂者の認識、編纂意図が大きく関係している。

詳細は次節以降で検討するが、まず、川島領が大きな水難を受ける元凶とされたのが地理直し御普請であった。荒川上流の大里・横見両郡の堤が強化されたことで、水難の一切を川島領が被るようになったと川島領では認識されていた。川島領も同規模の修築を願い出たが、支配が錯綜した非領国地域であったため、市野川・荒川通全体に及ぶ普請は実現しなかった。しかし、天保一四年（一八四三）に川島領一円（四八ヶ村のうち四二ヶ村）が川越藩領となり、川越藩松平家の御普請として弘化二年の川島領大囲堤の大規模普請が実現したのである。これにより、天保四年以来の水難から遁《のが》れることができたと広く認識されるようになった。一方、市野川対岸の横見郡と堤の補強をめぐって激しい対立を繰り広げたが、その元凶となったのは、享和二年（一八〇二）の議定であると編纂者は認識していた（「両郡確執を遺候場所」）。一方的な議定の無視や訴訟が度々起こされたが、その解決を見たのが弘化三年の御普請にかかわる川越藩の裁定であり、享和二年の議定書もこの項目に収載されている。

つまり、畊太夫は、川島領の水害・治水史を語る上で、特に重要視した三つのトピックに重点的に多くの丁数を割《さ》いて、さまざまな関係史料を引用しながら私見を加え、詳細に記述したのである。

弘化三年の水防方日誌は、大囲堤の修築御普請のおかげでほとんど被害を受けることはなかったことを伝えるもので、大囲堤修築普請とセットと考えてよいであろう。ここで跋文が置かれていること、この後は「後篇」と位置づけられていることからも、編纂者の主要な目的はここまでと考えられる。このような編纂物の構成や個別史料の配置、項目ごとの分量は、単に編年や残存量によるのではなく、編纂者の意図や伝えたい事柄に大きく影響されていることがわかる。

編纂と公開

本節の最後に、畊太夫の『河嶋堤桜記』編纂と他者への公開について簡単に見ておきたい。まず、収載した多量の文書であるが、他地域で見られる史料所在調査や貸借は確認できず、ほとんどが自家所蔵のものを利用している。代々名主・惣代として川島領の治水を主導してきたため、多くの関係文書が蓄積されていたのであろう。自家所蔵であるが、引用した文書名を書き添えていることから、自分以外の者が閲覧することも念頭においていたといえる。そのことを示すように、「後人能く可被察《さっせらるべし》」と、この編纂物を読んで、後の心得として事の次第を弁《わきま》えておくようにと諭《さと》している。

また、跋文などには、「粗《あらあら》相違之儀も可有之候へ共、其儀は相弁候ものは加筆可給候」や、「委《くは》敷《しく》ハ御普請に携《たづさはり》、事柄弁《わきまへ》たる人あらハ遠慮なく可書加給者也」というように、自分の及ばない部分については、他人による加筆・修正を求めている。

収載した史料蒐集の下地となったものの一つに、大囲堤修築普請をめぐる弘化三年の横見郡との争論において、藩役人へ提出された書類の取り纏めがあったと考えられる。畊太夫自身「横見郡と前々より之議定書類弁論所裁許、又ハ場所熟談内済済口証文、為取替候書類」といった「享和度以来之書物」を残らず提出したと記している。また、「跋文」においても「出入候始末其外享和度水難已来諸書物之内より拾ひ出シ、反《〔故カ〕》期同様ニ書綴り置候」と同様のことが記述されており、この時に提出された書類が『河嶋堤桜記』を構成する主要史料の一つになったと考えられる。

さらに慶応四年仲夏の跋文では、編纂動機について、まとめてはみたがどうしようもなく、ただ捨て置き難く思っていると、ある懇友から「これを棄ててしまっては、誰も川越藩主松平家の仁徳を後世へ伝えるものがいなくなってしまい、嘆かわしい」と言われたため、あらためて編纂したと述べている。また、子孫に残すべきと勧められたことから、老後の暇にまかせて記し置いたとも記している。最後に、なぜこれだけ多くの史料を引用して『河嶋堤桜記』を編纂する必要があったのか考えてみたい。その跋文では、安政五年（一八五八）の御普請に関する歎願書や議定書、その他の書類を手に入る限り引用し、さらに「御普請に携、事柄弁たる人」による加筆を求めている。その理由として、このことを知らなくては「堤防全備」として完成しないためだと記しているのである。

このことから、まずは根本的な目的として「堤防全備」、つまり川島領の治水の全体像を把握するための基本書の作成を目指していたことがわかる。そして、編年ではなく、編纂者である田中畊太夫の独自の論理・治水観に基づく構成で項目・史料を並べ、また補足史料もそれに準じて配置されたのである。

直接的な読者として想定されたのは、田中家の人物、そして川島領の村役人層と考えられる。ただ、後述するような論調からは、村役人層を通じた間接的なものにせよ、領民を含めた読者の広がりも意識されていたといえる。編纂物としてまとめて明文化することで、編纂者の論理を直接的・間接的に明確に伝え、その地域内での共有化と、後世への一貫した見解の継承を図ることが可能となる。

二　川島領治水史の再確認

ところで、編纂者である田中畊太夫は、川島領の水害・治水の歴史、つまり「堤防全備」の歴史をどこまで認識し、知識として必要と判断したのであろうか。

編纂者の治水史観

『河嶋堤桜記』に収載された史料から川島領での一般的な治水観を探ってみると、安政五年（一八五八）の訴願書では、文政六年（一八二三）から弘化二年（一八四五）まで四度の水害を受けてきたと記されている。畊太夫も序文・跋文・本文で、項目によってねらいが違うので把握する年代も若干異なるが、文政六年から弘化二年、安政五・六年と捉えている。

一方、「水難行」では、享和二年（一八〇二）から元治元年（一八六四）までが記されている。しかし、元治元年については「水難行」のみがふれるだけであり、また、本編では宝暦一一年（一七六一）の裁許状が全体の補足的に収載されていること、享和二年の市野川通堤上置腹付取極議定が弘化二年の争論のなかに組み込まれていることが見てとれる。その点を畊太夫は、文政六年から天保四年の地理直し御普請までの項目は、地理直し御普請を理解するためには、それ以前のことを弁えておく必要があるから書き加えたと説明している。そのため、本編纂物の構成も、文政六年から安政六年までを一区分として把握していたことが指摘できる。

畊太夫の認識では、天保四年の地理直し御普請を起点とし、弘化二年の大囲堤修築普請が大きな画期となり、安政六年までの御普請による補強をもって川島領大囲堤の水防が完成に至ったと把握され、その約四半世紀を一つの時代として捉えていたと考えられる。

再編纂が行われた慶応四年(一八六八)、畊太夫は七三歳となっており、享和二年は自らの記憶を辿ることのできる限界であったかもしれない。

大里横見郡地理直し御普請の評価

本編の冒頭は、「水難行」にはない天保四年大里・横見両郡地理直し御普請が配置されている。この幕府による地理直し御普請とは、川島領の北部、市野川の対岸で荒川の上流に位置する大里郡・横見郡において、両郡の荒川通の土手堤が補強された普請のことである。これは正式名称ではないが、広範囲にわたって大規模に堤周辺の土地が改変された様子から、「地理直し」と呼ばれるようになった。川島領では「当郡之興廃ニ相拘《あひかかはる》一大事」と強く危機感が抱かれ、その後に発生する川島領水難の根元と認識されていた。畊太夫も川島領の水害・治水史を語る上で、そのような認識から本編冒頭に配したと考えられる。

では、この地理直し御普請が川島領の水害の起点となったという認識は、いつ頃から語られるようになったのであろうか。

地理直し御普請の直後、川島領より大里・横見両郡と同様の荒川通堤修築普請を行うよう幕府へ訴願書が提出された。そこには、今後水難は遁れ難く、人馬身命にもかかわる問題であると訴えられている。地理直し御普請の現場を実際に見てきた畊太夫は、今後川島領に被害が集中してしまうという危機感を語っている。このような危機意識が、天保四年の段階で村役人層を中心に存在していたことがわかる。

次に地理直し御普請の話題が出てくるのは、弘化二年の川島領大囲堤修築普請の願書である。「元来当領水入ニ相成候儀ハ、去ル天保四巳年中〔中略〕二郡地理直シ御普請之節」と、地理直し御普請が川島領の水難の起点と位置づけられている。この項目での畊太夫の私見でも、「天保之度大里横見両郡ニて地理直御普請已来、右二郡之水難を当領ニて引請《ひきうけ》」と同様の評価を下している。

「河島堤桜記跋」では、「去ル天保十一壬子歳より弘化二巳年迄、其間遠からす水難をうけ、右は全去ル天保四巳年大里横見両郡にて地理直御普請被仰付《おほせつけられ》、両郡荒川除堤大丈夫に相成候より、両郡は無難ニて、当郡而已《のみ》両度之水難を受、心外至極」と記され、「河嶋堤桜記序」においても、大里横見両郡の地理直し御普請が、川島領が一方的に水難を受ける事態の起点として再確認されている。

川島領の水害被災の歴史は、規模の大小に限らず、前節で見たように江戸時代初期から続いている。

しかし、弘化二年の大囲堤修築普請の実現に向けた運動のなかで、大規模な修築普請が必要であるということを強調するためもあってか、この地理直し御普請が決壊を伴うような水害の起点と考えられるようになったことがわかる。

これは、単なる水害ではなく、大里・横見両郡の水難を川島領が一手に受けることを非難したもので、そのため天保四年以降の水難を特別視していることが要因と考えられる。そして、序文・跋文の中で明確化することで、自らが確認した治水史観を再認識させようとしたのである。

市野川通堤上置腹付取極議定

この市野川通堤上置腹付取極議定とは、横見郡と川島領との境を流れる市野川のうち、川幅が狭く度々出水する「郡中第一之難場」と呼ばれる地点における両岸の堤の高さや幅を取り決めた議定である。上置《うわおき》（嵩上《かさあ》げ）や腹付《はらつけ》（増幅補強）を行う場合は、双方で相談して決めることと定めている。文政七年（一八二四）にも訴訟が起こり、享和の議定を守ることが再確認され、内済となっている。

この議定が川島領の水害・治水の大きな問題として登場したのは、地理直し御普請であった。議定場の上置・腹付が大規模に行われるとの情報を得た川島領側の小見野《おみの》村が掛け合ったところ、「御上様」（将軍）から仰せ付けられた普請であり致し方ないという返答を受けた。このまま問題がうやむやにされてしまったため、畊太夫は私見において、「後年至種々故障」を生むことになったと厳しく小見野村役人を非難している。

次に問題となったのは、弘化二年の大囲堤修築御普請であった。この普請箇所に議定場が含まれているとして、「不法上置・外腹付大造」の築立《つきた》てを横見郡が訴えたのである。後述するように、この横見郡の行為に対して、畊太夫は厳しく非難している。結果として、藩の介入により、補強を制限することは御普請の趣旨に沿わないので、当初の計画通りに実施し、今後は議定を守ることとなった。

畊太夫は、それまで議定場でもあったために手を付けられずに「古来よりの大洩所」となっていた箇所を丈夫に修築できたことに対し、「抜群之手柄」「堤防第一之箇条」と高く評価している。川島領の治水の歴史で議定の経過を重要なトピックと捉えていたことがわかる。

この享和二年の議定自体は項目が立てられておらず、直接的な問題とは捉えられていなかったといえる。この議定が弘化二年のところで取り上げられていることからも、畊太夫としては議定自体よりも、横見郡がこの議定場を持ち出して大囲堤修築御普請に対する異議を唱えたこと、川越藩が川島領有利の裁定を下したことを重視していたと考えられる。複数の項目とも関係しているほか、特に地理直し御普請や大囲堤修築普請、畊太夫による横見郡批判ともかかわっており、畊太夫には〝対立の根元〟と捉えられていたのである。

「河島堤桜記跋」では、享和の議定をめぐる争論、文政七年（一八二四）の争論、弘化三年の訴訟が関連づけられて端的にまとめられている。前節では、丁数の分量から編纂者の意図を見たが、構成や私見などからも、この三つのトピックを核にして全体が構成されていることがわかる。

三　地域の自己認識

史料部分からは、川島領の視点で「堤防全備」が総括されている。一方で、私見部分を読み込んでいくと、「堤防全備」を利用した、もう一つの意図がみえてくる。編纂者の田中助太夫は、訴訟などのための基礎情報の共有化の先に、『河嶋堤桜記』を通じてどのような論理を構築したのであろうか。ここでは、特に助太夫が強調した二つの主張についてみることとする。

横見郡への激しい非難

『河嶋堤桜記』では、北隣の横見郡へ激しい非難を展開していることが大きな特徴の一つである。ただし、横見郡への批判がいつ頃から始まるかを見ると、『河嶋堤桜記』にも収録されている享和や文政期からあったわけではない。そこでは、横見郡への非難よりも、川島領内の不法・不実の者に対する非難が多いことがわかる。

ではいつ頃から横見郡への非難は始まったのであろうか。『河嶋堤桜記』の私見を見ると、弘化二年（一八四五）の川島領大囲堤修築御普請に対して、横見郡側が享和二年の議定を持ち出し、論所地が含まれるので取り極めを守るようにと訴訟に及んだことが起点となっていると考えられる。これに対して畊太夫は、不実の者が川島領の大規模普請を羨《うらや》んで妨害しようとしていると非難している。畊太夫は、『河嶋堤桜記』の中で横見郡の訴状を取り上げ、詳細に批判を加えている。文面の書き方、言い回し、同じ言葉の繰り返しなど「認振《したためぶ》」りから、土地の高低と水流の理解、論所場で議定に反する補強が行われたかどうか、そもそも普請対象範囲に論所場が含まれているかなど、逐一反論を記している。

このなかで、まず、横見郡の者を「木の葉天狗」と喩え、正理を弁えずに邪道のみに陥り、議定以外でも妨害しようと企んでいると非難している。木の葉天狗とは、江戸時代の随筆や怪談などに登場し、威力のない天狗、大天狗につき従う小さい天狗のことである（『日本国語大辞典』）。

また、弘化二年の争論を碁の布石に喩え、横見郡の戦略の乏しさ、場当たり的な対応を批判している。川島領を碁盤に見立て、論所の市野川にあたる碁盤の北の縁《へり》で白黒接戦に及んだが、黒石が「一［いち］眼［がん］も目なき石を打ち出し」、下手なゆえに見切りもなく打ち込んでいると記している。さらに、弘化の修築普請により水難から解放された川島領の様子を「盤の中ほとに白地［しろぢ］の大なる」と喩え、結局は黒石が「一ヶ所も勝利を得す、とう〻大敗におよひぬ」「全体最初北の縁りよりうち出し候石、難石なれは、早く見切て捨石［すていし］にいたし、自分の地所をせはめ離れぬやうに守りさへすれは」よかったのではないかと評している。

横見郡の不誠実な言動に怒り心頭であったとしても、ここまで比喩して非難する必要はあったのであろうか。そこには、直接的ではないにしろ、読者として川島領民が想定されていたと考えられる。

横見郡との対立関係については、地域の文化活動からもうかがうことができる。この大囲堤修築普請で植樹された桜を題材として、隣村の入間郡赤尾村（現・坂戸市）の文人・井上淑蔭が中心となり、漢詩集『桜華帖』（安政六年三月）、和歌集『めぐみの花』（安政六年夏）、俳句集『つゝみの花』（文久元年二月）が製作された。広範囲より多くの投句があったが、隣接する横見郡からは俳句集に二名確認できるのみである（工藤 二〇〇八a）。題材が大囲堤修築を象徴する桜樹ということもあってなのか、治水以外の場面でも対立関係が影響していたと推察される。

さらに「河嶋堤桜記跋」では、三分の二以上を横見郡の非難に充てている。跋文の最後では、「無敵国外患《〔てきこくぐわいくわんのなき〕》者は亡《〔ほろぶ〕》」とある書物で述べられていたが、「我郷のためにハ横見郡は敵国外患也」と記されている。ある書とは『孟子』「告子章句」のなかの〝敵国外患なき者は、国、恒《つね》に亡ぶ〟のことであろう。これは、天が重大な任務を人に与えようとするときには、それを成し遂げるだけの肉体・精神を養わせるため、あえて苦しく辛い試練を課すという意味である。現状の苦難・課題を克服して地域の発展を図ろうとする点は、後述する川島領の地域情勢とも併せて、地域指導者である畊太夫が最も重視したことではないかと考える。

このような横見郡に対する表現は、横見郡の長きにわたる言動が確かに不誠実なもので、句集への投句状況に顕れるような疎遠な関係があったとしても、それ以上にあえて強い非難を加えることにより、明確な〝敵〟を創り出し、川島領という自らの地域を認識させることを畊太夫は考えていたのではないだろうか。川島領民を読者として想定した場合、理解しやすくわかりやすい論法として持ち出されたともいえよう。

また、双方の主張が対立している場合、訴訟技術として、自分たちの正当性を証明する独自の論理構築が重要となる。訴願書等からではうかがい知れないことも多いため、私見や序文・跋文の中で論理の再確認が行われていると考えられる。

ただし、畊太夫はすべてにおいて横見郡を〝敵〟として捉えていたわけではないようである。「水難行」の最後の項目で、ここにのみ引用された元治元年の記述において、「三郡は漸《やうやく》相防《あひふせぎ》無難ニ御座候」や「大里横見比企三郡は相遁」と三郡ともに無難であったことが記されており、最終的には川島領を超えた安定・平穏が目指されていたといえる。畊太夫が非難したのは、あくまで横見郡のうち、不実を働く一部の村役人らに限られ、横見郡そのものへ向けられたものではなかったと考えられる。

川越藩松平家の顕彰

不実の言動により、長年にわたって川島領へ水難を受けさせたと非難された横見郡に対し、弘化二年（一八四五）に大囲堤の大規模な修築普請を実施した川越藩主松平家は、川島領を苦難から救ってくれたと高く評価されている。

川越藩主であった松平家の顕彰は、序文や跋文における重要な論点となっている。まず核をなすのは弘化二年から始まった川島領大囲堤修築普請に対して、「全広太之御普請」であり「御仁恵之余慶」である（「河嶋堤桜記序」）という評価である。これまで水害に悩まされ、「必至と困窮に陥、惣百姓打続相成兼、離散致候外有之間敷」という状態に追い込まれていたところ、大里・横見郡の堤防と同規模の修築が行われたことにより、永久に水難から遁れられ、「一同永住安心之思を成《なし》、農業一派出精仕候様に成行」と、百姓成立が保障されたとある。

また、修築普請後も川越藩松平家による御普請が行われ、安政五・六年の普請では「両度なから御普請之御蔭を以相遁」(「水難行」)たこと、さらには弘化二年の「窮民御救助之御普請」を無駄にしないため、他領の持ち場へも御普請を行ったという。このことを「御領主様御恩沢、御他領迄もゆきわたり候儀と郡中一同奉感服候」と編纂者は高く評価をしている。

明和四年(一七六七)に前橋より移城した松平家は、天保一四年(一八四三)に川島領一円を領地とした。その直後から、大囲堤の難場のところは御普請を願い出るよう内々に伝達されたと畊太夫は記している。『河嶋堤桜記』の構成で、編年ではなくまとめられた項目(「普請・御用金」)は、一円領域化した川越藩松平家による積極的な御普請というまとまりをもっている。

このような川越藩松平家による治水政策の顕彰と『河嶋堤桜記』との関係については、「河島堤桜記跋」および「河嶋堤桜記」で記されている。

まず「河嶋堤桜記」では、「仁徳をもて人夫をいたハり玉ひ」「かの文王の霊台を築き給ひし」と評価した上で、この「広太の御恩沢」が「末の世に朽《くち》なん事をおそれ」て「拙き筆に綴りて、里の童蒙にしめす」と記している。この「文王の霊台」の故事も、『孟子』「梁恵王章句上」からの引用である。また「河島堤桜記跋」においても、「御仁徳の有かたき事を後人に示さんかため」に「御普請始終、巳午［安政五・六年］両年の水難行の荒増《あらまし》をしるす」とある。

そして、『河嶋堤桜記』末尾の跋文では、川越藩松平家の仁徳について、末の世に伝えるものもなく、このまま朽ち果ててしまうことは嘆かわしく、自らの身命を賭してもという覚悟で、老後の暇に拙筆ながら編纂したことを述べている。そして、もしこの編纂物を覧る者がいたならば、松平家が「我郷の氏神」たることを衆人へ知らしめてもらいたい、そうすれば自分は僅かながらも忠義に応えることになるとも記しているのである。

川越藩松平家の治水政策によって平穏な日常を迎えたが、この生活が当然のことと川島領で認識されはじめ、それまでの苦難や大囲堤修築のことを忘れ、または知らない者が増えてきている現状に対し、あらためて危機感を覚えたことが編纂へと結びついたと考えられる。

編纂が行われたと考えられる慶応二・四年という時期は、松平家の前橋帰城が画策・実現したのと一致する。松平家は文久三年（一八六三）一二月に幕府へ前橋帰城を願い出て、前橋城の修築を始めている。そして、慶応三年（一八六七）三月に前橋へ帰城した。これに伴い、川島領も川越藩から前橋藩の領地へと付け替えられている。

ここで地域指導者であった編纂者が問題と捉えたのは、それまで川島領は「川越御城近場、殊ニ古来より右御城え属し候村々」という川越城付地《しろつけち》の立場から、遠く離れた前橋藩の飛地領《とびち》となり、松平家と疎遠になってしまったことにあると考えられる。

そのことにより、藩主と川島領との関係、ひいては藩主と田中家との関係、治水政策における自家

新刊案内

2015年5月

HEIBONSHA 100th ANNIVERSARY

平凡社

我が逃走

家入一真

〈家入一真〉とは何者なのか？　ひきこもりから瞬く間に「IT長者」へ……驚愕のロングセラー『こんな僕でも社長になれた』を凌ぐ、その後の転落・逃亡・孤立を巡るどん底物語。

1300円＋税

天空の城を行く

平凡社新書773

これだけは見ておきたい日本の山城50

小和田泰経

雲海に浮かぶ姿が人気の兵庫県の竹田城をはじめ、歴史好きの人の間で注目を集めている山城。日本全国の山城を歩いた著者が、戦国時代初期から江戸時代までの山城50を厳選。

860円＋税

『日本残酷物語』を読む

平凡社新書774

畑中章宏

約半世紀前、宮本常一、谷川健一らによって編まれ、平凡社から刊行された『日本残酷物語』。「残酷」という切り口で彼らが描きだそうとしたのはどんな日本だったのか。

800円＋税

日本仏像史講義

平凡社新書775

山本勉

飛鳥仏の古拙美から平城京の古典の完成、平安の和様、中世の古典回帰と写実、近世の円空仏まで、日本で独自の展開をとげた仏像美術の歴史をわかりやすく新書一冊で概説。

860円＋税

慰安婦問題の解決のために

平凡社新書776

アジア女性基金の経験から

和田春樹

日韓間において最大の外交問題となった慰安婦問題について、アジア女性基金の中心メンバーであった著者が、その活動を振り返り、問題解決への道筋を示す。

760円＋税

の功績が薄れ、川島領民にも意識されなくなってしまうのではないかという危機感が畊太夫にはあったと考えられるのである。

この編纂物の「河嶋堤桜記」という名称について、桜樹は弘化二年の修築普請の際に堤上へ植樹されたもので、御普請の結果、二〇年余り水難のことも忘れて、春には桜のもとに群集して「太平を謡ひ楽ミ」合う生活を送ることができたと序文に記されていることから、川越藩松平家の功績、その結果もたらされた平穏な日常の象徴として、大囲堤の桜がタイトルに付けられたといえる。

編纂者の田中畊太夫は、川島領という自己を認識するために、縦と横の関係で他者を設定し、よりわかりやすく主張している。横は横見郡を〝敵〟として対立化・差別化し、縦は領主である川越藩主松平家の顕彰と川島領・自家とを一体化するという作業である。

四　不穏な地域情勢と郡中一和

編纂が行われた幕末期には、村役人層の抱える課題も多く、特に地域秩序の動揺という問題は危急の課題となっていた。

不穏な地域情勢と課題意識

この時期は地域社会も不穏な状況となっており、村役人層、特に町村をこえた広域のリーダー的立場にあった地域指導者層にとっても、地域の安定化は重要な課題となっていた。川島領に隣接する入間郡赤尾村（埼玉県坂戸市）の名主であった林信海《はやしのぶうみ》は、明和二年（一七六五）の伝馬騒動の際に自村から打ち毀《こわ》し参加者を出させなかった先祖の功績として、村民から提出された不参加の請書を再発見し、安政二年（一八五五）に子孫への教訓としてその旨の附紙《つけがみ》をし、新たに袋を作成して保存している（「差上申証文之事」林家文書・六六一九、埼玉県立文書館）。

一方、田中畊太夫ら地域指導者層が憂慮していた不穏な地域情勢が、慶応二年（一八六六）六月に現実のものとなった。武蔵国山村地帯における窮民の蜂起に始まる武州一揆により、川島領は打ち毀す者、打ち毀される者、地域を防衛する者に分かれて入り乱れることとなったのである。武州一揆を直接経験した地域指導者層は、より切実に地域秩序の維持を重要課題として認識するに至ったと考えられる。

慶応二年六月といえば『河嶋堤桜記』の序文の一つが記されたのと同時期であり、そのなかで郡中一和が強く意識されたことはこれと関係していると推察される。

編纂者である畊太夫は、跋文のなかで、「老衰に及、殊《ことに》不斗《ふと》世の中鉾楯《ほこたて》に相成、恐懼々々歎息之余り筆をと」ったと記している。編纂に至った理由の一端として、地域指導者としての課題意識が大きく影響していたことがわかる。

郡中一和

『河嶋堤桜記』を通じて、編纂者である田中畊太夫が「郡中一統」、「郡中為筋」という用語を多く使用していることも特徴として挙げられる。

冒頭に配置された「水難行」では、「郡中一統」という言葉が使われている。漠然と川島領という地理的まとまりを指す場合と、人心を含めた場合とが考えられる。

人心を含めるような言葉は、弘化二年の大囲堤修築普請に関連した史料から見られるようになる。そこでは、藩役所へ提出される書類や川島領での議定書などにおいて、「郡中一同挙《あげ》て」、「村々一致ニ力を合」、「村々役人共一己之取計不致万端一和睦敷《むつまじく》」という言葉が記されている。また、安政五年に臨時入用の備えを高割《たかわり》で出金することを決めた議定では、「一衣を脱候ても水難を遁候様囲堤丈夫ニ普請差加候より外《ほか》無之儀と人気一和いたし」と、地域のために自己を犠牲にしてでも一和して取り組むことが確認されている。

さらに安政五年の願書にも、御普請により「郡中一同人気相和」や「郡中一同一和」が達成されるように願い上げている。水難によって耕作もままならない状況では、人気も押し移り、「自他親疎」の差別なく「一己之身構而已心掛」る者が増え、土地を離れて他所で商売稼ぎなどを行うようになってしまう危険性があり、だからこそ継続した百姓成立を保障することが「上下両益」となることを訴えている。訴願を成功させるためのレトリックとも言えるが、少なくともそのような地域の実態を実感していたともいえる。

序文・跋文では、川越藩松平家の仁徳のもと、郡中一和・上下一致することで大規模な大囲堤の修築普請が成し遂げられ、その結果として地域の平穏・百姓成立が実現されたというストーリーが創り上げられているのである。これと類似する故事も『孟子』のなかに見ることができ、『孟子』の思想を自らの抱える課題のなかで主体的に受容・実践していたことがわかる。

弘化二年当時より、郡中一同が一致して取り組んだ結果、大囲堤の大規模な修築普請が成し遂げられたと認識されていた。序文や跋文でそのことが改めて強調されたのは、田中眫太夫が実感した地域課題のなかで、地域の平穏の象徴として川島領大囲堤修築普請を据え、領主である川越藩松平家の仁徳を顕彰し、普請を達成した郡中一和の実績を強調して、地域秩序の回復を目指そうとしたことである。

一方、先に見た横見郡批判や郡中一和という言葉の前に、川島領内の人物に対する批判が複数見られる。文政七年（一八二四）の普請をめぐる川島領内部の争論では、普請場の地元村は自分たちの利益を得ることを考え、他方、近隣村々は先例にならって組合で普請を行い「其功を分たん事を欲」し、「相楽ミ（相互ニ）利欲を争」う状況を「郡中難儀ヲ不顧及出入、甚以心得違」と両者に批判を加えている。

この争論自体は内済に落ち着いたが、下流の村々では、ここ最近続いた水難は上流の「地元組合村役人共不実より事起」こったという情報が広まり、不穏な状況となっていた。眫太夫は私見で、普請場である上小見野村名主を「不実之人物」で「此度も私欲」をおこし、水下村々の難儀をかまわずに「甚以不実不法成者」と評している。

このほかにも、普請のために割り当てられた金銭を出さない村々など、不実・不法を働き、「郡中為筋」を行わない者に対して厳しい批判を加えている。

田中家の顕彰

横見郡や川島領内の不実不法を行う者と対照的な存在として、「郡中為筋」を行う人物を評価しているが、そこで挙げられているのは、自身を含む田中家の歴代当主であった。『河嶋堤桜記』のなかでは、藩主の顕彰とともに、川島領の惣代として「郡中為筋」を第一に尽力する田中家当主の顕彰や、行動の正当性の説明が展開されている。

例えば、享和二年の市野川通堤上置腹付取極議定の締結では、川島領には利がないにもかかわらず締結したことに対して、先人の誤った判断だという人が多くいるため、畊太夫は反論を加えている。逐一丁寧に衆人に説明したところ、一同承服したという。議定締結の評価は立場や時代によって区々であろうが、「先哲人」（田中畊太夫の父もしくは祖父）の行為の正当性を『河嶋堤桜記』の中で主張しているのである。

自家顕彰の一文として、「大囲補築之儀ニ付ては、［祖父は］種々心労仕相果、続て愚父も多年之願望成就致大悦至極之旨申聞、私に於ゐてハ重々難有次第ニ奉存候」と、親子三代、当時の当主であった息子も加えると四代にわたって川島領の治水に尽力してきたことを挙げている。田中家代々の治水に対する功績は、明治二七年（一八九四）に建立された息子三左衛門（次平）の顕彰碑にも「家世農襲里正祖父次郎右衛門兼摂六村尽力治水其名漸著［中略］継父職首講治水築堤之法」と刻まれており、地域指導者としての田中家の歴史が川島領の治水とともに歩んできたことが強調されている。

自家の顕彰のなかでは、川越藩松平家との関係も強調されている。一つは、治水に尽力したことに対する褒賞である。天保一五年（一八四四）、田中次平に対し、「荒川筋水行一条踏込骨折出精」につき、一代限りの苗字御免、名主役勤中は頭取格を申し付けられた。「三左衛門父」䑓太夫に対しても同様の理由で、金二〇〇疋が下されている。もう一つは、川越藩主や役人が川島領へ見分に来た際、田中家の者が案内をしたり、滞在所となっていたことである。

川島領の治水に果たした自家の功績を改めて位置づけるとともに、「我郷の氏神」である川越藩松平家と一体化させることで、川島領という地域のなかでの自家の立場を子孫や川島領民に再確認させようとしたといえる。

本稿で検討した『河嶋堤桜記』は、地方書として二つの側面を持つことが明らかになった。一つは「堤防全備」をまとめることであり、もう一つは郡中一和を説くことである。前者は、当初の根本的目的であり、本編纂物の構成を決定づけるものである。独自の見解や構成のアレンジを加えることで、川島領の治水史の確定と、新たな論理の構築を図っている。訴訟などに際しては、自らの正当性を証明する論理と、それを裏付ける証拠文書が必要となるが、『河嶋堤桜記』はそれらを完備するものであり、訴願技術の蓄積・共有・継承を可能とするものといえる。

一方、後者は幕末期に直面した地域課題のなかで、領民の生命と深く関わる川島領大囲堤の歴史——水難と克服の歴史を紐解きながら、領主との結びつきや他者との差別化を織り込み、川島領の一体性を強く地域住民に求めるもので、地域秩序回復のための対策書といえるものである。

川島領大囲堤と治水を主題として村・支配を超えた川島領の一体性を主張する『河嶋堤桜記』の内容は、行政区画としての「川島領」という枠組みがなくなった近代以降に作成された川島郷歌（明治末年頃）や『川島郷土誌』（大正一五年＝一九二六）とも通じている。今後の精緻な分析が必要であるが、編纂物という形で幕末期に再発見された地域の論理が、近代以降も住民の地域観の共有・継承に大きな役割を果たしていたといえよう。

これら編纂者によって再構成された論理は、編纂物という形をとることで、書写・読書という行為を通じてほぼ正確に他者へ伝達され、一定の階層・地域的広がりのなかで共有されることとなった。江戸時代には出版文化が一挙に隆盛したが、版本よりも写本の文化といってよい時代でもあった。一方、文字文化が浸透し、膨大な量の文書が作成・授受される文書行政が展開した時代でもあった。そのような社会において、編纂物も江戸時代の民衆の間では重要なツールであったといえる。

また、地域で作成・授受された文書を主体とする経験〈知〉と、知識人の思想等をまとめた書物〈知〉とが相互補完関係にあり、それらを基礎として独自の地域〈地〉が構築されたのである。

全国各地に残されている文書群を見ると、多種多様な編纂物を確認することができる。民衆の〝編纂文化〟の時代とも言ってよいであろう。編纂者の意図を容易に読み取れるものから、ほぼ〝史料集〟のようなものまでさまざまであるが、それら編纂物を読み解くことで、埋もれていた民衆の思想・文化の一端を明らかにすることが可能と考える。

参考文献

青木美智男『日本の歴史 別巻 日本文化の原型――近世庶民文化史』、小学館、二〇〇九年
井上攻『由緒書と近世の村社会』、大河書房、二〇〇三年
岩橋清美『近世日本の歴史意識と情報空間』、名著出版、二〇一〇年
小川和也『牧民の思想――江戸の治者意識』、平凡社選書、二〇〇八年
川村肇『在村知識人の儒学』、思文閣出版、一九九六年
工藤航平「農村における編纂物とその社会的機能」『一橋論叢』第一三四巻第四号、二〇〇五年
工藤航平「村落・地域社会の知的力量と「村の編纂物」」、大石学編『近世公文書論』、岩田書院、二〇〇八年a
工藤航平「幕末期江戸周辺地域における地域文化の自立」『関東近世史研究』第六五号、二〇〇八年b
工藤航平「近世地域社会における蔵書とはなにか――地域〈知〉の史料論的研究を目指して」『国文学研究資料館紀要 アーカイブズ研究篇』第七号、二〇一一年a

工藤航平「近世蔵書文化論・試論」、東京学芸大学史学会『史海』第五八号、二〇一一年b
久留島浩『近世幕領の行政と組合村』、東京大学出版会、二〇〇二年
酒井右二「村政に関する元禄〜享保期の記録編纂作業」『千葉県史研究』第五号、一九九七年
酒井右二「元禄・享保期在町上層民の文化活動」『千葉県史研究 第一〇号別冊 房総の近世1』、二〇〇二年
白井哲哉『日本近世地誌編纂史研究』、思文閣出版、二〇〇四年
杉仁『近世の在村文化と書物出版』、吉川弘文館、二〇〇九年
鈴木誠一編『川島郷土史』、川島村郷土研究会、一九五六年
高橋章則「近世後期の歴史学と林述斎」『日本思想史研究』第二一号、一九八九年
高橋敏「江戸時代とは何か」米沢史学会『米沢史学』第二一号、二〇〇五年
横田冬彦「「牢人百姓」依田長安の読書」、一橋大学一橋学会一橋論叢編集所編『一橋論叢』第一三四巻第四号、二〇〇五年
若尾政希『「太平記読み」の時代』、平凡社選書、一九九九年
若尾政希「歴史と主体形成――書物・出版と近世日本の社会変容」『歴史学研究』第八二〇号、二〇〇六年
若尾政希「歴史と主体形成――書物・出版と近世日本の社会変容」『書物・出版と社会変容』第二号、二〇〇七年
若尾政希「書物・出版と日本社会の変容」『歴史評論』第七〇一号、二〇〇九年
『川島町史』第一巻、川島町編、川島町、二〇〇七年
『河嶋堤桜記 乾』、貴重書・K二九六-タ-1、川越市立中央図書館所蔵
『河嶋堤桜記 坤』、貴重書・K二九六-タ-2、川越市立中央図書館所蔵

4　在村医の形成と蔵書

山中浩之

荻生徂徠は『政談』の中で、村医を念頭に置きながら江戸の町医について次のように批判している。

医者も田舎の居住宜しき事也。江戸にて療治を仕習いては、上手になるべきようなし。子細は第一渡世に物入る所にて、渡世に逐わるる故、療治をむざと沢山に仕て念入らず。貴門・権門へ出入し、衣服を飾り、諸事に虚偽多し。医者の多き所なれば、薬少しあたれば早医者をかゆるによりて、かえられまじきとして薬をあたらぬように合する故、骨をおる療治を仕覚えず。ただよき時分に断りをいい、請取り渡しを上手にして、評判を受けぬようにと心がくる故、病の始終を見届くる事なし。これによりて江戸に名医の出る事は決してあるまじき也。

（『政談』巻一、岩波文庫版、七八頁）

徂徠は、都市の医者は渡世に追われ、むやみに多くの診療を行い、一つ一つの治療に念を入れず、富裕者を択《えら》んで出入し、医者の交代をさせられないように、副作用も少ない代わりに効果もはっきりしない薬を与えて治療を長引かせ、適当なところで手を引いて悪い評判を立てられないようにする。そのため、結局、患者の病気の進行や変化を一貫して見届けるということをしないと指摘し、これでは江戸のような都市から名医は決して出てこないだろうという。それに対し、医者は田舎に居住する者がよいという。そのゆえは渡世に追われることなく「病の始終を見届」け、「骨をおる療治」を仕覚えることで医療の上達がありうるとみていたようである。これは町医のありようを批判することで在村医を浮上させているともいえよう。

元禄期河内大ケ塚《だいがつか》の上層農民河内屋《かうちや》可正《かしよう》は、医者について「三代ナレバ弥《いよいよ》医ノ道サカン也」（『河内屋可正旧記』巻五）、「医ハ三代にあらずバ其薬を服せざれ」（巻一〇）というように、その地域に定着して代々医療の功を積んできた世襲医に信頼を置いた。近世初頭、牢人から大ケ塚に来て在村世襲医となった四、五人の医者を述べる中で、その一人深尾道宣について「道宣事医道ヲ伝ヘテ親ニマサレル誉有。病家ニ入テ四智ヲ窺《うかがふ》ノミニ非《あらず》、変化気ニ応ジテ言葉ヲ自由ニス。サレバ薬ヲ用ヒザル先ニ、病人心《ここ》チヨシト云リ。療治ノ功積ルニ随テ、石川一郡ノ外ニ余リテ、河州和州ニ上医ノ誉高シ」（『河内屋可正旧記』巻四、二九頁）と、病人の診療においては、その人の隠れた行為まで見通し、病状の変化に応じて適切な診断を与え、薬を用いる前に病人に安心感を与えるような医療巧者であったことを述べている。まさに「病の始終を見届くる」「田舎の居住宜しき」医者であった。

可正は「医者・福者・智者此三者 調《ととのい》タル里ヲバトメリトス」（巻五）といい、「福者モ智者モ命ニ過タル財ナシ、其命ヲ助ルニハ医者ナラデハ成ガタシ」として、医者を村の富裕安定度をはかる不可欠の存在とみていた。可正にとって「医道は仁にとゞまり、欲すくなく、病人の不礼をいからず、貧福の分かちなく、薬種に又へだてなく［中略］急病に向ひては怠らず、片時も早く癒るやうにと、肺肝をくだくべし。医と云は意也とかゝれたれば、千変万化、臨機応変は医術の肝心也」（巻一〇）というべきものであった。

しかし、大ケ塚にもすでに「欲心を以て療治」し、「薬を調合するにも」「病家の見廻にも、貧福の差別をする」者は現れ出していた。「かなしきかなや、脈の取やうもえしらぬ、漸《ようやく》仮名がきの薬方をよミならひ、長羽織に相口《あいくち》の脇ざしにて、病性はわきまへざれ共、薬代のほしさに、くすりばこをひらき、子細らしく調合す、是等の薬を呑者ハ、命しらずの愚人と云物也」（巻十）と医者の質的低下を歎ぜざるをえない状況が現実化していた。徂徠が批判した町医に共通する状態が早くもこの元禄期畿内在郷町には現出していた。病者側もそれに対応するかのように、医者を「サノミ財共思ハズ、沢山ナル物ニ云ナシテ麁相《そそう》ナルアシラヒ」（巻五）をするものや行き会っても「一礼勤ル事ヲモセズ」という状態になったと可正は慨嘆する。

一方に、地域の中で世襲しつつある医者たちがおり、他方で他から流入し、また他へ流出してゆく医者たちがいて、両者が一定の競合関係を保ちながら、地域の医療需要に応じていたと考えられるが

（山中 一九九四、横田 一九九八）、このような中で、一定の地域に定着し世襲医として信用を確保しつづけることは相当の持続的努力が必要であったはずである。医者自らが地域の一員としての姿勢と役割を果たしていくことは当然であったとしても、医家として必要なことは新たな医学知識をたえず吸収し、地域医療に活《い》かしていくことであった。そのひとつは代々にわたる京をはじめとする遊学であった。大ヶ塚で深尾家とならぶ世襲医となった吉井家の人々は享保期に伊藤東涯・山脇玄脩に学んだのち、安永期には皆川淇園・賀川玄悦に学び、その後も賀川家に学びつづけたことが、過去帳に「賀川先生」の忌日が記されることから察せられる。

そしてもうひとつの医学知識の新たな獲得は医書の継続的蓄積であった。在村医は一体どのような書物をどの程度所有し、どのようにそれらの医書知識を医療において活かそうとしたのだろうか。ともすれば「村医者」という言葉で学力を軽視されがちな在村医について、本稿ではいくつかの報告（橘川 一九九一、横田 一九九八、梶谷 二〇〇〇）を部分的に紹介するよりも、一在村医における蔵書を検討し、それを医療にどう活用しようとしたのかを作成された処方集からうかがい、最後にそれに基づいた在村医の医療活動とその経済的側面にふれて、在村医の特質に言及したいと思う。

一 在村医と蔵書

八尾田中家と蔵書目録『活人録』

河内国八尾《やお》東郷《とうごう》村の田中家は一八世紀半ば、農業から医業への転換を果たした家である。その中心的位置を占めた田中元緝《もとつぐ》を通して、その転換を可能にした地域の学問的土壌、京都の伊良子《いらこ》光顕・和田東郭への医学師事、大坂の木村蒹葭堂《けんかどう》や尾藤二洲との交流、そして地域の少壮医家たちとの結びつきと儒教祭祀への転換などを通して、医家として確立してゆく動きを素描したことがある（山中 一九九四）。そこでは学問的交流と儒教祭祀を中心に扱い、同家が医家として形成されるにおいて、もうひとつの基盤をなした蔵書の形成については、医書という対象の難しさもあって、簡単にふれるにとどまっていた。医家としての確立において中心をなした田中元緝（通称祐篤、緑窓と号す、明和四年＝一七六七—文政八年＝一八二五）は『続浪華郷友録』（文政六年版）において「一に弥性園と号し、医をも

〈田中家略系譜〉

元允《もとのぶ》——元緝《もとつぐ》——元資《もとたか》——寛二郎
通称祐庵、医家の開始
享保一三—寛政八

元緝《もとつぐ》
通称祐篤
明和四—文政八

元資《もとたか》
通称祐徳
寛政一二—安政六

寛二郎
通称祐篤
天保七—明治一六

徳太郎
通称祐篤
嘉永六—明治三八

って時に行われ、読書を好み、これをもって蔵書多し」と記されており、その蔵書は元緝在世時にすでに知られたものになっていたのである。その蔵書の多くは現在も良好な状態で保存され、そのうち医書については近年、小曾戸洋はじめ漢方医書の研究者による書目調査がなされ、ほぼ書誌的事項が明らかにされたうえ（田中編 二〇〇七）、二〇一〇年にはすべての現存書が杏雨書屋に譲渡収蔵されるに至っている（杏雨書屋編 二〇一一）。

しかし、それはそのまま近世在村医の蔵書を示すものとはいえない。かなりの散佚分と明治期の増加分とがあるからである。田中家には歴代の人が蔵書目録を何度か作成しようとした形跡があり、なかに部分的な綴りが二、三あるが、いずれも断片的である。最も整い網羅した形で残されたものに表紙に『活人録』と墨書し、内題に「弥性園蔵書目録」と題した目録がある（本来内題で呼ぶべきであるが、『活人録』という外題も何らかの意をこめたものと思われ、本稿ではこれを使用する）。『活人録』は『千字文』の「天」・「地」・「玄」・「黄」等によって区分されており、「天」から「来」までの一七区分が医書で、「秋」以下「律」までの九区分が医書以外の書というように大別されている。記載形式は一行ごとに、まず書名を記し、その下に著編者名を記し、つぎに冊数が書かれ、最下段には「〇」唐本、「□」和本、「△」写本という印《しるし》によって刊本・写本の別が示されている（図1）。『活人録』に登載される書は全体で、五九五部・二三〇六冊である。ただし冊数不明分があるのでそれより多くなる。そのうち医書は四〇三部（うち五部重出）一五七三冊（一二冊重出）であり、医書以外の書は一九二部七三三冊（不明分＋α）である。これは庶民層の蔵書としてはもちろん、在村医家の蔵書としても群を

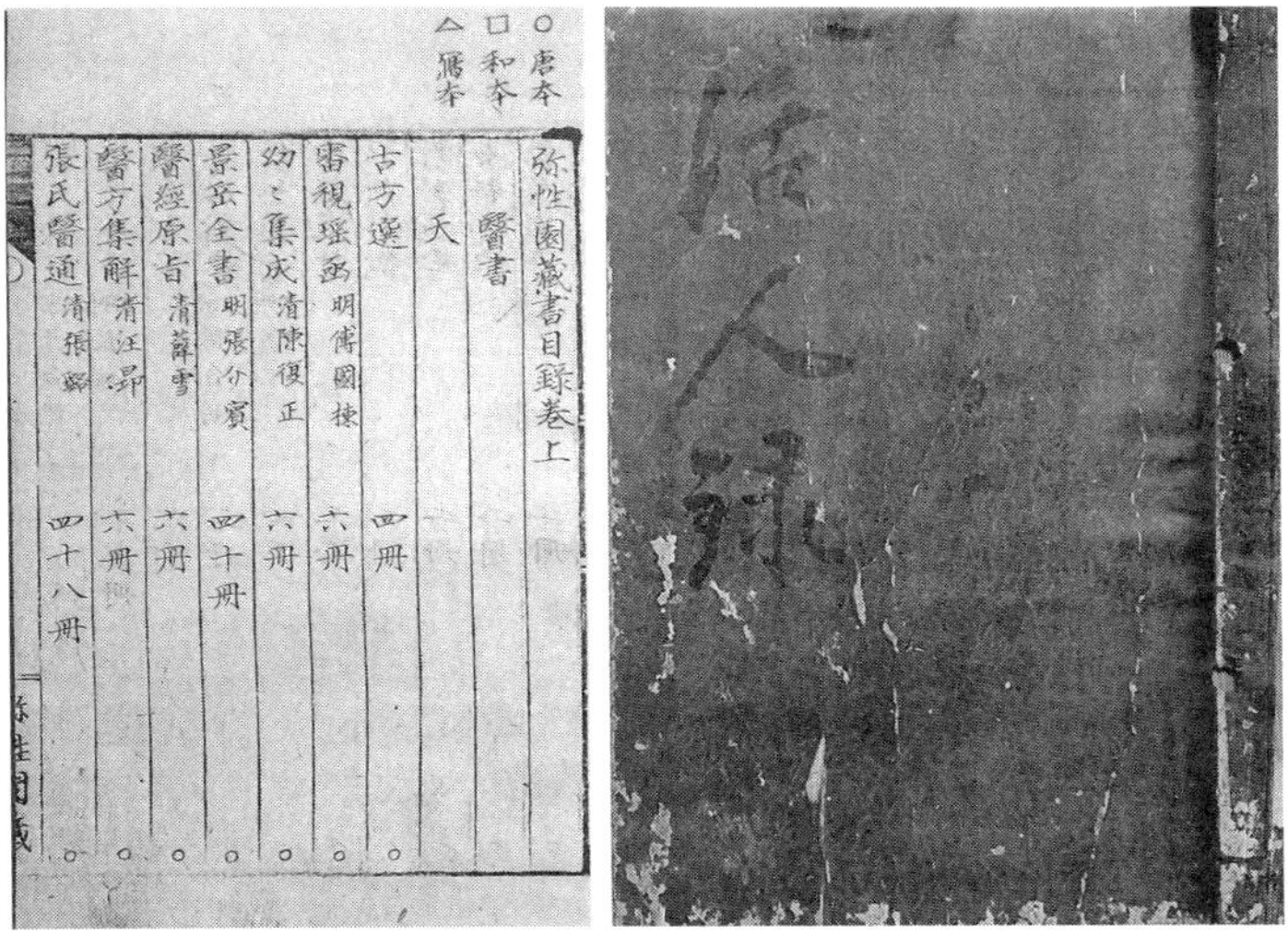

図１　弥性園蔵書目録『活人録』表紙と１丁表

抜いたものであろう。どのような構成で、どのような書が蓄積されていたのだろうか。

『活人録』の医書

まず医書についてみておこう（表1）。「天」・「地」・「玄」という最初の三類に収載されているのは、『古方選』（安永元年、小野隆庵）以外はすべて明・清代刊の唐本であり、それは四六部四七五冊に及ぶ。『活人録』において唐本の占める割合は部数では一割余りであるが冊数では三分の一弱を占めており、蔵書の中心的な位置を占めるものと意識されていたであろう。ここですべてを挙げることはできないけれども、『景岳全書』（四〇冊、清代、一七六八年刊）、『張氏医通』（二八冊、清代、一七〇九年刊）、『薛氏医《せっしい》案《あん》十六種』（六二冊＋不明分、明代、一六二八年刊）、『太平恵民和剤局方』（四冊、明代、一六三七年）、

『医宗金鑑』（六四冊、清代）、『外台秘要』（二九冊、明代、一六四〇年刊）、『医学綱目』（三〇冊、明代・嘉靖年間）など大部で重要な基本中国医書を備えている。それらの中に、今では貴重な古刊本・古写本が含まれている点については、小曽戸洋による研究がある（小曽戸 二〇一一）。

分類「黄」以降は江戸期の刊写本が並ぶが、刊本は当然最も多く、二二三部九〇一冊である。ただしその中には数十部の中国医書の和刻本を含む。「黄」に分類されているのは本草・薬品関係が中心であり、『本草綱目』、『本朝食鑑』、『和蘭産物図考』、『薬徴』（吉益東洞）、『用薬須知』（松岡元達）、『一本堂薬選』（香川修庵）等々が並んでいる。八尾の本草学者重岡見昌や大坂の木村蒹葭堂との交流、また「弥性園」という薬園を営んだ元緝の関心が示されていよう。「宇」は吉益東洞、香川修庵、名古屋玄医、後藤艮山《こんざん》、永富独嘯庵《どくしょうあん》など日本の古方名家の著述が比較的多く見える。「宙」は痘瘡・麻疹関係書が多い。このように当初は一定の分類意識が働いていたようであるが、書の増加にともなって分類しきれなくなったものか、その後については分類方法がよく見えない。「盈《えい》」には『太平聖恵方』（宋代の大処方集）一〇一冊（天明五年和刻）というような大部なものもある。また蔵書の大半は中国医書および日本医家の著述で占められているが、宇田川玄真『医範提綱』（文化二年）、小山肆成『引痘新法全書』（弘化四年）、宇田川榕庵『槐宇日用方』、三谷公器『解体発蒙』（文化一〇年）、杉田成卿訳『眼科新書』（文化一三年）、大槻玄沢『重訂解体新書』（文政九年）、宇田川玄随訳『西説内科撰要』（寛政四年）などがみえ、蘭学の成果を摂取しようとした意欲も認められる。

さて江戸期刊本のうち、最も刊行年代の古いものは、寛永七年『傷寒六書』五冊（明代医書の和刻）、

表1　弥性園蔵書目録『活人録』所載・医書数　　（　）内は冊数

	部数	冊数	唐本	日本刊本	写本	散逸分
天	22	183	22	0	0	0
地	9	131	9		0	0
玄	11	129	9(118)	1(1)	1(10)	0
黄	26	93		21(86)	5(7)	11(20)
宇	24 （同本3部4冊）	120		14(99) （同本1部1冊）	10(21) （同本2部3冊）	4(51)
宙	49	126		33(76)	16(50)	7(25)
洪	28	92		17(64) （和刻3部31冊以上）	11(28)	3(4)
荒	36	86＋α	1(α)	29(63) （和刻17部以上）	6(23)	8(21＋α)
日	36	98	3(22)	26(58) （和刻5部以上）	7(18)	10(19)
月	34	121		22(83) （和刻4部以上）	12(38)	8(31)
盈	1	101		1(101)和刻 （太平聖恵方）		
辰	22	122	1(4)	15(66) （和刻3部以上）	6(56)	15(101)
宿	75	146 （重出1部6冊）		40(100) 39(96)	34(46)	34(62)
列	1	16	1(16)			
張	1	5		1(5)		
寒	13 重出1(4)、同本1(2)	52		12(50)	1(2)	
来	14 重出1(12)	50		13(49)	1(1)	
合計	403 重出5(21) 398	1573 1552	46(475) 46(475)	223(901)	110(300)	99(337＋α)
※『活人録』不載現存医書						
	91 （うち9部30冊は明治以後）	190	7(20)	40(97)	45(73) （和刻9部以上）	

『本草綱目』(寛永一四年和刻本、三六冊)等であり、最も新しいものは安政五年(一八五八)、新宮涼民『コレラ病論』である。この点から見ると、この『活人録』は幕末期に編集されたものではないかと推察される。元緝の亡くなったのは文政八年(一八二五)であるので、元緝自身による編集でないことは確かである。だが、医書のうち文政八年以後の刊本で収載されているのは一三部六一冊と、全体から見れば僅少であり、それ以前のものをすべて元緝の集書によるものとは言いえないにしても、収載される医書の大半は元緝による蔵書であったといえるのではないだろうか。冒頭上欄に文政六年(一八二三)一一月朔日と記された元緝筆の書物の値段を記したわずかな書付がある。「康熙字典　金三両三分」(散佚)、「救急選方　九匁五分」(文化七年刊、多紀元簡)、「金匱覯註《きんきしんちゅう》　十一匁五分」(文化四年刊)、「目科真書　金壱歩弐朱」(文化二年刊)、「方筌　壱匁」(散佚)、「蕉窓雑話四五之二巻　七匁八分」(和田東郭著、散佚)、「傷寒述義　拾弐匁」(多紀元堅、散佚)、「導水瑣言　三匁」(文化四年刊、和田東郭著)、「石室秘録　七十五匁」(清刊本写本)等とみえる。カッコ内に注記したように多くは文化年間の刊行書であり、この文政六年にすべて購入したのか、あるいは文化年間からの購入書をまとめてこの時点で記したものかは定かでないが、晩年に至っても新たに出版された医書、また以前から必要としていた書を熱心に求めつづけていたことは察せられよう。

元緝をこれほどの蔵書へと駆り立てたものが何であったかは、推測するしかないが、父の代に農から医家へと転じ、自身はそれを継承確立すべく伊良子光顕・和田東郭に学び、徹底して医学に基づく医療を志したとみられること、さらに一〇代後半から二〇代にかけての木村蒹葭堂との交流は蔵書への意欲を促した一つであったのではないかと思われる（『蒹葭堂日記』天明二年九月一六日、天明八年八月二四日、寛政元年一月八日、および元緝宛蒹葭堂書簡）。こうして『活人録』はその収載書とその年代から、元緝によって形成された蔵書に、それを継承した元資《もとたか》（安政六年歿）が補充追加したものをさらに明治前半に元資の二男徳太郎によって浄書整理されたものと考えられる。筆記は他に残されるものから見て徳太郎の筆と判断されるからである。なお文政八年の元緝歿後の刊本には『瘍科《ようか》秘録《ひろく》』（弘化四年、本間棗軒《そうけん》）、『引痘新法全書』（弘化四年刊、小山肆成著）、『虎狼痢《ころり》治準』（安政四年刊、緒方洪庵）、『察病亀鑑』（安政四年、フーヘランド）、『全体新論』（安政四年翻訳刊、ホブソン［合信］）、『コレラ病論』（安政五年、新宮涼民）など洋学にかかわる書の多いことも、予想されることながら注意されよう。

写本は一一〇部三〇〇冊である。部数で四分の一、冊数で五分の一を占めており、その割合はかなり高いといえよう。その一は唐本で入手できなかったものの写本であり、宋代医書（魏氏家蔵方、外科精要など）、元代医書（医塁元戎《いるいげんじゅう》、衛生宝鑑、危氏《きし》得効方《とくこうほう》、聞人《ぶんじん》氏痘疹論など）、明代医書（雪譚居医約《せったんきょいやく》、痰火点雪論など）、清代医書（石室秘録、幼幼集成、丹方彙編など）などどちらかといえば古い時代に属す医書が多いようである。その二は日本の医家の著述で稿本のまま、あるいは口述筆記などの形で伝えられたものであり、これらも多数におよぶが、後藤艮山・椿庵の諸種の筆記、華岡青洲のもの、福井楓亭のものが目立つ。また『長生療養方』（蓮基著、寿永三年成）や『万安方』（梶原性全、鎌倉期医書）、『福田方』（有林著、室町前期医書）などの古医書が見られる。

なおこれら写本の中には地域の医家との交流を通して得られたものも多かったらしく、「天保弐歳辛卯八月晦日謹写之、行年四十六才　麻野伊左衛門白交」（『明戴曼《たいまんこう》公先生治術伝』写本巻末識語）と見えるものや、「河州古市　乾謙益」の蔵書印のあるものなどが見える。麻野氏は志紀郡林村の庄屋で、地域の学芸結社白鷗吟社の中心の一人であったし（山中　二〇〇三）、乾氏は元緝が安田春益・舟木伯裳・桑野元琳・竹島浩庵・篠原良斎（平野含翠堂）ら「同志」とともに訪問した医者であった（「河南遊行記」）。その他『製剤記』（宝永六年写、八尾庄之内村　薬種屋理兵衛）、『妙薬方』（寛政八年識語「右妙薬方二百五十五方これを聞き書きする者なり、八尾御坊仏臣常音寺円説六十二歳」）というような地域の民間療法を伝える書も見えている。

ところで、先述したように（表1参照）、これら『活人録』所載の医書のうち約四分の一にあたる九九部三三七冊余は散佚し、現存しない。また逆に『活人録』に不載の現存医書が九一部一九〇冊ある。そのうち七部二〇冊は唐本であり、『傷寒纉論』『傷寒緒論』『傷寒舌鑑』『本経逢原』などの清刊本を含む。九部三〇冊の明治以後の刊写本を含むが、四五部七三冊は明治以前の写本であり、一つ一つふれる余裕はないが、それらの中には『阿蘭陀伝』、『蘭陀水薬主治』、『阿蘭陀薬草之書』、西玄哲『金瘡《く》趺撲《ふぼく》療治之書』などの近世初頭伝来と見られる紅毛医学にかかわる写本が見え、刊本にも『医方口訣《けつ》集』（延宝九年）、『医方大成論』（延宝七年）など、後述の元資編『弥性園方函』に参照されたと見られる書を含んでおり、何らかの理由で『活人録』に洩れた可能性のあるものを含む。

以上、田中家の医書はきわめて多様であるが、唐本を豊富に含み、本格的な中国医学の摂取を志したことは明瞭である。そこには当時、一方では啓蒙的医書の厖大な出版を通して、医療知識の庶民層への普及が進みつつあるなかで（横田 一九九六、吉丸 二〇一三）、それと差異化するかたちで医家としての専門性・独自性をどう確立するかという問題は意識されていたであろう。しかしそれはいわゆる専門分野を志向するものではなかった。『傷寒論』関係書が比較的多く含まれ、師事の系統から見ても古医方に属していたことはまちがいないとしても、いずれかに偏していたとは思われない。蘭医書を拒絶することもなかった。また分野的にも内科・外科はもちろん産科・眼科・小児科・痘瘡・麻疹等、幅広い医学分野をカバーするものとなっている。本草については先にも触れたが八尾の本草学者重岡見昌や木村蒹葭堂との交流によって特に関心を深めたようで、元緝筆「弥性園六勝」によれば「百草の性を弁じ」るため、薬草園をつくっていたらしい。

このような幅広く多様な分野にわたる医学摂取は在村医の特質のひとつでもあった。一九世紀初頭、やはり農から医への転進を果たし、在村医として活動した河内狭山の壺井純庵は息子への手紙の中で「在所ニ而ハ何も角も兼候方《かた》宜《よろしく》候、乍去《さりながら》多端ニ相成候と何《いづ》レも未熟ニ相成候間、先《まづ》専一ニ内科鍛錬可有之《これあるべく》候」といい、さらに重ねて「在所之医者ハ大抵内外科幷眼科産科迄不心得候てハ不相成、大抵各兼科ニ候間、何も角も兼学之心得ニ御座候」と在村医としての幅広い修学内容の必要性について述べている（壺井家文書）。限られた医者によって日々地域の多様な病気の治療に当たるには専門分野に偏った医学知識では対応できなかったからである。この点は田中家についても妥当するであろう。町医では内科・外科・眼科・小児科などと分けられ、一応の専門分野を標榜していたことは当時発行されていた医師番付などを見ても明らかだが、在村医はそれではやっていけなかったのである。

医書以外の蔵書

つぎに医書以外の書についてうかがっておこう（表2）。『活人録』所載の医書以外の書は一九二部七三三冊（＋α）であるが、最初の「秋」部には『十八史略』『戦国策』『春秋左氏伝』などの中国史書一二部八二冊、「収」部には中井竹山『逸史』、中井履軒『通語』をはじめに載せ、続いて『古事記』『六国史』『五畿内志』など日本の歴史・地志など二六部一五一冊。「冬」部は懐徳堂本『大日本史』写本一〇〇冊である。「蔵」部は四書五経類二九部一一一冊余を収載するが、なかに『中庸離題《ちょうだい》』『論語離題』『孟子離題』『書経離題』『詩経離題』など中井履軒の経書注釈が並んでいるのは懐徳堂への傾倒を明瞭に示している。懐徳堂関係書は一五部一四二冊に及ぶが、『非物』『非徴』の二部二冊以外はすべて写本である。このように医書以外の書では懐徳堂関係書が注目される。これは田中元緝ではなく元資による新たな摂取であった。とくに『大日本史』は元資が懐徳堂本を筆写したものであることは、第一冊表紙裏に「(元)資、謹んで懐徳堂日本史を閲するに竹山先生曰云々」、また「予所持の本、即先生所謂原本也」の書き入れがあること、またその年次は各所に「文化十三丙子年十二月朔(～五)日」「田中元資書」とあることから明らかであり、すでに竹山歿後（文化元年）であったが、元資が親しく懐徳堂で学んだことを証するであろう。田中元緝・元資と交流のあった久宝寺の医家安田鶯関は文化六年、懐徳堂で中井竹山『逸史』の講釈を聞くことを得、『逸史聞書』を残したが、その識語で「余つねに、東照大君の事跡を知らざるを憂う。竹山先生撰の逸史、余またこれを読まんと欲

表2　『活人録』所載・医書以外の書目数　　（　）内は冊数

分類	部数	冊数	唐本	日本刊本	写本	不明	現在散逸	備考
秋	12	82		12(82)			3(31)	
収	26	151		20(129)	6(22)		8(38)	
冬	1	100			1(100)			大日本史
蔵	29	111＋α	2(17)	16(77)	9(17)	2	5(18+2)	2部刊写冊数不明
閏	75	136		48(92)	25(44)		29(33)	
余	1	41		1(41)			1(41)	
成	1	4		1(4)				
歳	34	73＋α	2（不明）	30（73＋α）	2（1＋α）		6(12)	唐本2・刊本1・写本2冊数不明
律	13	35	5(10)	8(25)			6(11)	
合計	192	733＋α	9（27＋α）	136（523＋α）	43（184＋α）	2	58(184)	
※『活人録』不載の医書以外の現存書								
	75部	105冊＋α		47（77）	28（29）＋α			

すること久し」と記している（安田家文書、八尾歴史民俗資料館寄託）。懐徳堂の学芸を求める動きがこの時期再び高まってきていたことがうかがわれる。久宝寺には天保期、懐徳堂門下として堂内に寄宿した稲垣菊堂もいた（並河寒泉日記『居諸録』）。

その次の「閏」項では明確な分類は見出せないが最初のほうに『訓俗遺規』『日記故事』『同文通考』『和読要領』『異体字弁』などが並んでいるところを見ると文字や文章にかかわる書でまとめようとしたのかもしれないが、その後はかなり多様な書が七〇冊ほど見える。なかに『祭祀来格説』（三宅尚斎）、『慎終疏節』（中村惕斎《てきさい》）、『追遠疏節』（同）、『葬礼略』（荻生徂徠）、『（朱子）家礼』『深衣図解』（中井履軒）など儒喪関係書が六冊見えるのは儒教祭祀への転換にかかわって注目されるものである。この項のなかに『自助論』二冊が見える。これは中村正直訳の『西国立志編』であり、明治三年刊である。『活人録』中最も新しい書である。これによると『活人録』は安政六年歿の元資以後、その子寛二郎（天保七年―明治一六年）によってさらにわずかの補充追加がなされたものであろう。以下、『康熙字典』四一冊、『聚分韻略』四冊、『名物六帖』八冊、『雑字類編』二冊、『尺牘式《せきとくしき》』四冊、『助辞詳解』三冊など詩文作成や辞典的なものが多く、他に少々の詩文集等が見られる。唐本が九部見えるが、ほとんどは法帖類（名家の筆跡をそのまま石刷りにしたり、木版にしたもの）である。そしてとくに注意さるべきは、この医書以外の書物群には日本の小説・物語類や和歌俳諧書、軍記類、そして仏書もまったく見えず、教養はほぼ歴史・儒教・漢詩文に集中していることである。ただし、儒教の家であるから仏書がないのはともかく、他の和書も全くないのは不審であり、所蔵していても、それらは「蔵書」には入らないものとみなさらた可能性がある。このような「蔵書」意識は同じく在村文化を担った村役人層や僧侶神官層と異なるところであり、医家は主として漢学を中心とした地域学芸の担い手たろうとしたといえよう。

なお『活人録』に見えるが現在散佚している一般書は五八部一八四冊に及ぶ。また逆に『活人録』に見えない医書以外の現存書が七五部ほどある。明治一七年を最後とする明治期のものが一五部存在し、寛二郎・徳太郎による収書の一部が残されたものと思われる。が、その中に田中元緝から始められた家の儒教祭祀の記録『喪祭私記』があり、またそれを行うに際して参照されたと見られる浅見絅《けい》斎《さい》『喪祭小記』も含まれる。元緝・元資の漢詩文稿『赤水稿』もあり、『活人録』に見えない書であっても、元緝・元資時代に作成あるいは入手された書が存在する。

これら医書以外の一般書は、まずは中国医学修得のための基礎学として中国および中国思想の理解に資するためであったが、さらに学芸交流の展開にともなって詩文作成能力を培《つちか》うものへと範囲を広げていったようである。しかし、田中家の蔵書の特徴をみられるのは、儒教祭祀への転換に関わる書物群と懐徳堂への傾倒を示す写本群であり、そしてそれらが一定の「同志」的結びつきをもってなされていたことは、大坂周辺の在家知識人の独自性確保のあり方として注意されよう。なお、この厖大な書物の入手方法については知られる史料を欠くが、本屋および交友による書物ネットワークが幅広く形成されていたことは想像にかたくない。当時この地域には、特別な地位や資力に頼らずとも求める書物を入手しうる環境条件が培われていたのではないだろうか。

『活人録』に収載される蔵書の概要は以上のようである。それでは、この蔵書は医療にどう活用されたのだろうか。その点を次に検討してみたい。

二　在村医の処方書――『弥性園方函』と蔵書の関係

処方集『弥性園方函』

全国各地の官医・藩医はもちろん、町医・村医の多くも自家独自の処方集を編もうとした。それらは厖大な数に上るに違いない。そのごく一部が出版され、あるいは筆写され後世に伝えられた。しかしそのほとんどは西洋医学の普及とともに、無用視され、蔵の隅に放置され朽ち損ずるか、反古として処分されていったに違いない。たしかにその内実をあえて問おうとする試みは無意味なことかもしれない。しかし、近世在村医の営為をいささかでもうかがうためには、あえてその無意味で煩雑なこともしてみる必要がありそうである。

田中家で編まれた独自の薬方書に『弥性園方函《やせいえんほうかん》』がある。五巻五冊からなり、巻一から四までは春夏秋冬に区分され、いろは順（以〜世）に薬名が配列されている。巻五は中風・卒中・類中風・痱《ひ》・偏枯等、それぞれの症状と違いを諸書によって述べ、次に病因を記し、その後、浅証・深証・脱証・閉証に分けて処方を記し、そのあとさらに傷寒《しょうかん》・温疫《うんえき》・脳漏・鼻爛・鼻齆《びおう》・肺癰《はいよう》・黄疸とその処方等について記しており、いわば病症判断のむずかしいものについての各論編となっている。巻四までに収録される薬方数は茵蔯蒿湯《いんちんこうとう》に始まり疝秘湯《せんひとう》に終わる四一六種である。記述のしかたはまずその薬方に相当する病状の記述を数種類の医書から略述し、それに自分なりの「按」をしばしば記し、その上で、基本的な処方のしかたが記され、そのあとには病者や病状の違いに応じての処方の付加工夫等が述べられている。

すべて漢文体である。用紙はすべて単辺四周、毎葉一〇行界線、版心に「弥性園蔵」と刷り込まれた専用用紙が用いられており、全三二〇丁ある。筆写のありようはきわめて整斉されており、完成された清書本の趣きを持つ。筆者名は記されていないが、筆者のはっきりしている他の書の字体の特徴から元資と見てまちがいない。なお別に本書に共通するものとして「弥性園処方集」とでもいうべき書が存在する。その書も「茵蔯蒿湯」から始まり、基本的に同じ記述のしかたをしていること、薬方数が少なく、各記述が『弥性園方函』と比べると簡略であり、また表紙もつけられていない点からみて、初稿本と見られる。やはりその筆者も元資である。

『弥性園方函』における記述の一例を見てみよう。たとえば「六君子《ろくくんし》湯《とう》」という薬方がある。それについてはまず「得効」（『危氏得効方』）という書から「胸膈痞塞《ひそく》、脾寒、食を嗜まざるを治す」という記述を引き、つぎに「飢飽過度、脾胃衰弱、飲食進まず、腹中不和、痰気吐瀉《としゃ》を兼ぬ」という『入門』（『医学入門』）の記述を引き、さらに「気虚、痰を挟み、呃逆《やくぎゃく》なる者を治す」という『正伝』（『医学正伝』）の記述が引かれる。つづいて『寿世（保元）』『薛氏《せつし》』『九々選方』『口訣』等からも引用したうえで、次のような基本的薬方が示される。「人参　白朮《びゃくじゅつ》　茯苓《ぶくりょう》　陳皮《ちんぴ》　半夏《はんげ》各等分　甘草《かんぞう》減少」、その用法を「右生姜水に煎る」と述べたあと、諸書から症状の違いに応じて薬剤の付加や一部の変更によってどのような効果があるかを示す。

もう一例「六味地黄丸《ろくみじおうがん》」についてみると、まず『小児方訣』という書から「児は本虚怯《きょきょう》、胎、気に因て成らざれば、則ち神不足」云々の文を写し、「熟地黄八匁　山茱萸《さんしゅゆ》　山薬各四匁　沢瀉《おもだか》　牡丹皮　茯苓各三匁」という薬方を記し、「右末（粉末）と為し、蜜に煉り、丸《がん》に和す」とその用法を述べたあと、北山友松子の『医方考縄愆《じょうけん》』を引いて、「銭氏曰、小児腎症、仲景《ちゅうけい》先生の方を用うと雖《いえども》、其桂附（肉桂と附子《ぶし》）の二を闕《か》けば、以て小児陽旺《さか》んにして陰虧《か》く、故に多温、陽を益《ま》す物を去る。唯、純陰沈静の六味を用う」云々と記したのち、さらに元資自身による「按」が諸書を参照しながら述べられる。要するに小児は生々の気、すなわち陽の気が強すぎ（「純陽之体」）、それが一定の症状を引き起こすので、それを抑制し、陰味を用いることが必要だと述べられる。こうして、この薬方にかかわる記述において参照された医書名を注記するが、それは一五種類に及んでいる。『弥性園方函』は厖大な医書の引用によって成り立っていると見られるのである。

『弥性園方函』と蔵書との関係

それでつぎに、『弥性園方函』がどのような書物を参照することによって書かれているのか、またそれは当時の蔵書、すなわち『活人録』所載書とどう関係しているのか、あるいはどの程度利用されているのかについて見ていきたい。ただし巻五の各論編はのぞき、四一六の処方薬名がいろは順に記されている巻一から巻四までを対象とする。書名は引用文のはじめか、末尾に小字で書かれているのが通常である。なお書名が「回春」とのみ書かれているものは『万病回春《まんびょうかいしゅん》』、「茶談」のみのものは『療治茶談』、「保赤」のみは『保赤全書』等々、引用書名の書き方が略されているものも多く、一定の推測を交えざるを得なかったことをお断りしておきたい。また書名でなく、「浅井氏」「有持氏」「片倉氏」「後藤氏」等々、医家名で記されているものもあり、一応そのままとって一部の書とみなした。

その結果、『弥性園方函』が利用した書は少なくとも二九六部数えられる。一応、和刻本を含む中国医書と見られるものは一六三部で約五五％、日本の医家による著述は七一部、約二四％である。が、書名の省略等に加え、私の医書知識の不足により、いずれとも判断できない書が六二部二一％も存在する。中国医書と見られるものが多いように思われるが、特定するに至らない。また、明らかに孫引きと見られる書は除外したが、判断の困難な場合が多い。その点、不十分さを免れないが、『弥性園方函』の作成において、参照された医書の中核をなしたのは中国医書であったことはまちがいない。

この引用書目において、『活人録』に収載されていた書と重なるのはどの程度であろうか。つまり蔵書がどの程度、この『弥性園方函』の作成に活用されたかを考える手がかりになるのではないだろうか。そうしてみると、『活人録』と『弥性園方函』とで重なる書は少なくとも一三四部あり、約四五％ということになる。内訳は中国医書八八部、日本医書四六部である。不明分があるので実際はもう少し多くなるにしても、中国医書では引用書一六三部のうち半数強が蔵書として存在したが、その他は当時の蔵書中にはなかったということになる。それではそれらはどのようにして引用されたのか。想定されることは孫引きということであろう。明代清代の総合的な医書にはそれ以前の医書知識が集成され、それで十分利用可能であったともいえよう。日本医書は六五％所蔵されており、その割合はかなり高いが、それでも所蔵されていない書が三五％見られることになる。これも『方輿輗《ほうよげい》』や『方苑』など使用された書からの孫引きの可能性は否定できない。これをもって孫引きの割合が高いとみなすべきなのだろうか。いやむしろ蔵書原本の活用度が高いというべきではないのだろうか。

それでつぎに、どのような書からの引用が多いか見てみよう。全体にわたって多いものは、中国医書では『張氏医通』（明末清初の医学全書）、『温疫論《うんえきろん》』（明末、一六四二年、呉有性著、疫病の研究書）、『嬰児論』（清代、周士称著）、『衛生宝鑑』（元代、羅天益著）、『易《い》簡方《かんほう》』（宋、王碩著）、『太平恵民和剤局方』（宋代成立後増補された処方集）、『金匱要略《きんきようりやく》』（もと『傷寒論』と一体の書、のち雑病の治療を述べた本書とに分かれる。宋代以後、出版によって普及、日本の古医方の基本書）、『外科《げか》正宗《せいそう》』（明末、一六一七年、陳実功著、百余りの外科疾患について症状・治療法などを記述）、『済世方《さいせいほう》』（宋代、一二五三年、厳用和著）、『寿世保元《じゅせいほげん》』（明末、龔廷賢《きようていけん》著、『万病回春』の著者でもある）、『傷寒論』（漢代末、張仲景、古医方の基本書で、多くの解説書が『活人録』に含まれる）、『仁斎直指《じんさいちよくし》』（宋代）、『太平聖恵方《たいへいせいけいほう》』（宋代、政府編纂医書、一万六八三四の処方を収載）、『聖剤総録』（『太平聖恵方』に続いて編纂された宋の医学全書、二〇〇巻、二万の処方。その簡約本『聖剤総録纂要』が所蔵される）、『薛氏医案《せつしいあん》』（明代、薛己《せつき》の自著のほか多くの医書を集成したもの）、『千金《せんきん》方《ほう》』（唐、遜思邈《そんしばく》、医学全書の嚆矢。病理・診断・治療にいたる臨床各科について記述。『千金要方』『千金翼方』）、『危氏得効方』（一四世紀、治験の集成）、『万病回春』（明、龔廷賢著、人体の基本事項から薬物・臓腑・経絡の説明を行い、臨床各科の疾病の解説と治療法を述べる。日本において爆発的普及（真柳 一九九七））等である。

つぎに日本の医家の著述で多く見えるものは『九々選方』（安永五年、味岡三伯著）、『産科発蒙』（寛政一一年、片倉鶴陵）、『方輿輗《ほうよげい》』（文政一二年＝一八二九、有持桂里著、病症別に諸家の用法や自己の臨床経験を詳述し考証。古方・後世方を折衷するが、現在の漢医学でも高く評価されている（小曽戸 一九九九））、和田東郭（一七四二―一八〇三、京都の医家。吉益東洞に古医方を学び、のち折衷家として大成。『蕉窓雑話』『蕉窓方意解』『導水瑣言』など門人が筆録したものを出版。田中元緝の師の一人でもある）等である。

不明分や孫引きもあり、十分に明らかにすることはむずかしいが、以上に挙げた中国医書・和医書とも引用度の高い書はすべて『活人録』に収載される書である。『弥性園方函』は蔵書による研究と医療経験を通して、処方とそれに対応する病症、薬種の種類とその調合の方法、病症の違いに応じての処方の工夫等々が厖大な医書からの引用と相互検討によって詳細に記述されており、元緝・元資二代にわたる医書研究の成果が総合的に記述されたものと考えられる。蔵書の端々にみえる書き入れの多さもそれを語っているようである。おそらく全国各地の多くの在村医も、程度の違いはあれ、同様な努力を行っていたにちがいない。在村医の蔵書はたんに権威的な飾りではなく、実質的な医療に資するものであった。とくに田中家のように農から医へ転身した医家においてはより一層、医家であることを自分にも他人にも自信をもって示すための必須の基盤ととらえられるものだったといえよう。

三　在村医の医療活動

弥性園のカルテ

それでは以上のような医書に基づく医療知識と実際の医療との関係はどのようであったのだろうか。しかし、これに答えることは大変むずかしい。というのも、当時の田中家においてカルテに近いものがたしかに作成され、そして現存する。しかしそれは大変扱いにくい状態で残されていたからである。調査時に、たまたま目にした屏風や襖の破損部分からその裏張りに大量の古文書が使用されていること

とがわかり、それをすべて剝がしとり調べたことがある。その大半は大量のカルテを断裁して張り合わせたものであり、他は幕末明治初期の来翰をやはり断裁して張り合わせたものであった。そのカルテはたとえば次のような書き方になっている。「浄府ト(湯)セメン二|||二|||　熊胆《ゆうたん》一分一分　将軍丸三|||二||　庄之内　喜右衛門小児」と薬量は符丁数字によって記され、治療後、「全快」の二字が中央に大きく書き加えられている。あるいは「葛根ト(湯)　五　○荊排《けいはい》五　○兵葛順気《へいかつじゅんき》五二|||三|||三|||三作兵衛女」とか「荊排五五五　破敵三|||三　○黄龍二　成法寺　井上宗兵衛女」とあり、やはり真ん中に「全快」と大きく書き入れられている。処方薬の種類とその数量、そして患者の在所と氏名である。残念ながら病名は記されていない。また日付が入っているものの、断裁されたものがばらばらに張り合わされていて、つながりを見出すことができなかった。ただ、この反古とされたカルテの処方を『弥性園方函』と対応させてゆけばある程度病気と治療について推測が可能であるかもしれない。たとえば先に引いた「浄府湯」という処方薬について『弥性園方函』を見ると『(万病)回春』『医(宗)金(鑑)』の二書に見えるとし、「小児、一切の癖塊《へきかい》、発熱、口乾、小便赤あるいは泄瀉《せつしゃ》を治す」と記している。この薬が『弥性園方函』に基づいた小児の一定の症状に対するものであることは明らかである。このようにしてみてゆけばある程度の病気の推測は可能かもしれない。が、病状は各人各別、臨機応変の処置は多々ありうるわけで、漢方医学に無知なものによる推測はかえって誤りを拡大する恐れが大きいであろう。ただこのような簡略なカルテ記載の中にも、『弥性園方函』に集成された医学知識に基づく処方が自信を持って記されているように思われる。それを示すのは大半の患者に

図2　弥性園のカルテ

記された「全快」の二字である。

なおこのカルテは無地の紙に処方を書いたものと、半紙片面に三行ずつの界線と単辺四周そして版心に「弥性園」と刷り込んだ用紙が用いられているものとの二種類があり、前者は寛二郎の筆、後者は徳太郎の筆と判断される。さらにこの大量の断裁されたカルテは薬礼等の紙の裏を利用したものも多いうえ、さらにまたそのすべてが後に手習い草紙として使われていて、一見黒々とした反古としかみえないものである（図2）。

その薬礼はたとえば「御礼　金札壱歩壱朱　庄之内　米屋弥兵衛」とか「御薬礼　金百廿五疋　杉田弥左衛門」というものである。そして裏張り文書をさらに見てゆくと、薬礼請取り帳簿の一部分と思われる記載があるのに気づいた。それは「五月十一日一、三匁　寺内　島九」「同十五日　一、四匁五分　寺内　百与」「同　一、百疋　八尾座　吉松」「同十八日　一、二朱　八尾木宗右衛門」というように記載されている。これは明らかに薬礼請取りを記したものと思われたが、やはり断裁されたものがばらばらに張り合わされており、時系列に復元することができなかった。

字体は明らかに特徴ある元資の筆であり、カルテより以前のものと判断された。

ところが、実はその後、森田康夫氏によって、この裏張り文書の中から、元治二年(慶応元年=一八六五)分のまとまった処方記録と嘉永三年分の薬礼帳簿が見出されたのである(森田 二〇〇一)。私が調査時に見出し得なかったものである。それによれば元治二年の患者総数は六二〇人(男子三一〇人、女子二〇九人、乳幼児五三人、不明四九)であり、うち成人三六一人、子供(乳幼児以上)一四三人である。そして「全快」と記されたもの四〇四人(六五%)、「再出」とされたもの一六人、「休薬」とされたもの一三人、不明一三九人であるという。当時としてはかなりの治癒率といえるのではなかろうか。患者数は一日平均一・七人となる。なお当時の医療は往診であったが、その往診先は田中家のある八尾東郷村が二六四人と圧倒的に多く、木戸(八五人)、庄之内(四七人)、成法寺(三六人)、小坂合(三五人)、今井(二三人)、別宮(二一人)とその周辺村々を中心としていた。八尾在郷町周辺の地域医療を担う医家として確実な信用を得ていたことがうかがえよう。

弥性園の薬礼と壺井家『結算録』

森田氏が見出されたもうひとつの薬礼帳簿は嘉永三年(一八五〇)の三月から一二月にかけて田中元資の記録したもので、支払い人数は合計三〇五人、金額は約五〇両(銀三〇〇〇目)ほどである(金七三五〇疋、銭四七四八文、銀八七七・五匁、金一六・二両とされており、この年は金一両=銀六一匁であることから算出)。一人当たりほぼ一〇匁の薬礼であった。これは一〇ヶ月分であるので一年分ではもう少し多くなろう。また三〇五人というのも先ほどの元治二年の処方記録六二〇人と比べると少なく、年によってかなりの差異があったものであろう。

これらの患者数や薬料が在村医としてどの程度のものであったのか、にわかに見定めることはむずかしいが（土井 一九九二）、先ほども引いたほぼ同時代の比較的近い地域、狭山の在村医壺井純庵の残した『結算録』という医療記録を見てみよう（山中 二〇一四）。『結算録』は文化一二年（一八一五）七月から天保五年（一八三四）まで一九年半にわたって、毎年の病者数・死者数・調薬数・請取銀高・出銀高の合計が記されたものである。それによれば一九年半の合計は病者数一万三五二一人、死者四六四人、調薬数二二万八四五九服、請取銀高九二貫六八三匁三分（うち引高二七貫）残高六五貫六八三匁三分、出銀高八八貫七五一匁三分となっている。もちろんこの場合も年によってかなりの差異はあるものの、一年平均では患者数六九三人、一日当たり二人弱、調薬数は年平均一万一七一六服、一人当たり一六服ほど、薬礼は年平均四七五三匁（約金七八両）で、一日当たり一三匁で、一人当たりでは六・五匁ほどであった（引高を引いて計算すると年平均三三六八匁（約五五両）、一日当たり九・二匁、一人当たり四・九匁となる）。薬料は一服で銀四分ほどであったことになる。

田中家のものをこれと比べると、患者数年六〇〇人台、一日当たり二人弱という点はほぼ共通している。大坂周辺の在村医の往診数はこれくらいが平均であったものと思われる。服薬数は田中家については明らかではないが、カルテの処方記載に見られる符丁数字がわかれば知られる可能性はある。その符丁の数が多いことや複数にわたる薬の処方が多く見え、その点で一人当たりの薬料が壺井家六・五匁よりも高く一〇匁となっているのではないだろうか。おそらくそこには医療方法についての違いがあり、田中家では『方函』に基づく処方を忠実に行おうとした結果が反映されているのかもしれない。

ところで、壺井純庵の『結算録』には請取銀高のうちから引高が計上されており、その額は銀二七貫目で薬料全体の三割ほどに上っている。結局そのために、出銀高が請取銀高を上回り赤字決算になっている。この引高は病家側の経済的状態に応じて薬料を免除したり割り引いたものと考えられる。これは在村医の場合、ある程度予想されることではあったが、その額が意外に大きなものであったことは注目されよう。病家のうち三分の一近くがそういう対象であったことになるからである。出銀高のうち薬種をはじめとする医療のための必要経費はどの程度であったのだろうか。このままでは家計費等の支出もあり、借銀せざるをえない計算である。おそらく壺井家では一定の家々から薬料以外に差し出される謝礼(菓子料とか節句および寒気・暑気の見舞という名目)や兼務した狭山池池守役としての収入で補われたのであろう。こうして、薬種などの医療経費を差し引いてみれば、在村医としての実質的収入はそれほど大きなものにはなりえなかったように思われる。田中家においても年平均五〇両は上回っていたとしても、経費を差し引けばそれほど余裕ある状態であったと思われない。

すでに田中元緝は享和二年(一八〇二)御囲買米八石を仰せ付けられ、その容赦を願った控のなかで、「私義は田舎の草医故、身代《しんだい》のゆとり無之候者《これなくそうろうもの》」と述べている。当時田中家は一九石余りを所持したが、それは近年のうちに譲り受けたもので、その礼銀も未済で、それ以前の借財と合わせ、借金は五貫目余りに達しているという。そうして在村医の営みについて次のように述べている。「在方の医業と申候者は市中などとは事かわり、私は親共ゟ《より》木綿の見苦敷ものゟ外は着服不仕、麁食《そしょく》を喰ひ中候而漸《やうや》く煙を立罷在《たてまかりあり》候なれ共、在方の儀困窮の者共多く候而、難病に取合ひ候節は毎々食物、或［いは］米、或［いは］炭、或［いは］夜被《よぎ》等を遣し而施薬致し不申候而者《ては》保養も難相成者多御座候」と。これは買米容赦願であるので、窮状がより強く訴えられている点は割り引いてみなければならないとしても、在村医は市中の医者とは違い、粗衣粗食で、病家も困窮の者が多く、難病にかかったときなどは食物・米・炭・夜着なども世話し、薬礼も受け取らずに療養させなければならない状況であるというのである。壺井純庵の『結算録』とくにその引高の多さを考え合わせても、このような状況の一半は了解されよう。さらに、もし聞き合わせなどをされても「村内郷中において一人も悪しきさまに申者無之候」とまで言っているのは事実に即した願であったからであろう（田中家文書）。

しかしそれでも、蔵書の形成がなされつづけたことは事実である。先ほど垣間見たように購入本にはかなり高価なものを含んでいた。それはどのようにして可能であったのか。同家の古文書はほぼすべて失われてしまっており、今は推測するしかないが、医家としての収入を補ったそのひとつは田畑からの収入であったのではないだろうか。元緝自身は自ら耕作に従事したことはないと願書の中で言っているので、一定の小作料収入を得ていたのである。所持高が一九石になったのは最近だと元緝は述べていたが、少なくともその半ばはそれ以前から所持されていたであろう。仮に一〇石の高で小作料が三割だとすると、三石すなわち金三両に相当する収入が得られることになる。蔵書形成に十分ということはないにしても必要書の購入等をまかなうことは可能であろう。おそらく医家としての収入の不安定さを補うべく、田畑を取得し、そこから安定した小作料収入を得、それによって生活維持と医療向上に資そうとしたのではないだろうか。在村医が町医と異なる点のひとつは医療収入を補うべく、このようにもうひとつの経済的基盤として田畑を保有したことであろう。壺井家における狭山池池守役人というのは田畑所持とは異なるにしても、用水管理の一端を担うことで一定の持続的安定的収入が確保されるものであった。のち壺井家が狭山藩医（三人扶持）に登用されたとき、藩士居住地内へ移らず、狭山新宿という池守役の居住区に住むことを願ったのもそのゆえであった。

以上、一在村医が代々にわたる蔵書の形成を通して医療知識を蓄積し、それを医療活動に活用すべく独自な処方集を継続的努力によって編み、それに基づいて医療活動を行おうとした営みを見てきた。蔵書としては、ほぼ中国・日本の専門的医書を中心に構成されているが、それはいわゆる専門分野に偏ったものではなく、各分野をカヴァーする幅広い多様性をもつ点に在村医の蔵書の特質が示されていた。処方集はまさにその蔵書からの厖大な引用と相互検討による綜合的成果であり、独自な医家としての確立を表明するものであった。しかしそれを可能にする医家としての収入は、日々二人ほどの患者への往診と経済的状況に応じての施薬や費用免除などで豊かなものとは必ずしもいえず、田畑保有などによって補うことで在村医の活動が維持されていたことなどを見てきた。患者一人一人に対して「病の始終」を見届ける「骨折る療治」はそれによって支えられていたのである。おそらく全国各地で活動していた在村医たちにも、程度の違いはあれ、共通する面は多いのではないかと思われる。

このように見てくれば、書物が医者を形成した、というようにいえるのかもしれない。確かにそれは事実であった。しかし私は、もう一方に、書物的知識より現地・現場での実見・実験を積み重ねることで新たに独自な処方と医療を見出していった在村医も多かったのではないかと思っている。が、それはまた別に考えなければならないであろう。

参考文献

荻生徂徠『政談』、辻達也校注、岩波文庫、一九七八年
梶谷光弘「華岡門人大森家の史料目録」『山陰史談』一九号、二〇〇〇年
橘川俊忠「近世村医者の本箱――大網白里町富塚家の場合」『歴史と民俗』七号、一九九一年
杏雨書屋編『田中弥性園文庫から見た近世大坂の医学』、武田科学振興財団、二〇一一年
小曾戸洋『日本漢方典籍辞典』、大修館書店、一九九九年
小曾戸洋「田中弥性園文庫の善本医書」、杏雨書屋編『田中弥性園文庫から見た近世大坂の医学』、二〇一一年
田中祐尾編『田中弥性園医学遺産図録』、田中医院、二〇〇七年。北里大学東洋医学綜合研究所編による弥性園文庫の現存古医書目録を併載。前掲小曾戸氏の辞典とともに医書について多大の恩恵を得た。
土井作治「近世後期における医療思想の基盤――安芸国山県郡大朝村保生堂の場合」『実学史研究』六・七

号、一九九〇・九一年。文化―安政年間の患者数（年平均三九四人）や薬投与数が示されており、参考になる。

真柳誠「江戸期渡来の中国医書とその和刻」、山田慶児・栗山茂久編『歴史の中の病と医学』、思文閣出版、一九九七年
森田康夫「地域医療の形成と医師」『河内 社会・文化・医療』、和泉書院、二〇〇一年
山中浩之「在村医家の形成と儒教」『大阪の歴史と文化』、和泉書院、一九九四年a
山中浩之「在郷町地域における医家と医療の展開」『大坂周辺諸都市の研究』、清文堂、一九九四年b
山中浩之「在村学芸結社の形成と展開」『幕末維新期漢学塾の研究』、渓水社、二〇〇三年
山中浩之「狭山藩の学芸と地域文化」『大阪狭山市史 第一巻 本文編』、二〇一四年
横田冬彦「近世村落社会における〈知〉の問題」『ヒストリア』一五九号、一九九八年
横田冬彦「江戸時代の在村医――伊丹南野・笹山家の資料から」『地域研究いたみ』二七号、一九九八年
横田冬彦「近世民衆社会における知的読書の成立」『江戸の思想 5 読書の社会史』、一九九六年
吉丸雄哉「啓蒙的医書」『浸透する教養』、勉誠出版、二〇一三年
『河内屋可正旧記』、野村豊・由井喜太郎編、清文堂出版、一九五五年

〈付記〉資料の調査・利用において種々便宜をはかっていただいた田中祐尾氏に深謝申し上げます。

5 農書と農民

横田冬彦

本稿では、農書というものを、従来のように農業技術史としてではなく、〈農学〉すなわち農業に関する〈知のあり方〉の歴史として考えてみたい。

かつて『日本農学史 第一巻』（古島 一九七五／初出一九四六年）を著した古島敏雄は、「学者の農書と百姓の農書」（同上／初出一九四七年）という論考において、「学問における庶民的なものと、権威としての学問の対立が、江戸時代農学において如何に現れたか」を明らかにすべきであるとして、高度な輸入学問という正統性と封建領主権力の後ろ盾という権威性をもった「学者の農書」に対して、農業の営みそのものの中から生み出される「百姓の農書」を対置しようとした。

　封建的な土地制度の下にあった江戸時代の農民にとって、［中略］学者即支配階級たる農学者の要求は、常にその背後に絶対の権威を擁していた。それへの服従がすべての教育原理であり、そのようなものとして儒教の教養があった。文字を知らない百姓には、理解を絶した「易に曰く」「詩に曰く」はそのまま絶対であった。ほかならぬ「百姓尊徳」すらが大いにその絶対を利用しているのが実情である。

古島が「新しい農民の農学が、現実の框《わく》を破って、またそれを破る条件として、働く人びとの中から生ずることによって、古い農学史に終止符を打つ」ことを掲げたとき、そこには、封建的収奪のもとでの農民的剰余の成立、領主的商品流通を越えてゆく農民的商品流通という経済史のシェーマが想定されており、〈戦後歴史学〉が共通に抱いた、学問が現実と切り結ぼうとする若々しい意欲と初心が表現されていた。そしてそれは、農民的農書を全国的に発掘・刊行していく運動（農山漁村文化協会『日本農書全集』七二巻、一九七七〜九九年）を牽引し、その後の近世農書研究の指針となり（飯沼編 一九七六、古島編 一九八〇、岡・三好編 一九八一、など）、古島はその初心を終生変わらず持ち続けた（古島 二〇〇〇）。

しかし、実学である農学は、その内容が生産者農民によって生み出される〈経験知〉をもとにするが故に、著述という営為が「学者」のみでは完結しえず、また、そこで著述された農法・技術・思想は、読者である農民によって受容され、農業として実践されてはじめて実現されることになる。農学・農書とは、ほんらい農民的な営為と知識人的な営為とが結びつくことで（「百姓＝学者」の場合も含めて）はじめて可能となる文化的営為である。「対立が［中略］如何に現れたか」ではなく、両者を連関する構造がどのようなものとして成立したのかという視角で考える必要があるのではないか。

ここでは、日本最初の出版農書である宮崎安貞《みやざきやすさだ》『農業全書』をとりあげ、第一に、その編纂・出版過程において、古島が封建的な「学者」の典型とした貝原益軒《かいばらえきけん》・楽軒《らくけん》（益軒の兄）がいかなる役割を果たしたのか（一・二節）、第二に、『農業全書』本文では、中国農書の〈翻訳知〉と先進地老農の〈経験知〉とがどのように関係しているのか（三・四節）、そして第三に、それは農民をはじめとした読者によっていかに読まれ実践されたのか（五節）、という三つのレベルで両者の連関を問題にしたい。そして、〈知〉の提供者であり受容者でもある農民と、それに〈書物〉という形を与える知識人や書肆との関係を明らかにし、農業という〈実学〉における近世出版文化成立期の構図を考えてみたい。

一　宮崎安貞の世界

宮崎安貞の生涯はよくわかっていない。『農業全書』に付された安貞の自序や凡例、貝原益軒の叙などによれば、安貞は元和八年（一六二二）に生まれ、三〇歳（慶安四年・一六五一）余で福岡藩を致仕《ちし》して牢人となり、以後四十余年、村里に隠棲して自ら農事を業としたが、農術の不十分さを疑い、『農政全書』等の中国農書を読み、また諸国を遊歴して各地の老農に諮《と》い詢《はか》り、『農業全書』を編纂。

それが刊行された元禄一〇年（一六九七）に七六歳で死去した。安貞の農術への疑問とは何であったのか。㋐自らの営農経験、㋑中国農書の読書、㋒諸国老農への諮詢という三つの要素はいつ、どのように問題化し、編纂に結びついていったのかなどについて、これまで検討されたことはない。

なお、これまでのほぼすべての事典・研究書は、生年を元和九年とし、元禄一〇年に七五歳で歿したと記してきた。これは明治の農学者織田完之『大日本農功伝』（一八九二年）の説を踏襲したものであろうが、墓碑に享年は記されず、益軒の叙に「安貞今茲《ここに》七十有五歳」とあるのを、益軒叙が「元禄丙子［九年］中和節」に書かれたにもかかわらず、『農業全書』が刊行された元禄一〇年の年齢として扱ったことによる誤りである。

士と農の間

まず、致仕後の安貞の「牢人」という身分について。福岡藩儒であった貝原益軒の「日記」（『益軒資料』一〜三）によれば、安貞は益軒やその兄元端・楽軒だけでなく、藩士層とも交流をもっていたことがわかる。たとえば「一貫子・根来氏に往《ゆ》く。夜半にて帰る。宮崎氏と同道して帰宿」（寛文六年三月九日）のように、益軒は安貞と一緒に、後に父の跡を継いで家老となる黒田一貫等の屋敷を訪れたり、「叔兄［楽軒］・関勘介と同［道］して、女原《みょうばる》に往く。日明て帰る」（寛文九年八月二八日）のように、益軒が兄楽軒や藩士と一緒に女原にある安貞宅を訪問したり、「毛利甚兵衛・宮崎文太夫来たり、夜話」（寛文一一年一二月一九日）のように藩士と安貞が一緒に益軒宅を訪れて夜話をするなどの事例をあげることはむつかしくない。
また、「女原に往く。井原を歴《へ》て三坂に宿る。文太夫同行し、日明けて帰る」（延宝七年二月二九日）といった記事もある。井原は貝原家の元の知行所で旧宅が残されていた（寛文四年八月一三日）が、ここで益軒が安貞とともに宿泊したのは三坂村の庄屋宅であろう。益軒はのち『筑前国続風土記』編纂の際、やはり井原村や三坂村に宿泊しているが、近辺の庄屋たちも集まり、三坂村庄屋は翌日も終日案内役をしている（元禄元年四月一〇―一四日）。このように領内各地の庄屋層が益軒に宿泊や案内を提供し、地域の歴史や伝説を語り、また書物の読者でもあったことは前稿（横田 二〇〇三）で明らかにしたが、安貞もまたこうした交流のなかで、㋒「郷国の郡郷村落をめぐり［中略］農業の説を聞」（凡例第三条）いたのである。

地方《じかた》知行制を残し、藩士が在郷することもあった福岡藩では、益軒の父が井原村や八木村に在郷し、もう一人の兄元端が三六歳で致仕後に遠賀郡吉田村に隠棲、「耕稼を以て業と為し」（『存斎遺集』序）、村童のための塾を開いていた（井上 一九六三）というように、藩士の生活世界は村落社会と身分的地域的に隔絶されたものではなかった。もちろん藩儒である益軒や現役藩士であった楽軒は武士世界に重点があり、牢人である安貞は在郷農民の世界に主たる日常があるとしても、二つの世界はなおさまざまな人間関係や交流の親密性を有していたのである。

なお、安貞は在京中の益軒に福岡から「五柴・白豇豆《ささげ》」（寛文五年九月一八日）を送っているから、安貞が㋐女原で自ら農事に携わっていたことは間違いなかろうが、その実態はよくわからない。楽軒が書いた『農業全書』巻一一「附録」には、少禄で片山里に住む士、田舎に居る牢人、深い山里に住む少身の士という三人の武士・牢人の在郷が取り上げられ、彼らが、悪水抜きを作って荒れ地を開墾した事例、金肥を利用して木綿・煙草・稲作に増収した事例、下人を使って除草し草肥として増収した事例が挙げられている。この三例はいずれも「下人に耕作させ」、自らは「農事を考へ計《はか》」る、つまり農事の経営・管理をしたものであった。安貞自身による営農や「宮崎開」「東開・西開」(『大日本農巧伝』)の開墾も、このようなものであったと思われる。

安貞農術研究の転機

安貞の在郷・営農は四十年余にわたったが(三十余〜七五歳)、大きく二つの段階が区別できるように思われる。

安貞は凡例第一条で、㋐自らの営農について、「唯土民を友として農事に習ふ事年あり」と、女原や近郷の農民から農事を習ったとし、さらに彼らの農術の未熟さと自らの営農の行き詰まりを述べている。この点は、自序でも

我久しく民間にありて、農人の日々に勤むる所をはかり見るに、其術委《くわ》しからずして、其法にたがふ事のみ多し。[中略]是土地のあしくして、且その勤めいとなみのたらざるにはあらず。唯ひとへに民皆農術をしらずして、稼穡の道明かならざるゆへなり。[中略]凡天下の事、必ず致

知と力行とを兼ねざれば、其功なりがたし。故に先づよく農術をしりて、後農功を勤むべし。

と繰り返し述べている。日本近世農業についてはふつう労働集約型・土地生産性向上型であるとされ、「勤勉革命」がいわれる（大島編 二〇〇九）。ここで注目したいのは勤勉（力行）の不十分さではなく、農術（致知）と結びついた農功、すなわち〈考える農民〉である。

さらに㋒老農への諮詢については、「又郷国の郡郷村落をめぐり、或は隣国に遊んで、いよいよ農業の説を聞く事詳かなり」（凡例第三条）、および「先年、山陽道より始め畿内、伊勢、紀州の諸国を遊歴し、所々老農の説を聞き」（第二条）と、筑前・隣国の遊歴と、「先年」の山陽道・畿内近国の遊歴とを区別して記載していることが注目される。

『農業全書』に付された書肆柳枝軒の「口上書」には、

此農業全書ハ、筑前の隠士宮崎氏の編集なり。宮崎氏村居する事四十余年、農民を友として種植の道に委しく、且此事を勤らるゝといへども、猶農業におゐて、国用の種芸疑わしく存ぜられ、益々修煉せん事を太守［黒田光之］へ御申し上げ候へバ、則ち財を下し置れ、五畿内及諸国を遍歴して後、在国弥《いよいよ》此事に熟し、此書を編集して［下略］

在郷・営農にもかかわらず「国用の種芸」つまり福岡藩領国での農業技術に疑問が生じたという。その疑問はおそらく技術水準のあまり変わらない領内・隣国をめぐっても解決せず、藩の援助を受けた畿内近国の先進地農法についての本格的な調査が必要になったというのである。『農業全書』には、畿内近国の事例は地名入りでふんだんに取り入れられているが、九州の地名はほとんど特記されていない。

では、安貞が「先年」という、その画期はいつか。「口上書」にいう藩の財政援助について、『大日本農功伝』は「貞享年中再び出でて仕《つか》へ、切扶持を賜ふ」と書いている。根拠不明ながら、この貞享年間（一六八四―八八）、安貞六三―六七歳頃をその転機としておきたい。

もう一つこの転機をなすと考えられるのが、㋑『農政全書』の読書である。明末に徐光啓が著した『農政全書』六〇冊は、その死後一六三九年に刊行され、まもなく日本にもたらされたと考えられるが、当時数多くの中国の儒学書・医学書の和刻本が出版されていたにもかかわらず、今のところ『農政全書』の和刻本は知られていない。益軒の読書録である「玩古目録」（『益軒資料』七）によれば、益軒はこれを寛文一二年（一六七二年）に読んでいるが、天和二年（一六八二）頃、益軒がその高弟竹田定直に宛てた書状（年代推定は井上忠による。『益軒資料』五）に、

一、『農政全書』等ニ出候区田之事、御考え成されたき之由、其意を得申し候。書は何時御出之節、御目に懸くべく候。幷に井田法之事、何分不案内ニ而御座候

とあって、この頃益軒と定直が『農政全書』について議論していることがわかる。またその三年後の貞享二年（一六八五）頃、定直に同書の借用を求められた返事（『益軒資料』五）には、一冊を蔵から出して、定直から来た使者に渡したとある。

『農政全書』一冊庫より取り出し、来价《らいかい》に付し候。此書公本にて、殊更稽世貴重之物にて御座候。早く御返納下さるべく候

ここでわかるのは、益軒が自分の文庫蔵に保管していた『農政全書』は「公本」つまり藩所有のものであったこと、それを先の書状ではいつでも来訪した時に見せるとし、ここでは早期返納を求めつつも定直に貸し出していることである。

この二通の天和二年・貞享二年は安貞六一・六四歳に当たるが、安貞についても、長崎からもたらされる舶載本を唐本屋を通じて自分で入手したと考えるよりは、益軒を通じてこの公本を借用したと考える方が現実的であろう。とすればその時期は、早くても益軒自身が読んだ寛文一一年（安貞五一歳）以後であり、さらにそれを借用して熟読できたのは、定直が借用できるようになった貞享年間以降と考えるべきであろうか。

益軒が自ら園芸を始め『園圃備忘』を書いた年代はもう少しあとであろうが（井上 一九六三）、向井元升『庖厨備用倭名本草』を読んだのが貞享二年であり（「玩古目録」）、益軒にとって本草学からは

じまって食用・栽培作物（農学）へと関心がひろがっていったのは、やはりこの頃であると考えられよう。それは安貞自身が、筑前国での営農に限界を感じ、その打開をはかろうと苦闘していた時期に重なる。

推論を重ねたが、安貞にとって、㋐自らの営農そのものへの疑問と行き詰まり、領内・隣国調査の限界は、㋑藩庫の『農政全書』の研究と、㋒藩の後援を得た畿内近国調査という二つの契機を踏まえてはじめて、『農業全書』の執筆に結実するような質的展開が可能になったのである。その転機は貞享年間、安貞六〇歳代半ば頃で、それは士・農二つの世界の交わりがもたらしたものであった。

二 『農業全書』の出版

次に、『農業全書』の出版そのものについて、「学者」益軒と兄楽軒が果たした役割を考えてみる。益軒叙には元禄九年（一六九六）二月の日付があり、巻一～一〇の安貞の本文原稿はそれ以前にできあがっていたと思われる。この叙には、楽軒が安貞の依頼をうけて「是正」し「修飾数回」を行ったことが記されているから、楽軒の補訂も始まっていた。その後八月には楽軒長男（益軒の甥）好古の後序が記され、一一月には安貞の自序が書かれている。安貞の凡例には年月記載がないが、自序と同じ頃と考えておく。楽軒による補訂は長期に及んで分量が増え、結局巻一一「附録」となり、元禄一〇年六月に脱稿、翌七月付で京都柳枝軒・江戸松雲斎の書林連名（刊記）での刊行となった。

楽軒による補訂

最初に考えてみたいのは、元禄九年二月以前からはじまり翌年六月まで一年半近くかかった楽軒による補訂作業である。古島は、『農業全書』本文に付された割注は楽軒によるもので、益軒『大和本草』と類似していて「本文の記すところより粗放な技術内容」であるという（「農書を読む意味」、古島編 一九八〇）。筑波常治は、農書を「末作鄙《（些）》事」とするような楽軒が書いた一一巻「附録」には技術分野の研究成果は皆無で、「当時の月なみな道徳観念をたてに、農民のまもるべき心構えを説教し、農民を「愚かなる者」と断定して、かれらの指導を村役人に要求するという、陳腐な農本思想の叙述だけが顕著」な「蛇足」であったという（筑波 一九八七）。はたしてそうか。

「附録」末尾で楽軒は、「前年［元禄九年］たび〳〵改正すといへども」として、「い・ゐ・ひ、ゑ・へ、う・ふ、やう・よう」など仮名遣いの誤りや書写の誤りを訂正し、「只偏に農人のよむにたよりありて、さとりやすき」文章にするよう努めたとする。また、「附録」の前半には、確かに「民はこれ邦《くに》の本」といった農本主義的・道学的な意義付けがあり、神武以来の日本農政の歴史が書かれている。このような作業であれば、福岡に居ながら机上でできたはずであるが（補訂の第一段階）、元禄九年冬、楽軒は好古とともに上洛する（補訂の第二段階）。楽軒の乗船は九月二七日、帰福は翌一〇年六月二六日、九ヶ月間の在京であったことが、益軒の「日記」からも確認される。「附録」末尾には、京都では書肆柳枝軒に滞在し、「王畿のくま〳〵《（隈々）》をはじめ、奈良・よし《（吉）》野まで遊歴し」、遊歴の間に校閲・補正をおこなったこと、その量が次第に増え、また本文印刷が併行して始まったため、柳枝軒の提案で別巻「附録」とすることとし、とりあえず帰国したと書かれている。

楽軒がわざわざ上洛して九ヶ月間も在京したのはなぜであろうか。『農業全書』巻二の「蚕豆《そらまめ》」の項には、割注と同じ小文字で「楽軒云く」とした長文の追加記事がある。要約する。

> 上方において裏作に麦よりも蚕豆を多く栽培するのは、蚕豆の方が利益が上がるからだと単純に考えていた。しかし、有馬へ行く路次で「農人」から次のように聞いた――麦作は耕起・中耕除草・肥培などで多くの労働を必要とするから、たとえば一町の耕地があっても、麦作は七反に減らして肥料・労働をそこに集中投下する方が、不十分に一町を作るより収穫が多くなる。また、残った三反に手のかからない豆を植えれば、収入にもなるし、豆は麦より収穫が早いので労働配分上も効率的である。豆は凶年の救荒作物となり、麦飯に加えれば味よく、味噌としたり、麦餅の餡に入れたり、奈良茶に用いる所もあり、さまざまの食用となり利を得ることも多い。

ここには、多種作物の栽培における労働・資本の合理的な配分を考える経営的視点、市場価値だけではない作物のもつさまざまな使用価値の再評価が、楽軒によって発見されている。

また「附録」後半では、功者なる農人と下の農人とでは麦作の反当たり収穫量がいかに異なるかを数値で示すなど、粗放的な経営の非が諄々《じゅんじゅん》と説かれている。そこで楽軒は、自分は藩士としての奉公に忙しかったが、冬春の間には田野に出て裏作の麦を見聞していたから、麦作についての自分の知識は確かであると言う。また、ある「老農」の言として、最適の育苗量を知るために、一株当たり苗数の多少と株間隔の粗密とを三種ずつ九種の組み合わせで「同じ田つぼの内に、品を変へて」植え、それを条件の違う別々の田三ヶ所程で「こころみ」ることを推奨する。また、ある「上手の農人」の言として、麦を条播（散らし蒔きではなく、列条の畝に蒔く）する時には、その条間に植える木綿・瓜・大豆などの作物種別、土寄せ・肥培の方法に応じて、条播の厚薄・間隔をいろいろ試みるよう提案する。

古島は、農民的農書成立の指標として、「農事の記帳」「記帳の農耕方法差による生産性の異同の認識を目的としたものへの変化」「品種の収量比較における栽培条件の整一化」といった、「百姓自身のなかにおける農耕方法の客観化」「経験整理方法の進化」に注目し、それを基本的に「幕末にいたる」過程として、「幕末期農書」として位置づけた（「幕末期農書とその知識獲得方法」（古島編 一九七二））。しかしそれは、すでに楽軒が元禄期「老農」の中で発見したものとして語られており、後述するように畿内では『河内屋可正旧記』など広く一般化していた智恵であった。

楽軒の補訂が机上では終わらず畿内巡視を必要とし、こうした畿内農法の特質を捉え得たのは、麦作に見られるように楽軒自身の農業知識や関心が具体的で、その追究方法としての老農諮詢の意義を認めていたからであり、彼が中国農書受け売り（粗放的）でもなければ、道学者的でもなかったことを十分に示すであろう。

なお、安貞（本文）と楽軒（附録）の差異を言えば、安貞自身はあくまで個別作物ごとの農術を説き、基本的に多種作物の複合的栽培法を説くことに禁欲的であったように思われる。それは、個別作物でもそれぞれの土地や気候の状況に応じて勘案・工夫する必要があり、多種複合栽培ではそれがより複雑になるために、単純に模範モデルを提供することは誤解を招くと安貞が考えていたからであろう。これに対して楽軒は、むしろ一歩進めて、農民にとっての多種複合の経営的利点を説き、また、君主（領主）にとっての農政のあり方、農の惣官（郡奉行・村役人）の役割まで、この書をさまざまに活用する方法を説いたのである。

安貞の二つの自序

安貞の自序には、長文のもの（周船寺本および享保版、天明再版本）と短文のもの（神宮文庫本、そのほか多くの元禄初版本）とが知られており、安貞の最終的な意志は加筆充実された方なのか、削除短縮された方なのか。その変更は安貞自身がしたのか。宮崎家に伝来した周船寺本こそが正統と考えられてきたが、「元禄十一年南紀喜多村才兵衛正利奉納」という識語がある伊勢神宮文庫本の方が早い版だとする意見もあり、解決をみていない（小川 一九七一、島 一九九一―九三）。

二つの自序の最大の相違点は、安貞の補訂依頼を楽軒が当初固辞した事情を説明した、原本で一六行にわたる部分の有無である。そこには、彼翁たゞ聖楽をたしみ《（ママ）》、道義を楽むを以てわざとするゆへに、此書を修潤することを末作鄙事とし、老境の楽を妨げん事をおそれてあへてうけごはず

と楽軒が固辞したが、もしこの書が有名になったら貴方の補訂が称賛されるであろうと安貞が述べたので翻意して引き受けたと記されている。儒学者の農学蔑視の象徴として引用される「末作鄙事」はここに出てくる。辞退の理由を益軒叙では高齢、好古後序では自分は「素より窓下蛍雪之行を勉めて、未だ南畝蕉蓑之事を知らず」、机上の学問しか知らず、農事には不案内だからとする。楽軒は六五歳で致仕し、この時七二歳であったから、このような固辞の場面があったことは間違いなかろう。それを農事不案内への謙遜とみるか、農事蔑視の傲慢ととるかは微妙だが、安貞が長い間の友であった楽軒への失望を感じたことも事実であろう。この自序を加筆したのだとすれば、失望と落胆が書き残さざるをえないほど強かったことを示し、逆に削除したのであれば、それを撤回したのだとみることができる。つまり、自序の問題は、楽軒の補訂を安貞がどう評価したかの問題になる。

結論を述べれば、安貞は長い自序から短いそれへ、削除縮減したのである。もう一ヶ所、原本で八行にわたる削除部分がある。それは、本書の農術が広まれば、「龍（脳）・麝（香）・沈丁等」以外は異国から輸入せず、日本で自給できるとした記述に次いで、そのことは「本邦の諸国にしても」同じであって、領国単位での自給が可能になると述べた部分である。この部分は実は「附録」の総括部分に引かれていて、楽軒が「附録」を書いていた時期、一〇年七月刊行の直前には、長文の方の自序が付

されていたことがわかるのである。

京都での補訂を終わらせた楽軒は、一〇年六月二六日に福岡に帰った。七月一二日、安貞が益軒宅を訪れており、七月二三日に安貞は死去した。そのあと八月二三日に遅れて好古が帰福しているが、おそらく七月に京都で刷り上がった初版本を持ち帰るために帰国を遅らせたのであろう。しかし安貞がその刊行本を見ることができなかったことは、後の柳枝軒宛て益軒書状に「宮崎氏の『農業全書』の如く、死後に出来候ては残恨に存じ候」(『書簡文講話及文範』所収)とあることから確実である。

私の推定は、以下のようなものである。元禄九年一一月に執筆された当初の自序は、楽軒補訂の前半段階しか知らない安貞の無念さを吐露した長い自序であった。しかし、翌年七月一二日に安貞が益軒宅を訪問した時、楽軒は京都での自分の補訂作業および巻一一「附録」追加の事情を安貞に報告したのだと思う。楽軒の畿内巡視をふまえた補訂と「附録」を高く評価した安貞は、楽軒固辞の部分を誤解としてすべて削除することにした(領国自給論の部分もあわせて削除したのは、後述するが、福岡藩刊行物となるに及んで、それが藩主批判と誤解されることを懸念したのかもしれない)。もちろん七月に刊行され、好古が持ち帰った初版には長い自序が付されていたはずで、それがまさに宮崎家に伝来した周船寺本であろう。その後、安貞の遺志として彫り直された短い自序に差し替えられたのが神宮文庫本であり、ほかの多くの元禄版であると考えられる。また、益軒・楽軒・安貞の関係者すべてが死去した後の享保版・天明再版においては、版面にもなお大きな余白を残した短い方ではなく、版面の収まりがいい長い方が採用されてしまったということではないか。

益軒の戦略――御領国農民から天下農人衆へ

さて、周船寺本・神宮文庫本にはないのであるが、他の元禄本には、水戸彰考館総裁佐々宗淳《さっさむねきよ》の書状と、既に述べてきた柳枝軒の「口上書」が冒頭に付され、この「佐々書状」は享保本・再版天明本以降にも残る。

まず、柳枝軒の「口上書」について。その冒頭部分、安貞が藩から財政援助を受けたところは先に引用したが、続く部分で、

此書を編集して、御役人衆へ御目に懸けられ候処、則ち御領国農民のために、去年［元禄九年］より板行仰せ付けられ、今度［元禄一〇年］出来仕り、御国中へ悉く流行仰せ付けさせられ候。次而《ついで》に御断り申し上げ、諸方へも出し申し候。

福岡藩の刊行物としての出版と領内普及が命じられたことがわかる。出版費用と領内流布を確実にするために、益軒が取り次いだものであろう。実際、刊行後間もなく藩領内では「此書貯る所之人多く［中略］権貴の家何もこれ有るべく候」という状況になったことが、定直宛て益軒書状（『益軒資料』五）からわかる。

次いで、藩刊行物でありながら、領外・全国販売の許可も得られたとする。「口上書」の後半部は

最後に検討するが、その末尾に「天下農人衆の為にと存じ、此の如くしるし相添え候」とあり、「御領国農民」から「天下農人衆」への展開をみることができる。そのために添付されたのが、水戸光圀が「是人の世に一日も無かるべからざる之書也」と賞したことを報じた「佐々書状」であった。

ところで、柳枝軒は『農業全書』以前にも、貞享二年（一六八五）頃から水戸藩の御用出版を扱い、江戸の書林富野松雲斎との共同出版も行うようになっていたから（倉員 二〇一〇）、水戸藩への依頼は柳枝軒でも松雲斎でも可能であったろうが、井上忠が紹介した元禄一一年四月付の別の佐々書状（『益軒資料』六）によって、当初水戸光圀自身に推薦の序文を依頼したのが益軒だったことがわかる。また、掲載用の「佐々書状」の原稿は、佐々の病気によって結局はこの元禄一一年四月まで遅れるのであるが（その結果、周船寺本・神宮文庫本には付されない）、ほんらいは「佐々書状」が記す元禄一〇年一〇月の日付に間にあうはずだったのであろう。

つまり益軒は、『農業全書』の出版を安貞から柳枝軒に取り次いだ（好古後序）だけでなく、それを福岡藩の刊行物としていったんは刊行させ、さらにその上で全国を対象とした販売を行うために、光圀に推薦文を依頼したのである。これらの点は、無名の著者の書物を出版することに不安であった書肆柳枝軒の要請があったのだろうとされてきたが、それに加えて私は、益軒が藩刊行物にこだわったのは、藩領内の庄屋層をはじめとした読者の存在を具体的に認識していたからであると思う。また、自らの著書ではそうしたことを全くしなかった益軒が、領主的権威の象徴である光圀推薦文を求めたのは、この書の読者が、それぞれの風土に根付いた自らの経験と習慣を変えることが難しい農業生産者としての「農人衆」であることを十分に認識していたからではないかと思う。

三　『農政全書』と『農業全書』――木綿をめぐって

本節では、『農業全書』巻六の第一木綿の項を、『農政全書』巻三五木棉（以下、『政』と略記）と対比させ、翻訳引用のあり方を検討したい。古島は、輸入知識と在来技術を「対立」的にとらえるから、『農業全書』の中から『農政全書』の翻訳部分を「除く」ことによって、「当時の我が国における農耕方法の実情」、「真に宮崎安貞に帰されるべき農学知識の形態」が明らかになるとする。しかしここでは、「除く」のではなく、それがどのように修正されて取り込まれているかに注意したい。

木綿を取り上げる理由は、安貞自身が「凡木綿の作り様にをきては、委しくしるし置ける事、他のうへ物の類ひに非ず」と最も詳細に記したとしていること、後述する同時期の農民的農書『河内屋可正旧記』巻一二との対応を考えるためである。

引用と検証

『農業全書』木綿の項は、冒頭部分で木綿の由来、形状、木綿作の意義などを述べてから、栽培法に移るが、その構成は『政』に倣《なら》っている。形状（木・枝・葉・花・実の大きさや形）は『政』そのま

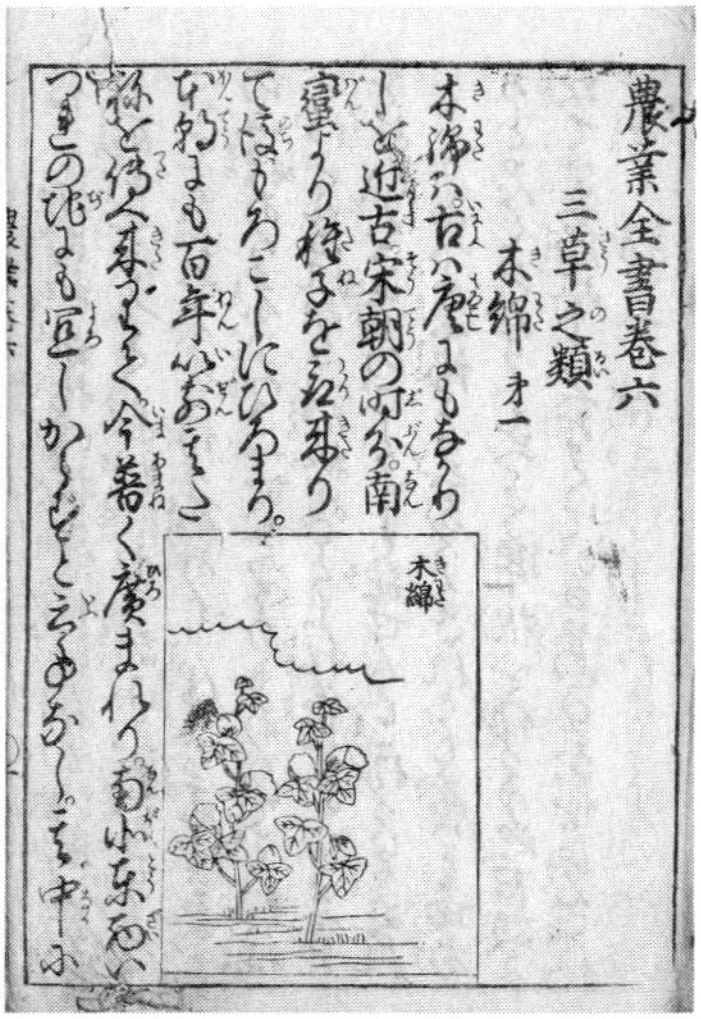

図1　『農業全書』。巻6、第一木綿の部分。

まの訳である。由来では、宋代に南蛮（東南アジア）から中国に伝来し、江南から広く広まったことが『政』から引用されたあと、日本へは百年余前に伝来して広まり、特に河内・和泉・摂津・播磨・備後などで盛んに栽培され、古来、絹を着ることのできない貧士や庶民は防寒が難しかったのに、今では「賤《しづ》山がつの肌までをおほふ」「天下の霊財」となったことを記述する。続いて安貞が、日本での普及の困難さについて、遠国では「今も其作りやうおろそかにて、事たるほど作り出すことなく、科を土地と風気におほせてやみぬる事是多し」というのは、『政』が中国において江南から地方へなかなか広まらないことを「之を風土に託すと雖も、種芸を勤めざる者有り。種芸を勤むと雖も、其法を得ざる者あり」と述べている言葉の論理を借りていると思われる（共通部分に傍線を付す）。

栽培法についてはどうか。まず、間引きの項に注目したい。『政』と『農業全書』を比較する。

・一、二次の鋤の時に、大葉のものを去る。此の大核子は棉が少ない種である。三鋤の後に、小葉のものを去る。此の粃は実ができない種であり、また、実ができても油浥病になる。（『政』）

・一番中うちの時、葉のすぐれて小さくしはみて見ゆるあり。是粃たねの生へたるなり。ぬき捨つべし。二番中うちの時、すぐれて葉の太きが色もこく厚きあり。是大核子とて二粒の性を合せたるなり。是をも同じくぬき去るべし。此等の苗をよく見知りてぬき去らざれば、後太きはますますふとくさかへ、葉ばかりしげりて桃ならず。小葉なるは後あぶら虫付く物なり。（『農業全書』）

後者で安貞は、大葉・小葉を大核子《さね》・粃《しいな》の種子によるものとし、結実しにくいし、虫害・病気になりやすいとして、中耕の際に間引くことをいうが、間引く順が逆になっている。単純誤記の可能性もないではないが、大葉を「すぐれて葉の太きが色もこく厚き」、小葉を「葉のすぐれて小さくしはみて見ゆる」とより具体的に説明していることは、安貞がこの内容を実際に綿作に携わる老農に諮詢して確かめたことを示すものであり、順序の逆転についてもその結果だと考えられるのではないか。

　また、木が大きくなりすぎると葉ばかり繁って花実ができないので、「摘心」を行うことについて、『政』では、中心の心木は高さ二尺ばかりで摘心し、横の枝も一尺半ばかりで摘心すると記すのに対し、安貞は、「唐の書には（横）枝のさきをも留むるとあり、此方にては枝のさきを留むる事はなしといへども、ふとりさかへ様によるべし」と慎重で、「上手の作人ならではなりがたき事」と述べる。

　このように、同じ文章があるからといって、日本農法にそれがなかったわけではなく、おそらくそれを老農に諮詢することによって、翻訳された中国農法と日本農法がすでに持っている在来技術との相違が点検、自覚され、両者の比較選択（検証作業）がなされているのである。安貞が益軒と違って

『政』から引用しながら明示しないことが多いのは、権威主義かどうかではなく、検証し修正していくことで引用関係が不分明になるからであろう。

田畑輪換と麦作・綿作

「来年稲を作らバ当年麦を作るべし。来年木綿を作るべき地ハ、麦を蒔べからずと。是麦作をやめて、其地気を養ふためなり」と、唐の書に記し置り。尤も小麦ハ跡をそくあき、殊に地やせて宜しからず。日本にてハ、木綿を大麦の跡ならでハ作らぬ事とするなり。春畑ハ、夏の初よりきり虫多く、其外色々くせも付物にて、仕立むつかし。然るゆへ、大麦の間を思ハく広くうへ、中うちを冬より度々しをき、草少もなき様にしたるに木綿を蒔を、常法とするなり。

「唐の書〔『政』〕」からの引用と明示された傍線部は、〈稲—麦—稲〉の二毛作に対し、表作に綿を作る場合には〈稲—休—綿〉と、裏作を休耕して地力維持をはかることを述べたところである。また、土地が狭くどうしても麦作を休耕できない場合では、例外的に大麦か裸麦を植えるが、小麦は決して植えてはいけないともいう。これに対し安貞は、ここに挙げたように、「日本にては」小麦こそ作らないが、木綿の前には、休耕ではなく必ず大麦の裏作をする（稲—麦—綿）と、中国農法を基本的に否定している。その理由は、「春畑」（冬期は休耕し、春に耕作をはじめる）は夏に虫害・病気が起こりやすいからだという。

また、乾田で条件がよい場合には、綿を二三年連作したあと稲を植えると（綿用に施した肥料分が残って）収穫が増えるが、綿ばかり三年以上連作すると逆に地力が消耗する。このため、『政』は、休耕期に水を張っておく冬期湛水法を推奨する。冬期湛水法は、『会津農書』や『百姓伝記』にも記されていて、寒地などで一毛作しかできない場合（稲—休—稲）の地力保持として行われていたから（平野 二〇一〇）、安貞はそれを知っていたと思われる。しかし、日本では裏麦作が基本だから、綿連作を繰り返す場合（綿—麦—綿）には、川砂を入れて地気転換をはかって対処し、どうしても「稲の跡に麦を蒔かずして木わたを作る」場合（稲—休—綿）にのみ、冬期湛水法をするという。ここでは中国農法が引用されていないのではなく、基本的な農法と例外的な場合とが逆転しているのである。

このように大麦裏作を必須とする日本農法においては、綿の播種期と麦の収穫期との栽培期間の重複をどうするか、休耕にかわる地力回復をどうするかということが独自かつ基本的な問題になる。

この点で『農業全書』は、第一に播種の方法として、麦を条播するとともに、綿を中蒔き・株蒔き・寄蒔《よせ》きにする三種を述べる。中蒔きは春に麦が収穫される前に麦の条間に植える法、株蒔きは早麦にして収穫後、麦株を掻き崩してその株跡に植える法、寄蒔きは麦の陽当たり側に土を寄せあげてそこに植える法である。第二の地力維持については、肌糞《ごえ》・棒糞・腹糞を説明する。肌糞は種子にあらかじめ灰糞を混ぜて播種する方法、棒糞は綿が双葉の頃に棒で穴を開けて干鰯《ほしか》・油粕《あぶらかす》などを入れ、腹糞はその後何度か水糞（人糞尿）を入れる肥培法である。草木灰を肌肥にする方法は『政』にもみえるが、干鰯・粕肥などの金肥については全く載せない。

この播種法・肥培法の記述は、のちの大蔵永常『綿圃要務』(天保四年=一八三三刊)にほぼ同文のまま採録されており、『農業全書』の綿作記事が長く先進地水準をなしていたことを示す。これに対して、安貞が『政』から取り入れようとした冬期湛水法などは全く採られておらず、淘汰されたことを示すであろう。

四 『河内屋可正旧記』巻一二

『河内屋可正旧記』は、元禄期の畿内農村、河内国大ヶ塚の年寄《としより》をつとめた壺井可正の家訓書としてすでに周知の史料である。しかしその巻一二が農書になっていることは、これまでほとんど検討されたことがない。

巻一二は、冒頭に「雪ハ豊年の御貢物」といった謡の詞章や諺を素材にした、「雪の賦」という俳文を載せたあと、「東作得失之事」と題された一一九条からなっている。可正は後に巻一三で、「木わた・たばこ・麦・米、其外万の作り物の事を、耕作得失の所に書付置し也。是を見て、年々心を尽して農業のつとめやうをしるべし」と書いているから、明確に農書であることを自覚していた。ただ木綿三八条、煙草三九条分は比較的まとまっているが、各条は長短さまざまで、未だ体系立てて分類整理されているわけではない。

巻一二の記述時期は、本文中の記載から元禄八年（一六九五）であることが確定される。『農業全書』刊行の直前である。もちろん入手困難な『農政全書』が読まれていたとは考えられない。つまり『農業全書』刊行に際して、安貞が諮詢した畿内老農のレベルを知ることができるのである。

「農人帳」――記帳と分析、農術の主体

第一に、可正は、熟達した農人になるためには、「農人帳と云日記」を付けよと言う。それには「其田地には何月幾日に木わたをまきし。こやしハいつの比置《ころ》し」、「其畑には木わた多く吹く、此田はあしかりしなど」と毎年詳細に記録し、それを年々取り出して、「其年ハ此の如くせし故、あしかりし。いつの年は此やうにせし故、満作成り」と因果関係を考えれば、自ずから上手に至るべしという。それは、老農がそれぞれの農事経験を通して勘やコツとして体得していくものを、「農人帳」への記入によって、誰もが分析できる方法として提唱されている。

第二に、「己が無情《精》無功をいはずして、得失ハ其者の運と不運とに有、其年の雨露の恩ミによれりなんど、大事の農業を言い破る事なかれ」という。これは『農政全書』の論理を引いて安貞が「科を土地と風気におほせてやみぬる事是多し」と言ったことそのままである。そのほか、「前生の果報力」や「福力（経済力・下人数）」によるという者もいる。また、天災ではどんな上手でも「せんかたなき事也」というが、慶安七年の大旱魃、延宝二・三年の大雨・大飢饉、天和元・二年の大雨、去々元禄

六年の大旱魃などでは、「此中にも、耕作に巧有シ者共ハ、種々の了見をなして、少々利を得たる事有」。結局は農人自身の功無功、努力と農術によると、農術・農法を思考する主体の自立・自覚を説くのである。

木綿栽培での先駆性

木綿について具体的に見る。たとえば、①麦を上々に作ると「木わたの上へこけ《(転)》懸り、ね《(寝)》懸」るのでむしろ悪しく作るようにする。②区画を「長すん（長方形）」にすれば、「麦を一筋蒔て、其両方に木わたを作る故、麦の中にてこゑを置にも、草を引にも、まびくにも自由になる故」手入れしやすい。③事前によく選種しておけば、「一筋の木わたを同じこやしにて作るに」成長に遅速や大小がなく、中耕・肥培なども効果的に行える等々、麦作とその条間の木綿作等は当然の前提になっている。

その上で課題は、綿の実（桃）をいかに多く、また大きく吹かせるかという点にある。

第一に播種方法。安貞のいう中蒔きの場合は「其地を深くかち《(割)》うがつ《(穿)》事あしゝ」と、深く耕起しないようにする。寄蒔きの場合、「麦の根本へよせ置たる土を、足にてふミかため、其上に木わたをまく、「かたまき（固蒔き）」にする。これらは、いずれも「木わたの根ヲ深く土の中へおろさせじとの儀也。木わたの根土の中へ深く入ぬれば、木ふとく大きにできして、わろし。とかく木をほそく、小に作り、もゝ《(桃)》を多く大に作る道理也」と説明される。

第二に摘心について安貞が慎重であったことは前述したが、可正もまた「惣じて立枝の先をとめ、

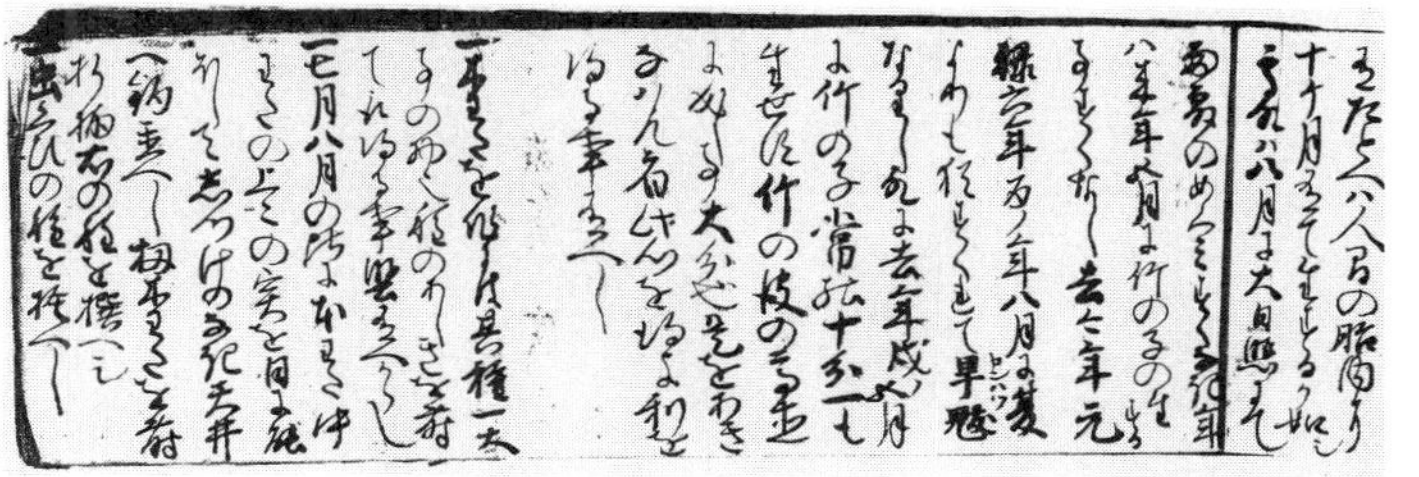

図２　『可正旧記』巻12、木綿の部分。

度々木わたの中へ分入て吟味すべし。もゝの味《（実）》入り能《よく》成て、多くとまる物也」。また、「さりわた」という品種では、「先を遅くとめて、こやしを大分すべし。末に大きなるもゝ大分とまりて、吹出し大也。多く吹物也」と品種・肥培とも連関させて行うことを述べる。

第三に肥培管理について、「木わたを作るに、こやしの時分一大事也。爰元に今迄人々の作りしハ、木を大に作りて、もゝの実入あしゝ。木をちいさく作りて、もゝを大ニ作るべし」という。そして、播種にともなう肌肥《はだごえ》や双葉段階の更肥《さらごえ》（新肥）においては、品質の悪い干鰯や綿実糟を用いるようにし、また根本から少し遠のけて置くよう、肥料の強弱や効能と時期を見極めるべきであるという。

また、これまでは半夏生（七月上旬）の小寄せの時に二番肥を置いたが、木が大きくなるばかりであった。糟は「遅く聞《（効）》物なれば」、土用入（七月中旬）の大寄せの時に施せば、「もゝに聞て、もゝの実入よき故に、吹出すわた大也。枝葉の茂る事なし」。これに対し「きたなこゑ（人糞尿）」は即効性があるから、綿が結実し始めてから、これを薄めて何度も施せばよい。二度目三度目の収穫ができ、「末のもゝに実入よろしくて、大ふくろに吹出す」という。

要するに、いかにうまく綿実を結実させるかという点に集中して、さまざまな方策が試みられているのであり、これらは『農業全書』の一歩先をいくものといっていい。

農書成立の前夜

ところで、摘心について、可正は次のようなエピソードを記す——ある「作人」が薯蕷《ヤマノイモ》を作る際、蔓《つる》先を切り捨て、「先を切て根をふとくたくましうせん」と述べたのに対し、傍らの者が「枝葉が栄えてこそ根も大きくなるものだ」と批判したが、この作人は同意しなかった。秋になって掘ってみれば、蔓先を切ったものの根は小さかった。ここから判断すれば、芋・大根・牛蒡などの根菜類は、「枝葉の多く茂らバ、其根も大ならん」とわかる。しかし「たばこの先を切、木わたの末を留、瓜の蔓先を切て捨るハ、其根にかゝハらざる業なれば、道理至極せり」、つまり枝葉—根の関係と枝葉—花見の関係は別の「道理」だと書いている。ここには、作人のさまざまな経験知が地域社会の中で切磋琢磨され、より一般的に説明する筋道（道理）が見出されていく過程が読み取れる。

また、可正は自分では鎌鍬を取らず、下人に耕作させる手作地主であり、ここに記すことは、自分の農事の直接の成果ではないが、所々の「功有る農夫」から聞き取った教えをまとめたものだという。しかし、武将が戦陣で采配するのと同じように、「農業のつとめやう」をよく知った上であれば、「自身鎌鍬をとらず共、下知だに能なさばしかるべし」（巻一三）。そのために、「今農人の業を書伝へて人に教へ、末の世の者共迄の師とならん」とて「書残す」というのである。ここには、地域の老農の経験を集約・整理、客観化し、それを再び還元していく過程がみられる。

安貞の諮詢した老農はすべて「口づから人におしゆる」ものであったから、「書残す」という表現形態からいえば、可正の農書は先端的な特殊例ともいえるが、内容的には元禄期の畿内老農たちはすでに農民的な農書成立の前夜にあったのである。

五　『農業全書』の読者――甲斐国牢人百姓依田長安など

『農業全書』の読者として、甲斐国の「牢人百姓」依田長安の事例を紹介したい（『依田長安一代記』、横田　二〇〇五）。依田家は戦国〜近世初期に武田家・徳川家に仕えた「武士」としての由緒をもつが、長安の父の時に帰農した。長安は手作地主としての経営に努め、元禄八年（一六九五）に家督を継いだ時三二石ほどであった所有地は、享保一四年（一七二九）の隠居時には二〇〇石を超えていた。隠居に際して「家財諸道具目録」などの家産目録を作成したが、その一部に蔵書目録があり、『農業全書』を所持していた。また同一五年に「依田家訓身持鑑」を作成したが、その中に『農業全書』が引用されている。

家訓の作成

「依田家訓身持鑑」第二三条は、家職としての農業の心構えを説く。その冒頭。

一、農人ハ耕作の事精く勤べし。上古賢君明王ハ農業を重ンし、自ラ大臣のひきひて春の始田に出給ひて、手づから農具を取り、田を犂初給ひしと也。是を藉田と言ふて、政の初とし給へりと。依テ其後天下万民春の耕を始と言り。生養の道ハ耕作を以始とし根本とす政也。農業の道かるからす。（α）当世ハ農業を卑《いやしき》ものと思ひとも、さにハあらず。たとへ卑事にもせよ、其家の家職ならバ、心力をつくしてはげむべし。

これは、安貞『農業全書』巻之一「農事総論」のまさに冒頭部分である（傍線は両者の共通部分）。

それ農人耕作の事、其理り至りて深し。［中略］こゝを以て、上古の聖王より後代賢知の君に至り、みづから大臣のひきいて春の始田に出でて、手づから農具を取り、田を犂き初め給ふ事あり。是を藉田と云ひて、政の初とし給へり。是古の賢君明王は農業を重んじ本をつとめ給へるに依てなり。其後天下の農人春の耕を始むると云へり。［中略］生養の道は耕作を以て始とし根本とすべし。是則ち尭舜の政事也、故に農業の道かゝる所至りておもし。然れば、貴賤ともに此理りを深くかゞみて、専ら心を農桑に留めて、なをざりなるべからず。（α）又一人耕しては十人是を食する分数ある事なれば、農業をつとむる人は心力を尽してはげむべし。

長安が『農業全書』を読み、そこから引用したことが明らかである。安貞が『農業全書』の総論を「藉田」の故事になぞらえて権威付けようとしたように、長安もまたこれによって、農業出精の心構えを子孫に対して権威付けたのである。

しかし違いもある。最後に農業出精を述べる部分（α）で、安貞が、農業は天地を養い、農人一人の生産物が十人の食を保つ職業であるから「農業をつとむる人は、心力を尽してはげむべし」としたところを、長安が「当世は」農業を嫌ぅ人が多くなったけれども、「其家の家職ならバ、心力をつくしてはげむべし」と変えたことである。農人一般の心得を、家の後継者に対する「家職」精励の教訓に読み替えたのである。

これに続いて、安貞『農業全書』は農功の心得を具体的に述べていくのであるが、まず、

抑も耕作には多くの心得あり。先づ農人たるものは我身上の分限をよくはかりて田畠を作るべし。（β）各其分際より内ばなるを以てよしとし、其分に過ぐるを以て甚だあしゝとす。

と、耕作面積は分際（各自の能力）を越えないようにと一般論でいうのに対し、長安家訓は、

然共耕地にハ心得多あるべし、まづ農人は我が身上の分限をはかりて田畑作るべし。（β）当国の内にも村々ニ依テ多少ハあるべけれとも、此辺ハ男女老人に田畠を平し壱反の積りに作ル事よしとすべし。壱反の積りといふハ、男女妻子上下共に馬牛等迄かぞへ、壱人にも壱反、壱疋にも壱反積りに作ルをよしとすべし。壱反積りに作りてハ、譬《たとえば》手前に田畠所持仕らざる者、小作いたしても、渡世ハ楽に送るもの也。

より具体的に「壱反の積り」として述べる。これは甲斐国ないし「此辺」で経験的に知られた基準であり、『農業全書』の一般論を地域的な基準に書き替えているのである。

そのほか長安家訓の、「古語に言ごとく一年の計事《はかりごと》ハ春の耕に有、一日の計事ハ鶏鳴にある事なれハ、明日の日の仕事をハ前の夜より考、日和《ひより》よくハ何々、日和悪敷ハ何々と定置き、暁方おきて天気を見はかり、其日の仕事を定むべし」、「惣して五穀其外菜等何にても種を撰ぶ事肝要第一也」、「下人をつかふ者は心をねんごろに用ひて、仁愛ヲ専とし」云々なども、ほぼ同文が『農業全書』にある。「農具を不足にしてハ、物事はかゆく事なきもの也。ゆへに農具に念を入れてよし」も類似文があるが、長安家訓がこれに続いて、農具とは「扶持方〔給金〕なしの奉公人」であると定義付けたのは長安独自の考察であり、「当世はやる」稲扱《いねこ》き麦扱き（千歯扱き）・千石煽《あお》り（唐箕）・千石通し・摺臼などを挙げるのも、「此辺」における新しい農具の普及を書き加えたのである。

古島が、『農業全書』巻一総論には特に『農政全書』からの引用が多く、儒学教訓的な部分に技術史として取るべきものはないというのは、科学の道徳からの分離を近代化の指標とするからであろうが、長安はこの総論をこそ地域の実情にあわせながら家訓に活かしているのである。

また、第三四条には、「家職を大切に勤、其間にハ農業の書を見れハ耕作の事精《くわしく》知る。其外俗書の類を見れば仁義五倫の道、孝行の事精しく知るべし」と、はじめて〈農書の読書〉が家訓に登場する。家訓は、読者が読むだけでなく、自分の考えを表現する書き手になったことをも示している。

「万覚帳」の作成

この頃、長安は「万覚帳」を作成しているが、これは可正のいう「農人帳」にあたる。その中にたとえば、享保一三年（一七二三）改「田畑諸作仕付、種・糞大積り」があり、

一、五月こへ木葉糞拾駄斗《ばかり》ニ　　屋敷上弐枚分
外ニ刈敷（「弐駄」を抹消）壱駄半斗　　麦から（殻）八わ（把）斗
せうちうから（焼酎殻）粉ニして大升五升斗
籾種壱升五合斗
但し東之方地悪し

などと田畑の一枚ごとに、木葉糞・刈敷・麦殻・焼酎殻（粕）など肥料の種類・量と、籾種の播種量、

耕地の状況が詳細に記載され、「屋敷上」「すい田」などの区域ごとに小計され、刈敷を半駄ずつ減らすような変更記事もある。また享保一〇年「畑作糞大積り之覚」には、煙草糞の量と煙草の苗量、芋・茄子などの野菜と蕎麦についての記事があり、「秋麦こへ之覚」には、「げす（下糞・人糞尿）」の量と小麦・大麦の播種量が記され、「大豆・巨摩《胡麻》・岡ぼ《陸稲》等」には、「げす」量と大豆・陸稲などの播種量が記載されている。これらを区域ごとに整理すると、①〈稲―麦―煙草〉などの田畑輪換多毛作をおこなう所、②稲のみの一毛作の所、③〈煙草―麦―大豆・野菜〉の畑多毛作などの作付け状況が区別できる。つまり、二毛作や田畑輪換にともなって、播種量と肥培管理についてのさまざまな実験が行われているのである。

「秋麦こへ之覚」では、「灰三十俵も入るべし。是ハ草糞ニ作入てよし。油粕成共干鰯成共、田畑弐町ニ新（金）壱両弐分も弐両も買入てよし。蚕糞もよし」と灰糞を大量に投入しており、油粕・干鰯など金肥を購入していることがわかるが、これは『農業全書』巻二「麦」の次の記事に対応する。

又麦こやしの事、先づ蒔くときの肌糞には鰯のくさらかしよし。同じく粉にして灰に合せたるよし。油糟、人糞何れも灰に合せたるよし。麦に灰なくば蒔くことなかれともしるしをけり。［中略］又云く、鰯は沙地、［中略］真土には油糟よし。湿気地は木綿さね《実》のあぶらかすよし。

また、享保二〇年の日記には、毎日の農事が詳細に書かれ、「すい田」などの場所、稲刈・うな《耕》

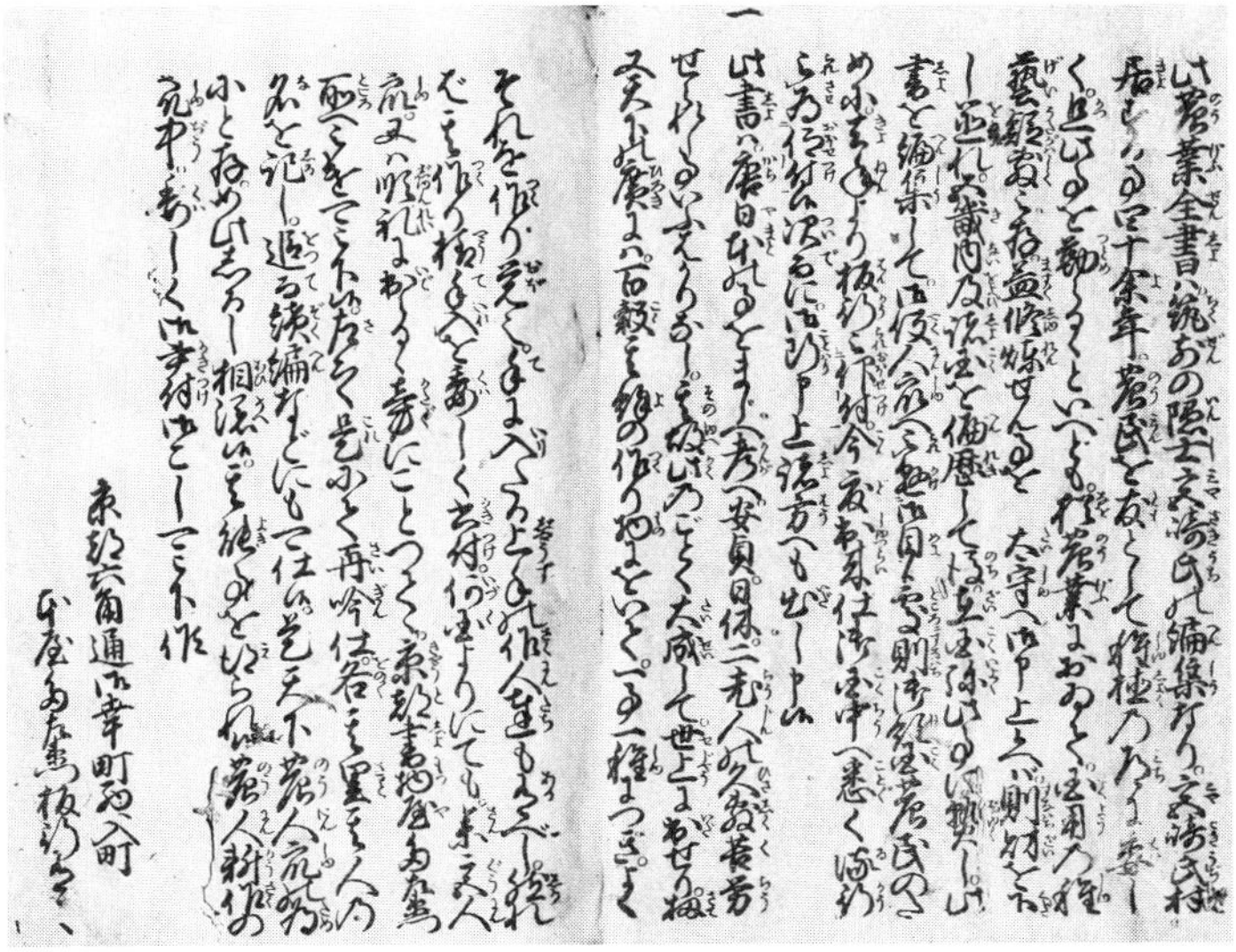

図3 『農業全書』表紙裏に綴じこまれた柳枝軒「口上書」

い・くれ《（畔）》返し・代掻《しろか》き・麦蒔きなどの労働内容（女は稲扱き・木綿取り）、下人などの名前と人数、一人当たりの平均労働面積も算出されている。これが「壱反の積り」の根拠になるのであろう。

このような記帳、実験、農事遂行をなし得る主体は、家訓で求められた農術（農書の読書）と労働倫理（通俗道徳）の主体であり、まさに致知と力行を統一した主体でなければならなかったのである。

柳枝軒口上書——書肆から読者への呼びかけ

柳枝軒の口上書の後半には、以下のようなことが書かれている。

扨《さて》又天下の広にハ、百穀其余の作り物にをいて、一事一種につき、よくそれを作り覚え、手に入たる上手の作人達も有べし。然れば、其作り様、手入を委しく書付、何国よりにても、参宮人衆、又ハ順礼に出らるゝ旁にことつてゝ、京都書物屋多左衛門［柳枝軒］所へ、遣わされ下さるべく候。さ候ハヽ、是にて再吟仕り、各其里其人の名を記し、追而続編などにも仕るべく候。是天下農人衆の為にと存、此くの如くしるし相添候、其能事を得られ候農人耕作の衆中、委しく御書付御こし下さるべく候。

一事一種に秀でた「上手の作人」もあるだろうから、その作り様を書き付けて、全国どこからでも、伊勢参宮人や順礼者に言伝て、柳枝軒へ寄せてほしい。吟味の上、その村名・人名入りで印刷し、続編なども出版するというのである。

そして実際に、享保八年に柳枝軒が、京都の書林景雲堂山本平左衛門との相合版で出版したのが、『農術鑑正記』であった（『日本農書全集』一〇）。著者は「阿州之郷士砂川野水」で、自序によれば「予年久しく病に罹り、片山里に蟄居し、耕作を営ミ暮し」、「先祖より郷に居て、農民の吏司たる事百年に余ぬれは」と、代々の豪農で村役人であったと記す。また、「生付たる耕作に百姓の助力有事を心付、常々農書を校閲、年々近国に往来し老農の稼穡を見習ひ、作り覚し草藁を集む」、「彼『歳時記』『農業全書』に漏たるを補ひ集て」、「猶諸国の土地に厚薄寒暖有ゆへ［中略］国々を見及、村里の老農に尋問」など、㋐営農、㋑農書の読書、㋒老農諮詢という、安貞と同じ作業が行われた。

また、享保一〇年には、丹波の万尾時春『勧農固本録』がやはり柳枝軒から出されている。これは農政者の立場からのものであるが、元禄・享保期には全国一斉にさまざまな立場の農民・村役人・農政担当者らによって農書が作成され始めたのである（平野 二〇一〇）。特に加賀藩の十村《とむら》（大庄屋）土屋又三郎が『耕稼春秋』（宝永四年序）をまとめたこと、対馬藩の郡奉行陶山訥《すやまとつ》庵が、『農業全書』の抜粋録として『農業全書約言』（享保六年序）を書いたほか、対馬藩での農法改革に利用し、また対馬藩の老農たちから聞き取りをした『老農類語』（享保七年序）を編集したこともよく知られている。

その特徴は、もはや中国農書ではなく、出版された『農業全書』が基準農書となり、それとの比較において、各地の老農たちの農業技術が対象化され、一般化がはかられるとともに、地域の個性が自覚化されはじめたことである。

おわりに、農書を農業に関する〈知のあり方の歴史〉として見なおすという当初の問題にかえって、小括と補足をしておきたい。

第一に、農書・農学の成立と展開の筋道について。まず、①可正のような老農が、自らの労働過程・技術・農法を客観化する過程がある。そうした経験知は、地域のなかで相互に批判検証されつつ、より一般化・普遍化されたものになっていく（『河内屋可正旧記』）。そうした過程は全国それぞれの地域で進むが、それだけでは地域レベルの枠を越えられない（安貞の疑問）。そのため、②安貞・楽軒・益軒ら知識人による、一方での隔地間の比較と先進地農法の取り入れ、他方での中国農書による比較基準の導入と体系化、老農諮詢による検証といった過程があり、その先駆として安貞による『農業全書』の編纂に結実する。そして、③この出版農書が成立することによって、各地の地域老農でも（中国農書がなくとも、遠隔地への遊歴をしなくとも）、新たな知識を書物から得られるようになり、それを家訓として取り入れたり（「依田家訓身持鑑」）、それぞれの地域に応じた地域農書が生み出されていく（『耕稼春秋』ほか）。農書の読者が農書の作者になるのである。④さらにそのいくつかには出版の機会が与えられ（柳枝軒「口上書」、『農術鑑正記』）、それがまた地域での基準農書となったり、都市知識人によってふたたび集成されて新しい基準農書が生み出される場合もある（大蔵永常『綿圃用務』）。

つまり「百姓の農書」が独自に成立して、それと対立する「学者の農書」を乗り越えていくというのではなく、生産者農民の経験的な知が知識人の知に媒介されて客観化・対象化され、集約されることで、より普遍化された出版の知となり、そのことが農民自身の経験知を一般化する能力を高め、新たな農民的農書を生み出していくという、両者の循環的関係構造が成立するのである。元禄・享保期の出版文化は、たんに〈本というモノ〉を生産し流通させただけでなく、このような文化的関係を構造化として成立させたことにこそ、その意義が認められねばならない。

したがってその担い手は、「百姓」か「学者」かではなく、村落上層・村役人層から牢人、藩儒、郡奉行クラス、そして都市知識人まで、そのような関係構造を媒介し、体現することのできる、多様な〈身分的中間層〉であることに特質がある。

第二に、出版書肆と益軒等の役割について。『農業全書』出版にあたって、楽軒は校正と文章の補訂をし、「附録」で農人だけでなく、郡奉行や村役人等にとっての本書の活用法を示し、また益軒は福岡藩の刊行物、水戸光圀の推薦などの販売戦略を構想した。

後に益軒は自著『大和俗訓』の出版にあたって、柳枝軒に対し、「毎度貴様より御申付之本、きれいニ風雅ニ而、俗本之如くニいやしからず候而、珍重なるこのミ（好）ニ御座候。板之校正ニ御念を入れ候而、誤も見へ申さず候」と、造本の良さと誤植の少なさを褒め、また、「義理之書、今之人好ミ申さず候とても、無下《むげ》ニうれ申さざるほどニハこれ有るまじきか。かやう之書も世上ニ人知れず候而ハ、はやり申さず候と見へ申し候。何とか世上ニ御ひろめ成さるべく候」（早稲田大学所蔵益軒書状）と、売れにくい本ではあるが、宣伝が重要だと求めている。

このように校正や造本、宣伝などにまで配慮するのが出版における益軒のやり方である。そのほか作物ごとの図像（図1）や一〇頁もの「農事図」の巻頭掲載など図版による紙面構成の工夫、そして書肆から読者への呼びかけとして付された柳枝軒「口上書」など、農業知識をまさに戦略的に新しい書物に仕立てあげ、農民という新しい読者を生み出していくという過程において、編集者・制作者・出版者（エディターやプロデューサー）がもつ独自な役割が、益軒と柳枝軒の協働のなかで自覚化されていったように思われる。読者というものが具体的に見えるようになったことで、書物の形を考えるという役割が生まれたのである。これもまた、近世出版文化成立の指標となるであろう。

参考文献

飯沼二郎編『近世農書に学ぶ』、ＮＨＫブックス、一九七六年
井上忠『貝原益軒』、吉川弘文館、一九六三年
大島真理夫編『土地希少化と勤勉革命の比較史』、ミネルヴァ書房、二〇〇九年
岡光夫・三好正喜編『近世の日本農業』、農山漁村文化協会、一九八一年
小川寿一「農業全書の書誌学的考察」『図書館学とその周辺』、天野敬太郎先生古稀記念会、一九七一年
織田完之『大日本農功伝』、博文館、一八九二年
倉員正江「彰考館編纂書の出版をめぐる諸問題――茨城多左衛門と富野松雲等書肆の関係を中心に」『江戸文学』四二号、二〇一〇年
島正三「古典『農業全書』校勘、その続紹Ⅰ～Ⅲ」『相模女子大学紀要』五四～五六Ａ、一九九一―九三年
筑波常治『日本の農書』、中公新書、一九八七年
永原慶二『新・木綿以前の事――苧麻から木綿へ』、中公新書、一九九〇年
平野哲也「Ｖ近世」、木村茂光編『日本農学史』、吉川弘文館、二〇一〇年
古島敏雄編『日本思想大系　近世科学思想　上』、岩波書店、一九七二年
古島敏雄『古島敏雄著作集』第五巻、東京大学出版会、一九七五年
古島敏雄編『農書の時代』、農山漁村文化協会、一九八〇年
古島敏雄『社会を見る眼・歴史を見る眼』農山漁村文化協会、二〇〇〇年
横田冬彦『日本の歴史16　天下泰平』、講談社、二〇〇二年
横田冬彦「三都と地方城下町の文化的関係」『国立歴史民俗博物館研究報告』一〇三号、二〇〇三年

横田冬彦「「牢人百姓」依田長安の読書」『一橋論叢』一三四巻四号、二〇〇五年
『河内屋可正旧記』、野村豊・由井喜太郎編、清文堂出版、一九五五年
『九州史料叢書　益軒資料』一〜七、井上忠編、一九五五―六一年
『日本農書全集』全七二巻、農山漁村文化協会、一九七七―八三、九三―九九年
『依田長安一代記』、国立史料館叢書七、一九八五年

6 仏書と僧侶・信徒

引野亨輔

江戸時代になつて、封建制度の立てられるに伴ひ、宗教界も亦《また》その型に嵌《はま》り、更に幕府が耶蘇教《やそきょう》禁制の手段として、仏教を利用し、檀家制度を定むるに及んで、仏教は全く形式化した。之《これ》と共に本末制度と階級制度とに依つて、仏教はいよいよ形式化した。寺院僧侶の格式は固定し、尊卑の階級煩はしく、元来平民的に起つた各宗派も、甚しく階級観念に囚はれ、僧侶は益々貴族的になり、民心は仏教を離れ、排仏論は凄まじく起つた。仏教は殆《ほとん》ど麻痺状態に陥り、寺院僧侶は惰性に依つて、辛うじて社会上の地位を保つに過ぎなかつた。

右の引用文は、辻善之助が『日本仏教史　近世篇』の結語として述べたものであり、仏教史研究者なら一度は目にする有名な文章である。江戸時代の仏教信仰や僧侶を「堕落」した存在とみなす辻の主張は、その後大きな影響力を保持することとなり、仏教は長らく江戸時代を論じる素材として魅力のないものでありつづけた。

しかし、昨今の近世仏教史研究に目をやると、状況が一変しつつあることに気づかされる。例えば大桑斉《おおくわひとし》は、寺檀《じだん》関係に基づく日常的な僧侶と信徒の交流に伴い、広範な人々が自らに最も適合的なかたちで仏教思想を受容し、再構成した時代こそ江戸時代であると主張する。より具体的にいえば、これまで民衆によって主体的に捉えられることのなかった「因果・無常」や「煩悩即菩提《ぼんのうそくぼだい》」といった仏教的観念が、江戸時代には通俗的な文芸作品のなかにまで登場し出し、初めて彼ら自身の思想になる――大桑の表現を借りるならば、日本社会に仏教が「土着」する――というわけである（大桑編 二〇〇三）。

また末木文美士《すえきふみひこ》も、大桑の提言を受けて地域の文化センターとなった寺院を評価するとともに、近世学僧による教学研究の精緻化にも注目する。徳川幕府の後押しもあり、江戸時代前期の仏教諸宗は、僧侶養成機関である檀林《だんりん》・学林《がくりん》を整備していった。そこでの学問研鑽は後述するように出版物を大いに活用するものであったから、中世的な口伝・秘伝の世界は衰退し、替わって文献主義的な教学研究が確立されたという（末木 二〇一〇）。

そもそも辻の「堕落論」とは、近代の僧侶に対して堕落から覚醒せよと呼びかける政治的性格を帯びており、必ずしも実証的に事実を述べたものではなかった（クラウタウ 二〇一二）。それに対して大桑・末木は、「実は堕落していない近世仏教」という対抗的言辞にこだわることなく、近世仏教の新たな位置づけを試みることで研究を刷新したといえる。

さて、以上のように、昨今の日本近世史研究において、仏教という素材に新たな価値が見出されつつあるわけだが、本章ではそうした動向を踏まえ、近世出版史のなかの仏書出版にスポットを当ててみたい。ちなみに、書物史・出版史も一昔前まではけっして多くの注目を浴びる分野ではなかった。江戸時代の被支配層は、徳川幕府の統制によって文字文化から阻害された存在と捉えられ、書物・出版は近世社会全般を論じる上で重要な要素とはみなされなかったのである。しかし近年では、徳川幕府の支配が文字を読む被支配層を前提として成り立っていたとする見解も浸透しつつあり（横田 二〇〇二）、読書をする近世人への注目は日々高まっている。そこで本章では、江戸時代に人々が読んださまざまな書物のうち、仏書ははたしてどのような位置にあったのかを探っていきたい。

一　書籍目録のなかの仏書

書籍目録とは

昨今、研究者のあいだで江戸時代の読書に注目が集まっていることは既に述べた。例えば横田冬彦は、続々と『徒然草』の注釈本が刊行され、初学者の登竜門となっていく状況を鑑みて、江戸時代こそ『徒然草』が「国民的古典」となった時代であると指摘する（横田 二〇〇〇）。また若尾政希は、

『太平記』講釈のネタ本である『太平記評判秘伝理尽鈔《りじんしょう》』が刊本となって広範に読まれたことにより、江戸時代の人々はその読書体験から得られた軌範意識を共有して行動していたと論じる（若尾 一九九九）。

なるほど、『徒然草』や『太平記』は江戸時代の人々が共有知を増大させていく過程で圧倒的な影響力を有した書物であり、時代を象徴する存在といえる。しかし、江戸時代を通じて出版された書物が膨大な量にのぼることを考えると、全般的にどのようなジャンルの書物が本屋にとっての主力商品であったのか、時期ごとに概観する作業も不可欠であろう。そこで注目してみたいのが、江戸時代に出版された幾つかの書籍目録《しょじゃくもくろく》である。

書籍目録とは、有志の本屋が当時刊行されていた書物を逐一列記し、新たな書物購入を検討する際の検索ツールとして売り出したものである。商業出版が成立した江戸時代に相応しく読者の購買意欲を巧みに刺激する商品であるが、寛文《かんぶん》年間（一六六一―七三）に『和漢書籍目録』が初めて刊行されると、以後も繰り返し同様の企画がなされ、享和《きょうわ》元年（一八〇一）の『合類《ごうるい》書籍目録大全《たいぜん》』を最後にその姿を消す（岡村 一九九六）。江戸時代にどのような書物が出版されたかを概観するには、最適の資料といえよう。

実学書（暦占・軍書・医書 etc.）	実用書（謡・茶道・立花・手本書etc.）
433	364
726（重出:399 新出:327）	806（重出:338 新出:468）
357	693
159	848
253	1019

書籍目録の分析

表1　書籍目録からみた分野別出版書数

	仏書	儒書（諸子・漢詩文・伝記・故事を含む）	正史・神書・有職	文学書（和歌・俳諧・草紙 etc.）	字辞書
寛文10年版	1690	536	79	686	76
元禄5年版	2807（重出：1534 新出：1273）	880（重出：473 新出：407）	135（重出：72 新出：63）	1659（重出：662 新出：997）	179（重出：72 新出：107）
享保14年版	1328	454	96	354	58
宝暦4年版	435	421	40	701	71
明和9年版	452	570	34	471	86

さて、表1は右のような問題意識に基づき、『江戸時代書林出版書籍目録集成』に所収される寛文一〇年（一六七〇）版『増補書籍目録』、元禄五年（一六九二）版『広益書籍目録』、享保一四年（一七二九）版『新撰書籍目録』、宝暦《ほうれき》四年（一七五四）版『新増書籍目録』、明和《めいわ》九年（一七七二）版『大増書籍目録』を取り上げ、そこに書き上げられている書物の数をジャンルごとにまとめたものである。

やや煩雑な説明となるが、まず取り上げた五つの書籍目録について、その資料的な性格を紹介しておきたい。享保一四年版、宝暦四年版、明和九年版の三つを取り上げた筆者の意図は明白である。これらは先行する書籍目録の刊行以降、二〇～三〇年のあいだに新しく出版された未収録書を書き上げたものであり、お互いの数値を比較しやすい。寛文一〇年版も、「増補」とは銘打たれているものの、出版黎明期の寛永《かんえい》年間（一六二四―四四）以降に出された書物を網羅的に書き上げたものであるから、他の書籍目録との比較を行うことは、ある程度可能であろう。

問題は元禄五年版であり、これは寛文一〇年版の収録書も再収録した増補版としての性格が強い。そこで表1には、寛文一〇年版と重複する書物を「重出」、元禄五年版で新しく登場する書物を「新出」と区分して、その数値を記した。他の目録と比較する際には、「新出」の数値が寛文一〇年から元禄五年のあいだに出版された書物の目安となるわけである。

書物の分類方法についても簡単に触れておくと、「儒書」には諸子・漢詩文・伝記などの漢文献を含んでいる。「文学書」には、和歌・連歌・俳諧・狂歌に加えて、物語・草紙《そうし》類をカウントした。暦占書・軍書・医書は「実学書」にジャンル分けし、謡本《うたいぼん》・往来物《おうらいもの》・茶道・料理書・名所記・雛形・手本・石摺《いしずり》は「実用書」とした。

なお、若尾政希が的確に指摘するように、江戸時代の人々にとって、例えば軍書は時に娯楽書であり、時に教訓書であり、時に歴史学習の書でもあった（若尾 二〇〇五）。つまり、現代人の感覚で江戸時代の書物を分類することは、危険な行為でもあるわけだが、今回は仏書と他のジャンルの比較を容易にするため、あえて表のような分類を用いてみた。

出版黎明期の本屋と仏書

さて、江戸時代の出版状況を概観する準備が整ったわけだが、表1から端的に読み取り得るのは仏書の圧倒的な存在感であろう。寛文一〇年版で全体のなかに占める仏書の割合を探ると約四四％に及び、元禄五年版の新出書の数値でみても仏書は約三五％、享保一四年版でも約四〇％を占める。もちろん、書籍目録は一冊一冊の書物がどれぐらい版を重ね、ベストセラーになったか否かまで追跡できる資料ではないため、この数値でもって江戸時代前期に読まれた書物の半数近くが仏書であったと結論するわけにはいかない。また、宝暦四年版に至って仏書の割合が一六％程度に落ち込み、明和九年版でも同様の傾向が続くなど、享保年間を境として仏書に急速な停滞が訪れることも見逃してはならない点である。

しかし、書籍目録に載る書名の半数近くが仏書であるならば、その仏書こそ江戸時代前期の商業出版を支えた主力商品とみて間違いあるまい。そして、仏書の優位は黎明期の一過性的なものにとどまらず、元禄・享保期という出版文化の全面的開花期にまで及ぶのである。ちなみに、江戸時代に入って存在感を増すとされる儒学であるが、儒書が書籍目録のなかで占める割合は、享保年間までみれば仏書の三分の一程度に過ぎない。本旨からはやや逸れた考察となるが、書籍目録に載る書名数を着々と増やし、仏書を凌駕することになるのは、謡本・往来物など庶民層も日常的に使う「実用書」のジャンルであった。

ともあれ江戸時代前期の出版界において隆盛を誇ったのは仏書である。そのことは、出版黎明期を支えた本屋に注目しても明らかである。表2は、『増訂慶長以来書賈《しょこ》集覧』を利用して慶長年間（一五九六—一六一五）から承応《じょうおう》年間（一六五二—五五）までの創業とされている主な本屋を抜き出したものである。いわば日本史上最も早くその活動が確認できる営利目的の本屋といってよい。これら出版黎明期の本屋のなかには、書籍目録の分析を裏づけるように、仏書を専門とするものが多くみられるわけだが、今回さらに注目してみたいのは店舗の所在地である。一見して分かるとおり、ほとんどの本屋は京都で活動を開始しており、しかも寺院の密集する区域や大寺院の門前に店舗を構えるケースが大半を占める（蒔田 一九八二）。江戸時代当時の京都は、寺院や一部の公家《くげ》が仏書・儒書・有職書《ゆうそくしょ》など和漢の古典テキストを独占し、圧倒的な文化的力量を誇る都市であった。なかんずく寺院は、五山版《ござんばん》など商業出版成立以前から独自の出版活動を行い、木版印刷に関する高い技術も保持していた。出版黎明期の本屋は、寺院が持っていた印刷技術を引き継いで必然的に京都という町に出現し、自然な流れで仏書を主力商品に見定めていったともいえる。

ただし、以上のような推測にはいくつか疑問の残る点もある。まず一点目として、寺院はなぜ江戸時代も全面的に仏書出版の担い手でありつづけなかったのか。後述するように、教えの記された書物を商業出版に頼って流布させることは、仏教界に数々の不都合をもたらす結果ともなった。それにもかかわらず、江戸時代の仏教諸宗が、仏書出版の権限を本屋に移譲していく背景に迫らねばなるまい。

また、中世に出版された寺院版は、基本的には「配り物」として限られた知人にのみ頒布される贈答品であった。中世以来の読書人口では商業出版の支えとなり得ないはずの仏書が、江戸時代に一躍本屋たちの主力商品となっていく要因も解き明かす必要がある。

右に掲げた疑問を切り口として、江戸時代の仏書出版とその特徴に迫ることが、筆者に課せられた課題ということになる。

表2　江戸時代初期から活動が確認できる主な本屋

本屋名	店舗所在地	主な専門分野	備考
金屋長兵衛	京都二条通御幸町西入北側	観世流謡曲本	貞享2年版『京羽二重』で謡本を専門に取り扱う書物所として紹介される
杉田勘兵衛	京都三条東洞院諏訪町	仏書・仮名草子	—
田原仁左衛門	京都二条通鶴屋町	儒書・仏書	貞享2年版『京羽二重』で禅書を専門に取り扱う書物所として紹介される
武村市兵衛	京都二条通東洞院東入	儒書	貞享2年版『京羽二重』で安斎書(※山崎闇斎派の儒書)を専門に取り扱う書物所として紹介される
丁字屋九郎右衛門	京都五条橋通扇屋町(後に東六条下数珠屋町)	仏書	貞享2年版『京羽二重』で一向宗を専門に取り扱う書物所として紹介される
堤六左衛門	京都要法寺前町	仏書	—
鶴屋喜右衛門	京都二条通御幸町西入南側(後に寺町通夷川上ル町)	浄瑠璃本	—
中野市右衛門	京都寺町通四条上ル	儒書・仏書・医書	初代中野市右衛門(道伴)は初代中野小左衛門(道也)の兄
中野小左衛門	京都三条通寺町西入(後に寺町通五条上ル町)	儒書・仏書・仮名草子	貞享2年版『京羽二重』で真言書を専門に取り扱う書物所として紹介される
西村又左衛門	京都寺町誓願寺前	仏書・節用集・往来物	—
風月庄左衛門	京都二条通衣棚東南角	儒書・医書	貞享2年版『京羽二重』で儒医書を専門に取り扱う書物所として紹介される
前川茂右衛門	京都四条寺町	仏書	宝永2年版『京羽二重』で真言書を専門に取り扱う書物所として紹介される
村上勘兵衛	京都二条通玉屋町(後に二条通車屋町角)	仏書	貞享2年版『京羽二重』で法花書を専門に取り扱う書物所として紹介される
八尾助左衛門	京都三条寺町誓願寺前(後に寺町通本能寺前)	儒書	—

二　檀林・学林の創設と仏書出版

檀林・学林とは

さて、出版黎明期の本屋たちを支えた主力商品は仏書であったが、その意味をより深く考察するには、僧侶養成機関としての檀林・学林に注目する必要がある。僧侶の養成はもちろん江戸時代以前から行われてきたわけだが、その実態は各地に独自の門流《もんりゅう》が乱立する地方分権的なものであり、かつ師から弟子へ秘伝書の筆写を許すことにより修学の完了とみなすような閉鎖的性格を強く帯びていた。しかし、江戸時代の僧侶が宗門改《しゅうもんあらた》めという公務を担い始めると、僧侶資格の付与にも明確な基準が求められることとなり、仏教諸宗は檀林・学林の整備に取り組んでいった（西村 二〇一〇）。

天台宗でいえば、天海《てんかい》（一五三六―一六四三年）は徳川家康・秀忠・家光の三代にわたって帰依をうけ、寛永寺《かんえいじ》を創建するとともに、関東八檀林を整備している。浄土宗では、増上寺《ぞうじょうじ》の住職をつとめた存応《ぞんのう》（一五四四―一六二〇年）が、徳川家康の後ろ盾を得て、関東十八檀林を選定した。浄土真宗でも、寛永一六年（一六三九）に西本願寺内に学寮《がくりょう》が創設され、異安心《いあんじん》（いわゆる異端派）騒動によって一度は破却されたものの、元禄八年（一六九五）には学林と呼称を変えて再建された。他方、東本願寺では寛文五年（一六六五）に学寮が創設され、江戸時代を通じて機能した。真言宗では、根来寺《ねごろじ》の系譜をひく奈良長谷寺《はせでら》と京都智積院《ちしゃくいん》で教学研究が盛んとなり、学山《がくさん》としての地位が確立された。

これら江戸時代の檀林・学林に特徴的な動向は、浄土宗が檀林での修学一五年、浄土真宗西本願寺派が学林での修学三年を住職就任に最低限必要な条件と定めたように、一宗派の僧侶資格が明確に檀林・学林での修学と結びつけられた点である。西本願寺学林には最盛期で千人以上の所化《しょけ》（修行中の僧侶）が懸席《けんせき》しているが、この数は西本願寺派僧侶にとって学林こそ唯一の住職資格認定機関であったことを象徴的に示している（足利編 一九三九）。当然こうした体制下で、中世的な「八宗兼学《はっしゅうけんがく》」の僧侶は姿を消すこととなった。

また、檀林・学林での修学内容が一元的に整備されていったことも、江戸時代の仏教界を考える上で見逃せない。例えば西本願寺学林では、初代能化《のうけ》（学林の長）となった西吟《さいぎん》が『正信偈要解《しょうしんげようげ》』を、二代能化の知空《ちくう》が『往生論註翼解《おうじょうろんちゅうよくげ》』・『安楽集鑰聞《あんらくしゅうやくもん》』をそれぞれ執筆・刊行しているが、『正信偈』・『往生論註』・『安楽集』はいずれも浄土真宗の基礎となる聖教《しょうぎょう》である。ここに学林のトップが定めたテキストによって仏典講釈を進めようとする両能化の意志を読み取るのは容易であろう。こうして、檀林・学林での修学内容は、諸門流が分立する中世段階と比べると格段に統一性を増し、大量の所化を前にして行われる一斉教化の性格をあらわなものとしていった。

日蓮宗檀林の成立と村上勘兵衛

檀林・学林が僧侶資格の授与機関として公認され、そこで統一的な一宗派の教学が探究されたことは、仏書出版の隆盛と深く関わっている。以下では、ここまで触れてこなかった日蓮宗を事例として、僧侶養成機関の確立と仏書出版の深い結びつきを考察してみたい。

　日蓮宗の檀林整備については、冠賢一《かんむりけんいち》の研究に詳しい（冠 一九八三）。冠によれば、日蓮宗教団から中世的な門流分立の雰囲気を一掃した立役者は日遠《にちおん》（一五七二―一六四二年）とその弟子である。弱冠二八歳で下総飯高《しもうさいいだか》檀林の三代化主《けしゅ》（檀林の長）となった日遠は、多くの弟子を育成して諸檀林に化主として送り込み、関東八檀林・関西六檀林の基礎を築いた。日遠の教えを引き継いだ弟子たちは、教学指導にあたっても師の『法華《ほっけ》玄義《げんぎ》聞書《ききがき》』・『法華《ほっけ》文句《もんく》随聞記《ずいもんき》』などを重視し、これらをテキストとして仏典講釈を行った。こうして日蓮宗諸檀林の修学内容は、一躍その統一性を高めることになった。

　冠の研究において興味深いのは、日蓮宗学書出版の担い手として、村上勘兵衛という本屋に注目しているところである。村上勘兵衛は、表2にもその名を確認できる京都の老舗本屋であり、三代当主宗信《むねのぶ》（?―一六三三年）の頃から熱心な日蓮宗信奉者となっていた。そして、父親の意志を継いだ四代元信《もとのぶ》（?―一六八二年）は、武村市兵衛・山本平左衛門・八尾甚四郎と連合して「法華宗門書堂《ほっけしゅうもんしょどう》」を結成し、寛文年間に集中して大量の日蓮宗学書を出版した。寛文九年（一六六九）に法華宗門書堂が出版した書物は百点以上にのぼるが、既刊本の板木《はんぎ》を他の本屋から買い取って再版しているケースも多い。連合書林結成の目的は、おそらく板木買い取りの資金確保であろう。それでは、村上勘兵衛元信がわざわざ板木を買い取ってまで日蓮宗学書を独占販売しようとしたねらいは何か。法華宗門書堂が出版した書物のなかに日遠の著作が九点含まれていることからしても、元信が檀林整備による仏書需要の増大を鋭く見抜いていたのは明らかである。日蓮宗教団と結びつきの深い元信は、檀林入門者によって大量購入が見込まれる書物に関して教団から何らかの情報提供を受け、確実に売れる「檀林教科書」の取り扱い店となる道を画策したといえよう。

以上、冠の研究は、特定の本屋と仏教教団の結託によって、檀林入門者という新たな書物購読層に大量の仏書が売りさばかれていくからくりを、みごとに解き明かしたものであった。ちなみに、江戸時代前期において、一軒もしくは数軒の本屋が特定の宗派に関する仏書を独占販売していく状況は、日蓮宗に限られたものではない。運敞《うんしょう》（一六一四—九三年）と亮汰《りょうたい》（一六二二—八〇年）は、それぞれ長谷寺と智積院の化主をつとめ、真言教学の基礎を築いた学僧であるが（櫛田 一九六四）、彼らの著作刊行に際しては非常に高い割合で前川茂右衛門《まえかわもえもん》という本屋が関与している。前川茂右衛門もまた、表2にその名を登場させる京都の老舗本屋であり、特に真言書を専門として取り扱っていた。長谷寺・智積院と前川茂右衛門の直接的な関係を示す史料は未だ確認できていないが、彼を真言書出版へ向かわせた背景として、両学山で真言教学を学ぶ所化の増加があったことは間違いない。

時期的にはやや遅れるものの、東本願寺の御用《ごよう》書林となる丁字屋九郎右衛門《ちょうじやくろうえもん》、浄土宗知恩院《ちおんいん》の御用書林となる沢田吉左衛門《さわだきちざえもん》なども、村上勘兵衛に類似する存在と捉えるならば、檀林・学林の整備と仏書出版の結びつきは、近世仏教全般の傾向であったと判断し得る。京都に登場した黎明期の本屋たちにとって、資本確立への確実な手段は、儒書の販売でもなければ俳諧書・草紙類の販売でもなく、地方寺院から住職資格を求めて上京してくる僧侶たちに「檀林教科書」という不可欠のテキストを売り捌《さば》くことだったのである。

以上のように理解するならば、享保年間あたりを境として仏書販売が急速に停滞していく理由も明らかになろう。カリスマ的な師が聖教伝授によって弟子に教えを伝えている中世段階では、教えの伝播は限定的な範囲にとどまっていた。しかし、檀林・学林で大量の所化に対して一斉教化が施されるようになると、教えの開放性はおのずと高まっていく。しかも、住職資格を得た所化たちがそれぞれの故郷に戻ると、刊本化された均質な聖教は各地の寺院で蔵書となっていくのである。そうなれば、次世代の所化たちがいつまでも「檀林教科書」を買いつづける理由はなくなる。江戸時代の始めに基礎経典やその副読本を固定化させた宗派（例えば日蓮宗）ほど、右の傾向は顕著であったと考えられる。

もちろん、江戸時代は現代と異なり、非常に長いタイムスパンで一つの板木が使用され、後刷《あとず》り本が繰り返し販売される時代であるから、新刊本が出ていないという事実のみで、仏書出版の停滞を速断するわけにはいかない。また、特定宗派の御用書林となった村上勘兵衛や丁字屋九郎右衛門らは、本山が板木を直接所有する「御蔵版《ごぞうはん》」についてもその管理を委託されるようになり、手数料を徴収して代理出版している（宗政 一九八二）。仏書は幕末に至るまで京都の老舗本屋にとって魅力的な商売道具でありつづけた。ただ、享保年間あたりを境として、仏書販売が出版界全体を活性化させる時代は過ぎ去り、仏教教団と本屋の蜜月時代は次第に幕を下ろしていったのである。

三　宗教知と商業出版の葛藤

浄土真宗教団と偽書の氾濫

享保年間以降の停滞についてはひとまず話を終え、ここでは商業出版に支えられた仏書の流行について、前節とはやや異なる視点から考察してみたい。仏教教団の立場からすれば、檀林・学林に次々と地方寺院の住職候補生が入門し、一斉教化を受けるという事態は今まで経験したことのないものであった。そこで、法華宗門書堂のような本屋が、「檀林教科書」として一字一句違わない刊本テキストを大量に提供してくれることは、歓迎すべき状況であったといえる。すべての所化が均質なテキストを手にすることで効率的な一斉教化が初めて可能になったわけであるし、そこから文献主義的な教学研鑽の道も開けた。

しかし、各地に諸門流が乱立する中世段階を脱却し、中央檀林による統一的な教学の独占を図っていた仏教教団にとってみれば、肝心な聖教の出版権を営利目的の本屋に握られることは、必ずしも好ましい状況ではなかった。江戸時代の仏教教団は、宗教知をめぐって商業出版といかなる対立・協調関係を取り結んでいったのか。以下、仏教諸宗のなかでも特に本屋仲間との争論が激しかった浄土真宗に注目し、考察を加えてみたい。

浄土真宗教団にとって、商業出版からもたらされた最大の問題は、「偽書」の氾濫であった。ここでいう偽書とは、著者を親鸞・蓮如といった歴代宗主《しゅうす》に仮託しつつ、内容的には浄土真宗の教えから逸脱している書物のことである。例えば正保《しょうほう》四年（一六四七）に出版された『一宗行儀抄《いつしゅうぎょうぎしょう》』などは、最初期に登場した刊本の偽書といえる。というのも『一宗行儀抄』は、「愚禿親鸞作」と銘打ちながら、阿弥陀一仏に信仰心を集中させる浄土真宗の教えとは、正反対の主張を展開しているからである。

我末流《わがまつりゅう》ニハ深ク邪法《じゃほう》外道《げどう》ノ教ヲ禁ズベク候《そうろう》。構テ構テ末世《まっせ》ニ親鸞ガ名ヲ引立テ、、念仏宗ノ顔ヲヨゴサセ給《たま》フナ。此一宗ノ行儀ハ、信州戸隠《しんしゅうとがくし》ノ権現《ごんげん》ト箱根ノ権現トノ御示現《ごじげん》ニヨテ、定オキ候。我末流ニ神ヲ軽《かろん》じメテ神罰アタリテ他宗ニ笑レ玉《たま》フナ。

（『真宗史料集成五　談義本』）

浄土真宗の教えは、日本の神々が私の前に現れて定めたものだから、神様を軽んじることは許されない。おおよそ親鸞の発言とは思われない右のような叙述が、『一宗行儀抄』のなかでは繰り返される。こうした偽書が登場する背景はどこにあったのだろうか。

浅井了宗《あさいりょうしゅう》の考察を踏まえると、それは以下のような事情によっていた（浅井　一九五八）。既述のとおり、中世仏教において師から弟子への聖教伝授は、師資相承《ししそうしょう》の重大なイベントであった。革新的仏教勢力とされる浄土真宗でも、その慣行は強固に存在し、破門した弟子に聖教の返還を求めることさえしばしばあった。聖教の所持自体が僧侶の権威を保証するこうした状況下で、信徒掌握の必要性から各地で捏造されたのが、親鸞や蓮如を著者に仮託する『一宗行儀抄』のような偽書であったと考えられる。

もっとも、中世に偽書が効力を発揮する場面は、ある程度閉鎖的な集団内に限られていたわけだが、商業出版が発達した江戸時代になるとそれらは予想外の普及をとげていった。曹洞宗《そうとうしゅう》の僧侶であり、仮名草子《かなぞうし》作家としても有名だった鈴木正三《すずきしょうさん》（一五七九―一六五五年）は、江戸時代になると仏書が飛ぶように売れたため、古めかしい法語が見つかれば民間の本屋が競って出版したと、当時の社会状況を語っている。庶民教化に心がけ、平易な内容で記された浄土真宗僧侶の著作も、本屋にとってみれば幅広く売り上げが見込まれる商品であり、教団サイドの要望など取り入れる暇もなく出版されていったのである。

商業出版の繁栄とともに偽書が氾濫していく様相を、元禄・享保期に盛んに出版された「〇部聖教」に注目して確認しておこう。表3は、「〇部聖教」の書名を有する浄土真宗の聖教集を、佐々木《ささき》求巳《もとみ》『真宗典籍刊行史稿』に基づいて列挙したものである。一見して分かるように、現在まで「聖教」としての扱いを受けつづけている書物は三三部中わずかに三部であり、後はすべて偽書とみなされている。しかもこれらのなかには、「阿字《あじ》ハコレ胎蔵界《たいぞうかい》ノ大日《だいにち》、弥字《みじ》ハ是金剛界《これこんごうかい》ノ大日、陀字《だじ》ハコレ蘇《そ》悉金剛界《しっこんごうかい》ノ大日」といった具合に、異端的な教学理解を示す叙述もしばしばみられた。加えて「〇部聖教」は親鸞や蓮如を好んで著者に仮託しており、中世に捏造され各地の寺院に眠っていた偽書が、民間の本屋の手を経て出版されたものとみて間違いない。そのような書物が、まがりなりにも

四部聖教	正徳五年(一七一五)	金屋半右衛門	一念発起鈔	蓮如に仮託 ⇒現在は否定	—
			唯信鈔議	如信に仮託 ⇒現在は否定	—
			南無之釈	蓮如に仮託 ⇒現在は否定	—
			本願帰命之十ヶ条	源空(法然)に仮託 ⇒現在は否定	—
四部聖教	正徳六年(一七一六)	金屋半七	無為常住聞書	親鸞に仮託 ⇒現在は否定	—
			謝徳大意鈔	存覚に仮託 ⇒現在は否定	—
			真宗大綱御消息	蓮如に仮託 ⇒現在も諸説あり	後に『真宗法要』・『真宗仮名聖教』に『教行信証大意』の書名で所収された真撰の真宗聖教
			真宗教化集	覚如に仮託 ⇒現在は否定	—
六部聖教	享保二年(一七一七)	松本屋九兵衛・金屋半右衛門	随聞書	存覚に仮託 ⇒現在は否定	—
			疑破執真鈔	親鸞に仮託 ⇒現在は否定	—
			仏道修行教文	蓮如に仮託 ⇒現在は否定	—
			念仏行者用心集	覚如に仮託 ⇒現在は否定	—
			推末鈔	親鸞に仮託 ⇒現在は否定	—
			直心集	覚如に仮託 ⇒現在は否定	—

表３　「○部聖教」の出版状況

書名	刊行年	板元	所収本	著者（仮託を含む）	備考
五部聖教	貞享四年（一六八七）	梅村弥右衛門	本願鈔	親鸞に仮託 ⇒現在は否定	『真宗法要』・『真宗仮名聖教』に所収された『本願鈔』とは異本
			願々鈔	覚如	後に『真宗法要』・『真宗仮名聖教』に所収された真撰の真宗聖教
			本願成就聞書	親鸞に仮託 ⇒現在は否定	—
			安心略要集	親鸞に仮託 ⇒現在は否定	—
			聖人登山状	源空（法然）	—
七部聖教	元禄三年（一六九〇）	俣野七郎兵衛・武田治右衛門	真宗意得鈔	蓮如に仮託 ⇒現在は否定	—
			因果鈔	存覚に仮託 ⇒現在は否定	—
			信行一念鈔	蓮如に仮託 ⇒現在は否定	—
			念仏往生義	蓮如に仮託 ⇒現在は否定	—
			三身六義	覚如に仮託 ⇒現在は否定	—
			本願信心鈔	存覚に仮託 ⇒現在は覚如の撰述とする	後に『真宗法要』・『真宗仮名聖教』に『本願鈔』の書名で所収された真撰の真宗聖教
			肝要集	存覚に仮託 ⇒現在は否定	—
三部聖教	元禄五年（一六九二）	鳥養屋久右衛門	本願文聞書	蓮如に仮託 ⇒現在は否定	—
			真宗銘文鈔	覚如に仮託 ⇒現在は否定	—
			決疑問答	存覚に仮託 ⇒現在は否定	—
四部聖教	宝永三年（一七〇六）	坪内善兵衛・荒川源兵衛	彼岸記	存覚に仮託 ⇒現在は否定	—
			無常説記	存覚に仮託 ⇒現在は否定	—
			自要集	蓮如に仮託 ⇒現在は否定	—
			真宗鈔	存覚に仮託 ⇒現在は否定	—

「聖教」と銘打たれ、おそらく信徒までも購読層と見込んで、本屋の店頭に並べられたのである。なお、日蓮宗教団とのコネクションを活用して教学書を独占販売した村上勘兵衛の場合と異なり、多種多様な本屋から出版される「〇部聖教」に浄土真宗教団の公認があったとは考えられない。「聖教」の肩書きは、あくまで商品の権威づけをねらった私的な使用とみるのが妥当だろう。

当然浄土真宗教団としても、右のような事態に対し、何の危機感も有していなかったわけではない。明和五年（一七六八）に、ある異安心事件を裁いた東本願寺学寮の三代講師《こうし》（※学寮の長）恵琳《えりん》は、以下のような教誡を述べている。

在々処々に於て、真偽未決《みけつ》の書物を取扱ひ、又は其義も正しからざる珍しき聖教類を以て、当流の正義を申乱《もうしみだ》し、或は仮名聖教《かなしょうぎょう》は実義を尽さずと云ひ［中略］自由の妄義を構へ候輩《やから》まゝこれある由《よし》、荒涼のこと共、沙汰の局《まが》りに候。

（『続真宗大系一八』）

異安心とはいわゆる異端信仰のことであり、さかのぼれば親鸞の時代から存在した。しかし、恵琳の言葉で注目すべきは、異安心発生の原因を真偽未決の書物に求めている点である。偽書が氾濫する江戸時代において、異端思想は僧侶や信徒の頭脳から自然発生するものではなく、むしろ読書行為から発生するものとみなされたのである。

御蔵版聖教集出版への道

偽書が氾濫すれば異安心が多発する。あまりにも明白なこの事態に対して、浄土真宗教団はどのような対策をとったのだろうか。西本願寺は明和二年（一七六五）に三九部の聖教を集めた『真宗法要《ほうよう》』を、東本願寺は文化八年（一八一一）に同じく三九部の聖教を集めた『真宗仮名聖教《しょうぎょう》』をそれぞれ出版している。これらは民間の本屋が勝手に出版した「〇部聖教」とは異なり、板木を本山が直接所持する御蔵版の聖教集である。つまり、東西本願寺は、本山お墨付きの聖教集を編纂して僧侶・信徒に示すことにより、聖教の真偽をはっきり線引きしてみせたといえる。もっとも、既述のとおり元禄・享保期には、真宗聖教の偽書は民間の本屋の手を経てちまたにあふれ出していたのであり、両本山の対処はいささか俊敏性を欠くようにも思われる。なぜ浄土真宗教団は、自宗の聖教でさえすばやく統制することができなかったのだろうか。

西本願寺が出版した『真宗法要』を例にとれば、そこには以下のような事情が存在していた。学林屈指の学僧であった僧樸《そうぼく》（一七一九―六二）・泰巌《たいがん》（一七一一―六三）らが、宗主の命で『真宗法要』の編纂に取りかかったのは宝暦九年（一七五九）のことである。京都町奉行に提出された願書では、彼らの問題意識が以下のように表現されている。

開山《かいざん》親鸞聖人 幷《ならびに》 本山御先祖之直作《じきさく》之聖教類、数多是迄《あまたこれまで》書林ニ致板行《はんこういたし》売買候、併《しかしながら》 誤《あやまり》 多《おおく》 宗意《しゅうい》ニ不叶義共有之《かなわざるぎどもこれあり》、及末世《まつせにおよび》宗意心得違有之候而ハ、歎ヶ敷御座候《なげかわしくござそうろう》

（「史料紹介・真宗法要開版始末」『教学研究所紀要』一〇、二〇〇一年）

かたや異安心への教誡、かたや聖教集の出版願書と状況は異なるものの、先に挙げた恵琳の言葉と右に引用した史料の物語るところはぴったり重なっている。つまり『真宗法要』編纂の背景にあったのは、東西本願寺に共通する偽書氾濫への危機感だったのである。

さて、『真宗法要』は宝暦一一年（一七六一）の親鸞五百回忌を射程においた鳴り物入りの記念事業だったようだが、僧樸・泰巌らが最初に取り組んだのは、民間の本屋が刊行してきた百数十部の真宗聖教を信頼できる善本《ぜんぽん》と校合《きょうごう》する地道な作業であった。その作業の目的は、もちろん民間の本屋が出版した誤記の多い聖教を訂正するところにあったが、同時に『真宗法要』に収録し得る真撰の聖教を百数十部の刊本のなかから厳選するところにもあった。歴代宗主に仮託して続々と出版される偽書を前に、高名な学僧といえども確実に真撰の聖教を弁別するのは至難の業だったからである（引野 二〇〇七a）。

こうした校合作業の副産物として、僧樸・泰巌はそれぞれ『真宗法要蔵外諸書管窺録《しんしゅうほうようぞうがいしょしょかんきろく》』・『蔵外法要《ぞうがいほうよう》菽麦私記《しゅくばくしき》』という著作を残しているが、そこに垣間見える両者の意識は興味深い。これらの著作は『真宗法要』の選別作業からもれた聖教に真偽判断を下したものだが、例えば僧樸なら正徳《しょうとく》五年版『四部聖教』中の『本願帰命之十ヶ条』に対して「大邪義ノ書也」「ハヤク此書ヲヤキステタキモノナリ」と、また泰巌なら宝永《ほうえい》三年版『四部聖教』中の『彼岸記』に対して「他宗ノ愚人ノ作也」と、辛辣過ぎるコメントを記している。このような意識は江戸時代前期の学僧にはまだみられなかったものであり、『真宗法要』編纂という作業が偽書に対する批判精神を高揚させていったといえる。

右のような厳しい校合作業を経て準備を整えた僧樸・泰巖らであったが、実際の出版にこぎつけるにはもう一つの難関をクリアしなければならなかった。そもそも『真宗法要』は、本山が板木を直接所持する御蔵版として企画されており、それを入手し得るのは下付を願い出た西本願寺派の寺院のみと定められていた。なお、民間の本屋が販売している既刊の浄土真宗聖教については、『真宗法要』への収録の有無にかかわらず、これまでどおり取り扱って構わないというのが、西本願寺の言い分である。浄土真宗の本山として教学統制権を有する西本願寺にしてみれば、民間の本屋に随分と寛容な態度を示したというところだろうか。しかし、他の本屋が既に出版している書物を、そのままの内容で後から出版することは紛れもない版権侵害であり、幕府の取り決めにも違反する。そこで、本屋仲間は京都町奉行に不服を申し立て、『真宗法要』出版の許可はなかなか下りなかった。明和二年（一七六五）に至ってようやく出版は実現するが、そのために西本願寺は、『真宗法要』の仕立て作業を民間の本屋へ委託し、出版のたびに本屋仲間へ手数料を支払うという条件に賛同しなければならなかった（万波 二〇〇八）。

いわば本屋仲間の言い分に妥協するかたちで辛うじて出版にこぎつけた西本願寺であったが、『真宗法要』出版の効果は確かにあった。興隆《こうりゅう》（一七五九―一八四二年）という人物が著した『栖心斎随筆《せいしんさいずいひつ》』から『真宗法要』出版以降の社会状況を探ってみよう。

当時書林ノ輩。仮名聖教御蔵版トナラハ。坊本《ぼうほん》ヲ買フモノ少フシテ。産業ノ妨ト為《な》ランコトヲ憂ヘテ。頗《すこぶ》ル故障ヲ企テ。涯分精検《がいぶんせいけん》シテ。部数ノ少カランコトヲ欲セリ。然《しか》ルニ御蔵本弘通《ぐつう》アリシ後ハ。何トナク蔵外ノ聖教ハ。偽書ノヤウニ世人オモヒテ。買求ルモノ少ク。御蔵版ニ入レシ書ハ。坊本モ多ク買求ル者有シ。故ニ書林ノ輩大ニ後悔セシヨシ。（『真宗全書五一』）

興隆の指摘はなかなかおもしろい。『真宗法要』の選別からもれた「蔵外ノ聖教」は信用を失って売れなくなり、逆に『真宗法要』所収本は民間の本屋で販売している「坊本」も売り上げを伸ばしたというのである。寺院のみ入手可能な『真宗法要』が、これだけの影響をもたらしたのは、やはり宗祖遠忌《しゅうそおんき》に合わせて喧伝されたためであろうか。また、僧樸『真宗法要蔵外諸書管窺録』や泰巌『蔵外法要菽麦私記』も出版こそされなかったが、各地の僧侶が学林修行中に筆写して持ち帰ることで広まり、「蔵外ノ聖教」の価値低下を後押ししたと考えられる（引野 二〇〇七b）。こうして西本願寺は、本屋との対立・妥協を経つつ、偽書氾濫への解決策を見出していった。

異安心と商業出版

先に考察を加えた偽書の氾濫は、平易な内容の聖教に目をつけた複数の本屋が、仏教教団の許可なく出版に邁進したケースであり、ある程度浄土真宗という一宗派に限定された問題といえる。ただし、徳川幕府の公認を得た本屋仲間が、独自のルールで営利追求型の仏書出版に従事することは、浄土真宗のみならず仏教諸宗の教学統制権と抵触する危険性をはらんでおり、その意味で宗教知と商業出版は常に緊張関係にあった。

例えば、異端信仰という問題について再び考えてみよう。先に取り上げたのは、民間の本屋が無自覚なまま偽書の氾濫に手を貸してしまった事例であるが、当然僧侶や信徒がより自覚的に本山の教えとは反する著作を出版することもあり得た。その場合、本山サイドの統制はどのような手順を経て遂行されたのだろうか。

また浄土真宗を取り上げることになってしまうが、西本願寺派最大の異安心事件と称される三業惑《さんごうわく》乱《らん》は、僧侶の出版活動と本山によるその統制について、多くの示唆を与えてくれる。三業惑乱の複雑な対立構造に関して、ここで多くの紙数を割いている余裕はないが、要するに学林能化によって提唱された三業帰命説《さんごうきみようせつ》が、在野の学僧たちから異安心であるとの批判を浴び、文化三年(一八〇六)の寺社奉行裁定によって不正義と決した事件である。

ここでは事件の細かな経過は省略し、在野学僧の一人である大瀛《だいえい》(一七五九—一八〇四年)が三業帰命説を論破すべく著した『横超直道金剛錍《おうちょうじきどうこんごうへい》』に注目してみる。なお、三業帰命説が後に不正義とされたため話は複雑だが、少なくとも事件の過程において、大瀛の行為は教学統制権を有する本山学林への公然たる反旗であったことをまず確認しておく。

頃ハ寛政十二申年《さるのとし》春ニモナレハ。芸国《げいこく》［大瀛の住む安芸国］同法衆相議《どうほうしゅうあいぎ》シテ。横超直道金剛錍開《かい》板《ばん》弘通ヲ企ツ。乃《すなわ》チ京師《けいし》書林銭屋《ぜにや》新助《しんすけ》ニ命シテ。二条公儀《にじょうこうぎ》エ開板ヲ願ハシムル処。不日ニ公許ヲ得タリ。［中略］享和元年五月二十五日。一本ヲ官庁ニ奉上相済《ほうじょうあいす》ミタリ。乃チ初テ書林エ看標ヲ出シ。弘通ヲ初メシ処。大凡《おおよそ》弐百余部ノ書三日ノ内ニ売尽シタリ。然処《しかるところ》良薬ノ病ニ徹スルトキハ。則固疾激動シ。病者堪ヘサラン歟《か》［中略］同日学林ニ於テ。中座已下願出ノ趣意ニイハク。芸州大瀛著述ノ横超直道金剛錍。全ク不正ノ書ニ候処。今般開板弘通致候条。不埒《ふらち》ト謂《いい》ツベシ。［中略］二条公儀ヨリ書肆《しょし》銭屋新助ヘ被仰渡《おおせわたされ》候趣《おもむき》ハ。本願寺ヨリ御頼ニ付掛《かか》リ合中《あいちゅう》。金剛錍流行御差留ノ由。書林ヨリ判本《はんもと》芿園《せいえん》［大瀛］ヘ申越タリ。

（『真宗全書七二』）

右に引用したのは、大瀛の愛弟子普厳《ふごん》が『横超直道金剛錍』の出版経緯を簡潔に述べた一文である。同書の開版はそれを切望する安芸国の学僧たちによって京都の本屋銭屋新助に依頼され、京都町奉行の許可も得た上で享和元年（一八〇一）に売り出された。しかし、すぐに学林が異議を申し立てたため、京都町奉行は三業惑乱騒動中の『横超直道金剛錍』出版差し止めを決定した。学林批判の書がたちどころに出版停止へと追い込まれた側面に着目するなら、本山の教学統制権は強固に機能しているといえる。しかし、西本願寺派に属する大瀛が、どんなかたちであれ学林批判の書を出版し、初版のほとんどを売り尽くしている点にも注意が必要であろう。実は京都町奉行もそのことが気にかかったらしく、享和三年に行われた取り調べで大瀛に対して以下のように糾問している。

△右金剛錍印刻致事《いんこくいたすこと》。一宗安心《いっしゅうあんじん》ノ事ナレハ。其時ノ御門主及ヒ学林ヘ窺ヒ。御免ヲ受。其上ニテコソ可致《いたすべき》事ナルニ。其例ハ無キ事歟〇イヤ未ダ其例有ル事ハ承リマセヌ。御公儀御免ノ上ハ。外《ほか》方《がた》ヘ窺ヒ可申《もうすべき》古例《これい》ハ　承《うけたまわり》不申《もうさず》候

（『真宗全書七一』）

浄土真宗の教えに関する書物であるなら、本山に伺いを立ててから出版すべきではないかという京都町奉行の問いに対して、大瀛の返答はそっけないものであった。本屋を介して幕府権力の許可さえ得ていれば、仏書の出版に何ら支障はないというのである。

大瀛の認識は誤ったものではない。三業惑乱に先立つ明和の法論においても、播州《ばんしゅう》の学僧智暹《ちせん》が学林批判の書である『浄土真宗本尊義』を出版しようとして騒動が発生した。そこで西本願寺は、同派の僧俗が著した書物を出版する際に、必ず事前検閲して本山の承認印をおすことに決め、本屋仲間へも承認印なき書物の取り扱い禁止を要請した。明和五年（一七六八）のことである。しかし、この申し出は年も明けぬうちに撤回されてしまう。

『大坂本屋仲間記録九』所収の「裁配帳」から明らかになるのはここまでであり、西本願寺がなぜ事前検閲を断念したかは不明である。ただ、徳川幕府の公認を受けた本屋仲間の存在に、西本願寺サイドが配慮した可能性はあるだろう。仏教諸本山が自派の教学を統制する権限と、本屋仲間が重板《じゅうはん》・類板《るいはん》をチェックして書物の出版を許可する権限は、いずれも幕府から認められたものである。しかし、

二つの権利主張が衝突する時は、状況を考慮して譲歩せざるを得ないこともあり、両者は互いの権限を掣肘する微妙な関係にあった（小林 二〇一〇）。しかも、明和の法論や三業惑乱の騒動中は、本山学林の正統性そのものが揺らがされている上、本屋にとってみれば売り上げの見込める論争書をぜひとも出版したいという欲求があった。結局のところ、本山の承認印がなければ西本願寺派に関する書物を出版させないという原則は、本屋仲間のルールとしては定着しなかった。大瀛もそれを踏まえ、商業出版の慣例のみに配慮して、学林批判の書を世に問うことができたのである。

こうした問題は浄土真宗に限られたものではないだろう。すべての仏書を寺院で出版するという時代へ戻れない限り、仏教諸宗は異端派の著作を本屋仲間の独自ルールに配慮しながら統制せざるを得ないジレンマに悩まされつづけたといえる。

さて、本章では江戸時代における仏書出版の動向を探ってきた。いうまでもないことだが、その目的は影響力を希薄化させたといわれる仏教の書が意外にもよく売れていた事実の指摘ではない。盛んに仏書が出版された政治的・社会的な背景を考察し、そこから知識世界の江戸時代的な変貌を垣間見ることこそ、筆者が目指したところである。

例えば、前期における仏書出版隆盛の背景には、統一的な刊本テキストを用いて行われる檀林・学林での一斉教化が存在した。仏教諸宗が導入したと考えられるこの一斉教化からは、商業出版によって推し進められる知識の均質化という問題を抽出することが可能だろう。ただし、均質な知識を得て各地に散らばった僧侶のその後や、彼らと信徒の文化交流などは、本章では十分に取り上げることができなかった。今後も地方寺院の蔵書調査を地道に進めることで、仏書が社会に及ぼした影響を探っていきたい。

また、仏書出版の隆盛という表層的な事実の裏側では、偽書の氾濫や異端の書の横行という仏教教団にとって不都合な事態も着々と進展しつつあった。つまり、読書行為の成熟は知識の均質化のみならず多様化や偏向化ももたらしているわけだが、この点については浄土真宗の事例に頼りすぎる考察となったかもしれない。諸宗比較の視点を漸次的に導入していくことが今後の課題となる。仏書出版の隆盛と享保年間を境とする停滞についても、本章では仏書をひとくくりに区分しすぎたが、当然もう少し詳細に宗派ごとの動向を探る必要はあった。そうした考察の過程で、なぜ停滞が訪れるのか、本当に停滞したといえるのかといった疑問の答えも、おのずと明らかになってくるであろう。

以上、残された課題は多いが、残念ながら紙数も尽きた。仏書を素材としつつ、わずかに江戸時代的な知識世界の特徴を垣間見たところで、本章の考察を終えることとしたい。

参考文献

浅井了宗「本願寺派に於ける聖教出版の問題」『龍谷史壇』四四号、一九五八年

足利瑞義編『龍谷大学三百年史』、龍谷大学出版部、一九三九年

井上和雄編『増訂慶長以来書賈集覧』、高尾書店、一九七〇年
大桑斉編『論集仏教土着』、法藏館、二〇〇三年
岡村敬二『江戸の蔵書家たち』、講談社選書メチエ、一九九六年
冠賢一『近世日蓮宗出版史研究』、平楽寺書店、一九八三年
櫛田良洪『真言密教成立過程の研究』、山喜房仏書林、一九六四年
クラウタウ、オリオン『近代日本思想史としての仏教史学』、法藏館、二〇一二年
慶應義塾大学附属研究所斯道文庫編『江戸時代書林出版書籍目録集成 一〜三』、井上書房、一九六二―六三年
小林准士「三業惑乱と京都本屋仲間」『書物・出版と社会変容』九号、二〇一〇年
佐々木求巳『真宗典籍刊行史稿』、伝久寺、一九七三年
真宗典籍刊行会編『続真宗大系 一八』、真宗典籍刊行会、一九三九年
末木文美士『近世の仏教』、吉川弘文館、二〇一〇年
千葉乗隆編『真宗史料集成五 談義本』、同朋舎出版、一九八三年
辻善之助『日本仏教史 近世篇一〜四』、岩波書店、一九五二―五五年
妻木直良編『真宗全書 五一』、蔵経書院、一九一五年
妻木直良編『真宗全書 七一』、蔵経書院、一九一三年
妻木直良編『真宗全書 七二』、蔵経書院、一九一四年
西村玲「教学の進展と仏教改革運動」『新アジア仏教史』一三、佼成出版社、二〇一〇年
引野亨輔『近世宗教世界における普遍と特殊』、法藏館、二〇〇七年a

引野亨輔「近世真宗僧侶の集書と学問」『書物・出版と社会変容』三号、二〇〇七年b
蒔田稲城『京阪書籍商史』(覆刻修正版)、臨川書店、一九八二年
万波寿子「御蔵版『真宗法要』について」『国文学論叢』五三巻、二〇〇八年
宗政五十緒『近世京都出版文化の研究』、同朋舎出版、一九八二年
横田冬彦「『徒然草』は江戸文学か?」『歴史評論』六〇五号、二〇〇〇年
横田冬彦『日本の歴史16 天下泰平』、講談社、二〇〇二年
若尾政希『「太平記読み」の時代』、平凡社選書、一九九九年/平凡社ライブラリー、二〇一二年
若尾政希「「書物の思想史」研究序説」『一橋論叢』七八〇号、二〇〇五年
『大坂本屋仲間記録九』、大阪府立中野島図書館、一九八二年

〈付記〉本研究はJSPS科研費23242040、23720335の助成を受けたものです。

7 近世後期女性の読書と蔵書について

青木美智男

私は二〇〇〇年九月の『歴史評論』の特集号に「近世後期、読者としての江戸下層社会の女性——式亭三馬『浮世風呂』を素材に」（『歴史評論』六〇五号）という論文を書かせていただきました。そのときは、村方文書などから描ける村人たちの意識や思想は、そのほとんどが村の男たちの意思であって、女性の意思など反映されていない、だからそこから見えるのは男社会の論理だけです。それを村人の総意思だと言ってよいのだろうかという疑問から、もう少し女性の意思を発掘できる方法はないかと考えました。そして近世の文学作品に表れた女性の世界から接近できないだろうかと思い、本邦最初の女性読者を狙った『浮世風呂』「女湯之巻」を題材に江戸に生きる庶民の女性たちが、暮らしの中で何にもっとも関心をもったのかという問題を取り上げ、それが子どもの教育だったことを浮き彫りにしたのです。

本日は同じような観点から、女性を読者として書かれた本格的な小説である人情本の分析を通して考えてみることとしたいと思います。そこで自らその元祖と称する為永春水の作品、いわゆる「梅暦」シリーズを素材に選び、そこに描かれた読書光景から、女性の読書とか蔵書について解明してみたいという気持ちで、本日の課題に接近してみたいと思います。

そのさいまず問題にしなければならないのは、近世後期の女性たちが、もし本を読んでいたとしたら、いったいどんな本を読んでいたのかという素朴な疑問に応えておく必要があると思います。だがこれは意外に難しいのです。女性の日記などから抽出する方法が考えられますが、たとえば『小梅日記』や『大場美佐の日記』など武家の「女性の日記を」繙いても、そうしたことが記録されておりません。まして や近世社会の普通の庶民女性が残した蔵書目録などほとんど残されておりませんので、意外に解明が困難な課題ではないかと言ってよいかと思います。

そもそも近世社会の庶民の女性が本を所有していたのか、という素朴な疑問すら湧いてくるわけですが、どうしてこういう関心が重要かと申しますと、たとえば愛読書などは手元においてしばしば繙くことが考えられるからです。そこで本日は、まず第一に江戸の庶民の女性の読書の実態に接近してみようということと、そもそも江戸の庶民の女性は本を所有していたのかどうか、という点について考えてみたいと思います。

年末に若尾政希さんにお話ししたときは、「近世後期・近代の女性の蔵書」と仮題をつけていただいたのですが、私が年末から年始にかけて三〇年ぶりに風邪をひき高熱にうなされて準備が間に合いませんでしたので、期待に背いて申し訳ありませんが、これまで述べてきたような内容の報告でご容赦いただきたく思います。

一　女性らが親しむ戯作本

次の文章は、明治維新期に来日した亡命ロシア人メーチニコフの『回想の明治維新』「一三　日本文化の特質（2）」の一節です。

さいわいわたしはかなり短期間で、日本の大衆文学の園のおもいもかけぬ案内人を見つけることができた。人足――すなわち埃と汚物にみちた首都の街路を、あの有名な二輪車で威勢よくわたしを引っぱってくれた人夫たちや、別当、つまり頭のてっぺんから爪先まで三色の色あざやかな入墨で飾りたて、素裸で馬（わたしはじきに自分の持馬を持つようになった）のまえを走ってくれる男、小使つまり召使、さらにどんな店でも茶店でも見かける娘たち――彼らがみんな、例外なく何冊もの手垢にまみれた本を持っており、暇さえあればそれをむさぼり読んでいた。彼らは仕事中はそうした本を着物の袖やふところ、下帯つまり日本人が未開よろしく腰に巻いている木綿の手ぬぐいの折り目にしまっている。そうして本は、いつもきまって外見ばかりか内容までたがいに似通った小説のたぐいであった。後になって分かったが、日本の下層階級のほとんど唯一の精神的糧ともいうべきこれらの俗っぽい出版物は、上流階級の人間（良家の子女までふくめて）にも読まれているのであった。それらの小説にはきまって故意に猥褻な性格が盛りこまれているにもかかわらずである。数百冊におよぶそうした小説のもっとも大きなコレクションは、いろは文庫と総称されている。〝いろは〟とはＡＢＣのことであり、この名称はこの文庫が古典的な漢字ではなく、この国の教育程度の低い人々のＡＢＣともいうべき平仮名で書かれていることに由来する。（二一八頁）

これはメーチニコフの目に焼きついた東京の下層市民の読書光景を紹介した一節であるが、その中で私が今回注目するのは、下層市民だけでなく、武家の子女までが「俗っぽい出版物」に親しんでいるという指摘についてです。そんな「故意に猥褻な性格が盛りこまれている」小説が女性一般の読物だったと見た点です。

メーチニコフは、一八世紀になると、日本の大衆小説は現実味をおびた芸術的表現の傾向と、当時の風俗の社会や政治的諸条件へのいささかの批判的な姿勢が顕著になってくると評価し、なかでも『修紫《にせむらさき》田舎源氏』は、「内容の深みという点ではまさに出色である。（中略）愛好家たちのあいだで非常に高く評価されている」（同、二二四頁）と絶讃しました。

ただメーチニコフは、「大衆小説は、主としてほとんどすべてのページが挿絵や図解入りだということを忘れてはならない」といい、「大衆がこうした小説類を容易に読めるのは挿絵のおかげ」（同、二二一頁）と、絵草紙こそが日本の大衆小説の代表的作品と見たのです。しかも大方の大衆小説でもっとも喜ばれたのは、

芸者（歌手あるいは踊り子の意）とか女郎（娼婦の意）が、上流身分の男に恋をするが、男はもろもろの事情で女を妻にできないといった筋立てである。たいてい女は恋する男の輝かしい運命の妨げになるまいとして、自分を犠牲にし、時にはひどく感動的な場面設定のなかで自殺して果てるか、相手に心変りさせるために、本人の前でなにかしらわざと喜劇を演じて見せるといった具合である。濡れ場の叙述になると、上述のリアリズムは、これでもかといわんばかりに猥褻の度合いを強め、さらに日本の小説に欠かせない挿絵がそれに一層拍車をかけたのである

（同、二二三頁）

と、身分の低い女性が恋する男の犠牲になるという悲恋のラブストーリーだったためで、それに扇情的な挿絵が人気に拍車をかけたというのです。

メーチニコフが取り上げた「俗っぽい」小説とは、彼の表現から見て合巻のことを指していると言ってよいと思います。合巻は絵草紙＝絵本です。だから描かれている絵を挿絵というのは当たりません。そしてこうした小説類の出現は、『偐紫田舎源氏』や為永春水の『春色梅児誉美』の絶版以後、

風俗統制が弛緩した幕末期の現象であって、それゆえメーチニコフが読んだ猥褻の度合いを強めた合巻類の流行現象を、天保の改革以前にまで遡及させることはできません。

合巻は、三馬が試みた絵草紙の青本・赤本、黄表紙など、短編を数冊合冊した製本上の名称で、絵本であることに変わりはなく、当然のことながら絵が主要な役割を果たします。読本の多くは、時折挿絵が入るので「絵入読本」と呼ばれ、絵草紙類とは区別されていた。『南総里見八犬伝』は「絵入大本」に入り、滑稽本は、「絵入中本」と呼ばれた。挿絵は合巻と同じく当代一流の浮世絵師に依頼するものの、読むことが主である。読本には漢字が多用されていますが、いずれにも振り仮名（ルビ）がふってあり、寺子屋で一年も学べば、誰でも親しめる形式になっていました。

二　なぜ人情本は女性に読まれたのか

こうした「絵入読本」のジャンルに新たに登場したのが、読者を女性と想定して書かれた文芸です。それを人情本といいます。つまり女性向けの恋愛小説であり。三馬が本邦初の「女湯の小説」と自称したように『浮世風呂』二編・三編「女湯之巻」がその嚆矢《こうし》です。

それを三馬の弟子為永春水が、「予著す草紙、大略婦人看官をたよりにして」（『春色梅児誉美』第十三齣、『梅暦』上、一四八頁）と女性を読者に想定した本格的な恋愛小説に仕立てあげたのが人情本です。

それが天保三年(一八三二)から同一二年(一八四一)にかけて続々と刊行された「梅暦」シリーズである。それは『春色梅児誉美』(天保三年)に始まり、『梅暦余興春色辰巳園』(同四年)→『春色恵の花』(同七年)→『春色袖之梅』(同八年)→『春色雪の梅』・『春色籬《まがき》の梅』・『春抄媚景英対暖語』(同九年)→『天保鶯日記』(同一一年)→『春色伝家の花』・『春色湊の花』・『春色梅美婦禰《うめみぶね》』(同一二年)の計一一冊で、女性たちの間で爆発的な人気を呼んだのです。当然こんな芸当を一人でできるはずもありませんので、それは春水自らが「みんな弟子や素人の作《つく》たのへ」(『春色辰巳園』四編巻之十一、岩波文庫『梅暦』上、三四一頁)と告白しているように、弟子たちの助作・代作に依存したのはいうまでもありません。

一人の「情人」(優男《やさ》)をめぐる複数の女性の恋の鞘当を、深川情緒豊かに描いた「梅暦」シリーズが、江戸の女性たちの間で人気を呼んだのは、なぜなのでしょうか。第一に、読者の女性たちが恥じらうような刺激の強い性的描写は極力抑制したこと。つまり誰の前でも読める程度の程よい色気で留めたからです。次いで「一婦にして数夫に交り、いやしくも金の為に欲情を発し、横道のふるまひをなし、婦道に欠けたるものをしるさず」(同前)と婦道を守る女性を描き、そしてなお「巻中艶語多しといえども、男女の志清然として濁なきをならべ」(同前)て、純愛に近い女性たちの心情描写を心がけたからです。

さらに「はりと意気地の婦多川」(深川)(『春色梅児誉美』二編巻之四、『梅暦』上、七一頁)と、当時流行しだした「意気」の姿を随所で具体的に描いてみせたからです。それが「そんなくだらねへ洒落本に有そふないひぐさをいつて」(『春色辰巳園』第四編巻之十、『梅暦』上、三一三頁)と、洒落本全盛時代の「粋とやら通人とやらいふ人」(『春色梅児誉美』二編巻之四、七一頁)に代わるあらたな江戸っ子の生き様だったからです。

そして「此日よりお柳は一日一日と快気して、元の如く達者なる身となり、お増を大事にすること母の様なれば、お増もお柳と片時も側をはなれず、また宗次郎も両女《ふたり》を寵愛する事ます〳〵ふかく、頓《やが》てお増お柳両女《ふたり》ながら、同じ月より妊身《みもち》になりて、お柳は女の子を産み、お増は男の子を産み、いづれも勝り劣らぬ容貌《きりよう》にてうつくしく、虫気もなければ疱瘡も軽《かろ》く、いとも目出度《めでたき》家内の賑はひ、幾千代かけて栄えしとぞ」（『英対暖語』五編之十五、『梅暦』下、二三三―三四頁）と、すべて恋敵同士が丸く収まる結末を用意し、一種の安心感を与えたことが受けたのでしょう。

人情本は女性読者を意識した小説です。そこで彼女たちがもっとも関心を持つ情報を物語の展開に合わせて随所に挿入して読者を引きつけ、心をつかもうとしました。たとえばファッションなど最新の流行を、挿絵と合わせて実景そのもののように描いてみせたのです。その点で人情本は江戸の多くの女性たちの暮らしを見事に描いたタウン誌的要素を強くもった小説だったと言ってよいでしょう。

おそらくこれも最新の流行現象なのかもしれません。しばしば描かれる場面の一つとして注目されるのが、主人公たちの読書の光景です。その部分になると人情本の露骨な宣伝臭に辟易しますが、本を読む女性たちの会話とその姿態が、当時の庶民女性たちの暮らしの中に溶け込み、きわめて自然な姿で描かれているのに驚かされるでしょう。

三 「梅暦」シリーズで描かれた読書シーン

以下の文章は、古川久校訂『梅暦』上・下に収録されている五点（『春色梅児誉美』・『梅暦余興春色辰巳園』・『春色恵の花』・『春抄媚景英対暖語』・『春色梅美婦禰』）の人情本から抽出したものです。

①座鋪の一ト間藤兵衛が、いつも長柄の橋柱、くちても残る恋の意地、言《いひ》しらけして無理のみに、酔《よふ》て倒れし転寝《うたゝね》の、ひぢ枕せしかたはらに、しよんぼりとして見かへれば、誰《た》がおきわすれし一冊の、小本《こほん》をとりて繰かへし、小声に読《よむ》は女の癖◯これよりは米八が ひとりよみゐる小冊と見給ふべし。

（『春色梅児誉美』三編巻之七第十四齣、『梅暦』上、一〇七頁）

②秋「今、三孝さんが娘太幸記といふ本を貸《かし》ておくれだが、唄奴《げいしや》の一代記だそうだが、誠に評判がいゝとサ。狂訓亭といふ作者は野暮な人だそうだけれど、娘と唄奴《げいしや》のことはひどく穴を智略書《しつてかく》とサ。

春「なんだな此子はつまらねへことをいふョ。仇さんはしやれ本を直《じか》にやらかして、楽んだり苦しんだりして居るのに、草双紙のはなしなんぞは耳へはいるものか。

（『春色辰巳園』初編巻之三、『梅暦』上、二二〇頁）

③丹「ヱ、ム、たしかそうだつけ。
米「そうだつけぐらゐなことでもあるまい、いつも度々来る様子だ。どうしたこつて増吉さんと心易くするのだへ。

丹「ヱ、ナニ何ヨ、此間《こないだ》畳屋横町《よこちやう》で本を借《かり》てゐる時、増さんの旦《だん》が善孝さんの処に居て［以下略］

（同前、二二三頁）

④丹次郎にしがみつかんとせしが、鏡台の鏡を片脇へ投出《なげだ》し、箱に寄《より》かゝりてしばらく無言《だんまり》。丹次郎もわざと知らぬふりで、浪花白雨《なにはしらさめ》といふ小本を読《よん》で居る。東春雨の後編なり、御高覧願上ます、狂訓亭伏申す［以下略］

（同上、二二五頁）

⑤此間文亭《こないだぶんてい》といふ友達が来てはなしたツけが、女八賢志といふ絵本を、狂訓亭《さくしや》は丹誠して、八犬伝といふよみ本にならつて、その始末《すじ》に似ないやうに、そのおもむきの似るやうにと、大《おほ》ぼねをおつてこしらへたら、八犬伝に似せてかゐたと言《いつ》て、わるく評判をする看官《けんぶつ》があるといふが、作者はおなじ事にならねへよふに、おもむきの似る様に／＼とこしらへる苦心をおもはねへで、似せてこしらへたといふ看官《けんぶつ》は、どういふ見識で本をよむものかしらん、そんならばと言《いつ》て、何水滸

伝と名を付《つけ》て、水滸伝に似せるやら、唐土《から》の男を本朝《こっち》の女に書《かき》なをしたのは、無理があつてもわからねへとはおつなものだ、

新孝「イヱしかし何ごとも運次第なものでごぜへます、今被仰本《おつしやるほん》の作者がかゐた、梅ごよみなんぞといふものは、中本《ちうほん》始まつて以来《このかた》の大《おほ》あたりだそうでございますが、狂訓亭為永春水といふ名《な》は、梅暦といふ外題《げだい》ほどは看官《よみて》がしらずにしまふから、大略《おほかた》夢中でよむかとおもやア、すこし悪い所《とこ》があると、ヘン楚《そ》満《ま》人改《あらため》狂訓亭か。この作者はおらア嫌らひだなんぞといはれるから、なんでも愛敬がなくツてはいけません。

関「新孝、其方も少し狂訓亭《ためなが》びゐきだの、[以下略]　（同三編巻之九、同、二九九—三〇〇頁）

⑥米「それでもおまへ、他人《ひと》を頼んで何かの用をたしてもらふに、金銭《おあし》がないと自由が出来ないは子[ね]、マア取《とつ》テお置《おき》ヨ、

トいゝながら、表の障子を明《あけ》て外を見る。これは知人《しりびと》でも通らば、用事を頼まん心なり。所へ丁度貸本《かしほん》の荷を背負《しょひ》たりし若者《わかいもの》、これ桜川の甚吉なり。

米「ヲヤ甚吉さん、久しぶりだの。何ぞ新板《しんばん》が有《ある》なら貸《かり》ようじやアねへか。

甚「ヘイそれは難有《ありがたふ》、

ト格子をあけて荷を下《おろ》し、

甚「おまへさん、どふして此宅《こゝ》においでなさひますへ。今日も親方が　さくら川ぜんかうをさしていふなり。　はやく場所を

廻つてしまつて、仇吉さん所《とこ》を気をつけて用をたして上《あげ》ろと言付《いひつけ》ましたつけが、お塩梅《あんばい》はどふでございますか。
仇「ヲヤそふかへ、今日は少しよひョ。おまへ宅《うち》へ行《いつ》たら私《わちき》がよろしくと、そふ言《いつ》ておくれョ、由さんにも。
甚「ハイ〳〵、
トいひながら、貞操婦女八賢誌《ていそうをんなはつけんし》といふ絵入読本《よみほん》をいだし、
甚「これが評判のいゝ新板でございます。
米「そふかへ、だれが作だへ、
ト作者の名をよみ、皃をしかめ、
米「イヤ〳〵私《わちき》やア、この狂訓亭といふ作者はどふも嫌ひだョ、楚満人と名号《いつた》時分から見るけれど、どふも面白いのはすくないものヲ、
甚「イヱ〳〵それはみんな弟子や素人の作《つくつ》たのへ、楚満人が名ばかり書《かい》たのでございます。この八賢誌をマア御覧《ごらうじ》まし。
米八はこれをかり外にもいろ〳〵かりて、
米「仇さん、夜伽をしながら本を読《よん》で聞《きか》せるョ。
仇「嬉しいねへ。［以下略］

（同四編巻之十一、同、三四〇―四一頁）

⑦今日もおもむく夕暮に、金會木《かなそぎ》へかゝりし折しも俄雨に詮方なければ、格子戸の三枚立《たち》し軒下に欠込《かけこみ》て、しばらく晴間《はれま》を待居《まちゐ》たりしが、いよ〳〵雨は強くなりてはや暮《くれ》かゝる空の色、真黒《まつくろ》にこそなりにける。時に格子の内にては、中音に男女一代八卦《なんによいちだいはつけ》といふ本を読《よみ》ながら、

女「わからなひかへ、寔《まこと》にこまるねへ、これより大きひ声をすると、外《ほか》へ聞《きこ》へるは子、サア耳の際《きは》でよむからよくお聞《きゝ》ヨ。ヱ、ト墓《ぼ》の運だツけ子。

［中略］

女「ア、引くらくなつてモウよめなひヨ、マア灯火《あかり》を付《つけ》てからのことにせう。母人《おつかア》お前は裏の方を〆《しめ》ておくれ、私《わたし》が表の戸をしめるから、［以下略］

（「英対暖語」初編巻之一、「梅暦」下、一五―一六頁）

⑧常から心に惚れてゐる、血すぢの縁の岑次郎、久しぶりにて倩《つく〴〵》と、見れば思へば此節《このごろ》の、田舎源氏に画《ゑがい》たる、光氏《みつうじ》よりも欲目とて、まさる男の形姿《なりふり》に、飛立心《とびたつこゝろ》を幾度《いくたび》か、心で叱つて椽側へ、出《いで》て桜の花の枝、気をちらさんと詠むれば、花に露そふ濡心《ぬれごゝろ》、ツイ座敷をのみ見かへる折節《おりしも》、岑次郎は側に置《おい》たる本を読《よみ》て口ずさむ。

時雨する稲荷の山の紅楓葉《もみぢば》は
青かりしより思ひそめてき

紅楓《もみぢ》は我名《わがな》を呼《よば》るゝおもひにて、言寄《いいよる》しほと岑次郎の側へ近付き、

もみぢ「ヲヤ〳〵其《その》御本は何でござゐますかへ。哥の撰集《ごほん》でござゐますか。

岑「ヱ、ナニ、種々《いろ〳〵》のことを集めた随筆サ。

もみぢ「左様《さう》でござゐますか。只今およみ遊ばしたお哥は、和泉式部とやらのでござゐますね、
トさすがに大家《たいけ》の給仕《みやづかへ》、御前勤《ごぜんづとめ》のありがたさは、勧学院の雀ならねど、風雅の道も聞《きゝ》おぼゆるぞゆかしけれ。

岑「ヲヤ〳〵、能《よく》マア詠人《よみて》を覚へてお存《いで》だ子、感心だ。それぢやアさぞお前の詠《よん》だお哥にも秀逸がござゐませう。何様《どう》ぞ少々《ちつと》お聞《きか》せなさいな。

（同初編巻之三、同、五三頁）

⑨岑「コレサ〳〵、お前達《めへたち》は何様《どう》したものだ子。つまらなひ事《こと》で姉妹《けうだい》喧嘩をおしだねへ。モウ〳〵両個《ふたり》が和合《なかよく》おしヨ。それでなひと私《わたし》が第一気の毒だ。サア〳〵機嫌をよくして寝ませう。そして寝て居て、私《わたし》が本を読《よん》で聞《きか》せよう。
ふさ「ヲヤ嬉しいねへ。

もみ「何の本でござゐますヱ。

岑「ヱ、ひよくの紫といふ人情本《もの》サ。

もみ「ヲヤ、私はお屋敷で始りの所《とこ》ばかり見ましたは。草双紙《ぐわうくはん》の様になつてありました子。

岑「左様《さう》サ、二種《ふたいろ》にして発板《うりだし》たが子。中本《ちうほん》の方は前後六冊でめでたし〳〵に満尾《おさまつ》てゐるから、はやく分解《わかつ》ておもしろいヨ。

ふさ「ヲヤそれぢやアはじめツから巻末《しまい》まで読《よん》でお聞《きか》せなさるヨ。

もみ「ヲホ、、、、、お房さん、左様《そう》お言ひでも、一冊も聞《きい》てお在《いで》の間《うち》に寝てお仕《し》まひだらう。

〔以下略〕（同二編巻之四、同、六五頁）

⑩されば岑次郎は、病気保養の為にとて別荘に住居しが癖となり、また此程は紅楓《もみぢ》お房の事などより、何となく心の煩はしき日の多ければ、只別荘《りよう》の閑清《しづか》なるを好みて暮しけるが、余りに閉籠《とぢこも》りて気鬱《きうつ》ます／＼はれやらねば、物の本など取出《とりいだ》し彼是《かれこれ》とよみあさる中に、やう／＼読《よみ》かゝる昔《むかし》語《がたり》の法華伝、
「釈の安珍は鞍馬に住《すめ》り。一年《ひとゝせ》心願によつて、紀の国熊野山に参詣せんとて支度を調へ、往行《ゆき／＼》て紀州日高の郡にいたる。こゝに一人の寡婦あり。安珍其家《そのいへ》に旅宿《たびやどり》す。彼寡婦《かのやもめおんな》安珍の美麗なる容色にまよひこれをいどむ。
ト読《よみ》かゝる所へ、兼て心易く出入する、洒落《しやらく》の友人本磯《ほんいそ》といふもの、庭の方《かた》より椽側に来り、
磯「ヘイ、此間《こないだ》は御無沙汰をいたしました。
〔中略〕
岑「殊によつたら御馳走も仕様《しよう》が、何のことだか少しもわからねへ。それよりは頼んだ本を持《もつ》て来てくれたか。
磯「ヱ、、。

岑「ヱ、ぢやアねへ。肝心の渡世をなまけて、情人《いろ》ばかり精出すから、継本《つぎほん》もわすれて仕《し》まふし、新板をもつて来れば、三日切《ぎり》ともいふ所を三十日ぐらひ打捨《うつちやつ》て置《おく》ぜ。

磯「ナアニ左様《さう》でもござゐません。今日はお前さんの被仰《おつしやつ》た本は不残持《のこらずもつ》て参りました。しかし浄瑠璃本の見料はむかしから極《きま》つて安いにはおそれますぜ。

岑「ヲヤ〳〵、今日は大分《でへぶ》世帯染《しよたいじみ》たことをいふ。何様《どう》しても御内室《おかみ》さんが出来た所為《せへ》だぜ。

磯「誰《だれ》が其様《そん》なことを鉄棒《かなぼう》を引《ひき》ましたか、まだなか〳〵家内《うち》へ入《いれ》はいたしませんが子。

岑「そりや、そろ〳〵と請《うけ》させる口ぶりだノ。マア本を出しねへな。

磯「ヘイ左様ならば道成寺現在鱗《だうじやうじげんざいうろこ》、日高川人相花王《ひだかがわいりあひざくら》と、浄瑠璃は二種《ふたいろ》でござゐます。それから元《げん》亨釈書《かうしやくしよ》と、マア如斯《こう》でござゐました子。これを種に何ぞ出来まのか子。

岑「ヱ、左様《さう》ヨ、此間《こないだ》狂訓亭の門人《でし》で、尾張の一之宮の為永春蝶といふ者に頼まれて、二個《ふたり》で道成寺を当世《いま》の人情本《もの》に、こしらへ直そふといふやくそくをしたのサ、
トいゝながら、元亨釈書《げんかうしやくしよ》の巻中《なか》で安珍の伝を読《よみ》かゝる。折しも垣根の外より女の声にて、
女「礒さん、今に寄《よつ》ておくれヨ。そして新板があるならはやくお貸《かし》な。

磯「ハイ〳〵、只今参じます。

女「イ、ヱ、今は小梅の湯へ往《いく》から、後《のち》でも能《よい》ヨ。

磯「ハイ、それぢやアマア、直《すぐ》に本を上テ置《おき》ませう。

ト庭口より本をもつて欠出《かけだ》してゆく。跡にて岑次郎は日高川の浄るり本をあけて、渡し場の段を

よみながら考へて居る。　（同、同、六八―七〇頁）

⑪毎日《いつも》ひまなき米八が、今日は常にもかはりたる、ひまといふのみならずして、他《ほか》の嬢《こ》どもは残らず出払ひ、いと物淋《ものさみ》しく只一人、古き絵本を読《よみ》ながら、肱枕して居たりける。よね「ヱ、引と何所《どこ》までか、昨日読《よん》だツけ、ト本を繰返して小声によむ。　（同三編巻之八、同、一二〇―一二一頁）

⑫○さてもお房は此《この》四五日、風邪の悩みありければ、口のかゝるを断《ことはり》て、淋《さみ》しく部屋に残り居る。友傍輩も在《あり》ながら、昼寝を仕《し》たり下坐敷、内所の用のあるもありて、暫時《しばし》二階にしよんぼりと、鬱《ふさぐ》気折しも貸本屋の、持《もつ》て来りし人情本、素人作《しらふとさく》の写しにあれど、面白そふな書初《かきだし》に、借《かり》て直《すぐ》さまよみかゝり、憂《うき》を忘るゝなぐさみも、又気にかゝる恋の癖、　（『春色梅美婦禰』初編巻之一、『梅暦』下、二三九頁）

⑬明渡《あけわた》しにして仮住居《かりずまゐ》と定められたる別間《はなれざしき》に、独りくよ〱寝転びて、人情本《もの》の大古本《ふるぼん》を詮方《しやうこと》なしに繰返し、怠屈してぞ居たりける。峯「ア、引淋しくツて堪《こらへ》られなひ。［以下略］　（同、同、二四七頁）

以上一三ヶ所が読書の場面として登場します。このほかに、読書に関係した記事として、

ばん「しげりや、書附《かきつけ》をとつて来や。そして夕ア書《ゆふべかい》テ置《おか》しッた、藤さんの文《ふみ》を巴屋へちよつと持《もつ》て往《いつ》て来やヨ。そして金曾木の柏屋が来たら、翁草の後篇と、拾遺の玉川を持《もつ》て来なと、そふいふのだよ。

(『梅暦』上、四〇頁)

という貸本屋に本を注文する条《くだ》りがありますが、これも含めて登場人物は、男女の主人公たちとそれを取り巻く人々、そして貸本屋です。読書の場所は芸者の部屋や「情人」の部屋などです。読まれる本は人情本系がほとんどで、ときに古典などが話題になる程度です。

このうち女性だけの場面は⑦⑪⑫だけで、男女の会話の中に読書が描かれるのが、①②③④⑥⑧⑨⑩、男性だけの場面は、⑤⑬です。この男たちは「情人」で、自分の住まいか女性の家に行ったときの読書光景です。

そしてこの描写からまず読み取れるのは、本はすべてが貸本屋から借りているということです。そのさい自分で貸本屋の店先まで出向いて借りるのは、③のように「此間畳屋横町で本を借てゐる時」の一件のみで、他は「それよりは頼んだ本を持て来くれたか」(⑩)とか、「暫時二階にしよんぼりと、鬱気折しも貸本屋の、持て来りし人情本」(⑫)のように定期的に巡回する貸本屋から借りる場合と、「所へ丁度貸本の荷を背負たりし若者」(⑥)のように、偶然通りかかった貸本屋を呼び止めて借りる

場合があります。

この貸本屋との関係描写は、「貸本屋は店頭営業よりも、巡回してまわるのを常態とする」(『日本文学の歴史8 文化繚乱』、四八頁)といわれるように、巡回貸本屋が多いという通説の通りです。読者は本を借りるのに貸本屋へ出向き、そこで自分で判断するのではなく、貸本屋との対話で読む本を決めるという傾向が強いことが分かります。そしてそのさいの女性たちと貸本屋との間で交わされる会話は、新板の内容と作品・作者に対する評価をめぐってであることが分かります。

そして①⑦⑨のように、誰かに読んであげる、聞かせてあげようという場面が多く、それは⑫のように「素人作の写しにあれど、面白そふな書初に、借て直さまよみかゝり」と一人で黙読する描写と半々です。前者の場合は、聞き手がまったく読み書きができない場合と読める場合とが想定されるが、ともかく「サア〳〵機嫌をよくして寝ませう。そして寝て居て、私が本を読で聞せよう」(⑨)というような音読の光景が、大人同士の間で普段に見られる光景だったことが分かるでしょう。

しかし重要なのは、読書が日常生活の一部となり、本を読んだり読み聞く描写が違和感なく自然に描かれている点にあります。また淋しさを紛らわせたり、退屈しのぎに本を読む場面が多いのは、手の届くところに本が散在していて、本が身近に存在していたことをも物語ってくれるのです。

さらに芸者米八のように「イヤ〳〵私《わちき》やア、この狂訓亭といふ作者はどふも嫌ひだヨ、楚満人と名号《いった》時分から見るけれど、どふも面白いのはすくないものヲ」(⑥)なんて、貸本屋を相手に、同一作者の書いたものを読み続けていたり、日頃からさまざまな本になじんでいなければ言えないような作者批判を展開する女性が描かれている点にも注目すべきでしょう。

それは、なにかと文句を言いながら、「八犬伝といふよみ本にならつて」描かれたという絵草紙（合巻）『婦女八賢誌』を気さくに借り、それを読んで見ようとする米八の態度にも表れていると思います。米八は、おそらく文化一一年（一八一四）初編が刊行されて以来、評判になりはじめていた馬琴の『南総里見八犬伝』を読んでいたか、その評判を知っていて類本に興味を示したからに違いありません。このことは彼女がこうした当時の戯作文芸の世界に日ごろからどっぷりつかって楽しんでいることを物語っております。その点では、

京「ヲヤ柳亭種彦といふ名が書《かい》てある子へ。

くめ「ア、あれは、寔《まこと》に久しい以前《あと》に、田舎源氏の作者が詠《よん》だのを、峯次郎さんが覚《おぼへ》て居てお書《かき》のだヨ。モウ二十年計《ばかり》になるとサ。

（『春色梅美婦禰』四編巻之十、『梅暦』下、三六三―六四頁）


という一節も、読者の多くが、当時女性の人気を二分した合巻『偐紫田舎源氏』とその作者柳亭種彦を十分知り尽くしていると判断して挿入した部分であることは言うまでもありません。

人情本の読者の多くは、江戸の庶民の女性です。春水はそんな女性たちの日常の暮らしを巧みに捉えて情景描写や会話に取り入れ、作品に現実性を持たせようとしている。女性の読書もその一つの光景として描かれています。読者である女性たちは、それを自然に受け入れて違和感を感じないほど自

然に描かれているのです。化政期とはそんな雰囲気の文化状況を現出していたのであると言ってよいでしょう。

四　人情本に見る江戸の庶民女性の教養

春水は、編や巻の冒頭で、やたらと古典を引用し、文章に風雅な雰囲気を醸しだそうとしました。たとえば『春色梅児誉美』の初編巻之一、二齣の出だしに、

遠くて近きは男女《なんによ》の中とは、清女が筆の妙《みよう》なるかな、抑《そも》丹次郎と米八は、色の楽屋に住《すみ》ながら、

（『梅暦』上、二九頁）

とさりげなく古典の一節を引用するのです。また『春抄媚景英対暖語』の三編「梅暦拾遺別伝の序」では

梅の木になをやどり木や梅の花、とは世に知られたる蕉翁《おきな》の秀句、それならなくに此冊子《さうし》は、寒梅の一ツ二ツと漸《やう〳〵》かぞへし小枝なりしが、［以下略］

（『梅暦』下、一〇六頁）

と記し、三編巻之九の冒頭には、

みのむしの音を聞《き》ゝに来よ草の庵、とは彼《かの》芭蕉翁の旅舎《たびやどり》の吟なりけん。此所《こゝ》は何所《いづく》か知らねども、駅路《えきろ》の鈴の音近く聞えて、（『梅暦』下巻、一三五頁）

と、ともに芭蕉の句を引用して、文章の導入としています。こんな場面が至るところに描かれているのです。

これらを読んで読者である女性は、文章は平安文学の名著『枕草子』一六〇段の一節で、「清女」といえば清少納言のことだと即座に思い浮かべられたのでしょうか。ましてやこの一節が「とをくてちかき物　極楽　舟の道　人の中」（『枕草子』、二一三頁）という文章からきたものだということを知ってのことなのでしょうか。そして「清女」が男女の関係を「遠くて近きもの」と言うほどだからと、丹次郎と米八の情事もそういうものだと受け入れるほど古典に通じていたのだろうかという疑問が湧いてきます。

同じことは、前出の「蕉翁の秀句」二句にも言えます。たしかに「はつ時雨俳諧流布の世也けり」（『七番日記』文化七年）と小林一茶が詠んだように、日本中が俳諧ブームであったことは間違いありません。しかも「芭蕉翁の臑《すね》をかぢつて夕涼」（同、文化一〇年）と正風になびいた時代ですから、「蕉翁の旅舎の吟」を読んで、読者は脳裏に晩秋の山野を漂泊する俳人芭蕉の姿を思い浮かべたかもしれませんが、はたしてこの句は江戸の庶民にとってそれほど著名な句だったのであろうかと思います。

じつは、前者は芭蕉の俳文集『笈の小文』に収められている句で、「網代民部雪堂に会ふ」（『芭蕉文集』、七四頁）という前書が付いています。この網代民部は、元禄期父足代弘氏とともに伊勢俳壇の中心的存在だった弘員を言います。この句は、梅の老木に寄生して育った梅が花を咲かせているように、足代家も二代にわたって風雅さを持ち続けている家柄であることを称揚した句なのです。

また後者は、貞享四年（一六八七）に刊行された『続虚栗』に収められている句で、「聴閑」という前書があります。そしてさらに文化九年（一八一二）に刊行された採茶庵二世梅人の十三回忌追善句集『栞集』に収められた芭蕉筆詠草にも、この句が採録されていて、これには「くさの戸ぼそに住わびて、あきかぜのかなしげなるゆふぐれ、友達のかたへいひつかはし侍る」（『芭蕉俳句集』、一〇二〇三頁）という長文の前書が付されているのです。この句は蓑虫の音色を聞くためにぜひ御来庵あれという芭蕉の招待吟の一つですが、春水はこの句を、文化九年刊の『栞集』を読んで知ったのでしょうが、「草の庵」とは深川にあったと見るのが自然で、「芭蕉の旅舎の吟」ではない。しかし多くの人々は、芭蕉といえば漂泊の俳人という印象が強く、誰も不自然に思わず受け入れると判断して、こんな文章を書いたのであろう。しかもこの句は、芭蕉が『枕草子』四〇段の「みのむし、いと哀也」（『枕草子』、六一頁）をベースに詠んだ句といわれているのです。

以上の事柄は、近世の文学の多くが、古典である平安文学などに根ざしていることを物語ります。

横田冬彦さんは近世社会になって本格的に古典が刊行され、広く読まれるようになったという（『天下泰平』、二〇〇二年を参照）。果たして直接古典を紐解いたのでしょうか。人情本をはじめとする近世の文芸に古典文学の一節が引用され、それを読んだ庶民が古典に親しむきっかけを得るという間接的な知的体験による場合が意外に多かったのではなかろうかと思います。古典への教養とはこうして身についていったと思います。

こうしたことを裏づける会話として、前節で紹介した⑧を詳しく分析してみましょう。『偐紫田舎源氏』の主人公光氏にそっくりの岑次郎は側に置いてあった本を読んで、「時雨する稲荷の山の紅楓葉は青かりしより思ひそめてき」と口ずさみます。岑次郎に恋をする紅楓は、自分の名を呼ばれたと思って彼に寄り添い、二人の間でこんな会話が取り交わされたのです。

もみぢ「ヲヤ〳〵其御本は何でござゐますかへ。哥の撰集《ごほん》でござゐますか。
岑「ヱ、ナニ、種々のことを集めた随筆サ。
もみぢ「左様でござゐますか。只今およみ遊ばしたお哥は、和泉式部とやらのでございますね、トさすがに大家の給仕《みやづかへ》、御前勤のありがたさは、勧学院の雀ならねど、風雅の道も聞おぼゆるぞゆかしけれ。

芸者紅楓が、この歌はどんな歌集に載っているかと聞きます。情夫岑次郎は「種々のことを集めた随筆サ」と答える。紅楓は即座に和泉式部の歌ですねと問う。しかし岑次郎が、この歌が「載っているのは」「種々のことを集めた随筆サ」と言っていることは、『和泉式部日記』や『和泉式部集』にはなく、それが鎌倉中期の説話集『古今著聞集』巻五和歌の「和泉式部田刈る童に襖を借り、童式部に艶歌を贈る事」に載る歌で、童が式部に贈った歌だと知っているから言えることなので、本来なら違いますと答えるべきだったのですが、「和泉式部の哥」とぱっと口に出るほどの紅楓の教養の高さに驚き、その理由を探り、はたと気がつくわけです。その答えは、「大家の給仕」＝高い身分の武家奉公での「御前勤」を通して、「勧学院の雀は蒙求を囀《さえず》る」の譬えどおり、見慣れ聞き慣れしているうちに身についた教養が、紅楓に「風雅の道」を覚えさせたのか、ゆかしい話だねと岑次郎は納得するわけです。

ここに江戸の庶民の女性たちが、成長の過程で古典に親しむ機会が存在したことを知るだろう。春水は「梅暦」シリーズで武家奉公の効用をあまり紹介していないが、三馬は『浮世風呂』二編・三編の女湯之巻での会話にしばしば登場させ、「おしつけ御奉公にお上り遊ばすと、夫こそもう大和詞でお人柄におなり遊ばすだ」（『浮世風呂』、二二六頁）が、風雅な世界を経験させる機会として位置づけています。ですから春水が、篇や巻の冒頭でひけらかした古典文芸への知識ぐらいは、読者としての女性には、十分とは言えないまでもある程度理解できたと思ってよいのではないでしょうか。

五　本を読む女性の光景から読み取れるもの

ではもう一つの課題に迫ってみたいと思います。以下の絵を見てください。これは岩波古典文学大系『春色梅児誉美』（一九六三年）に収められている『春色辰巳園』の中の挿絵の一部です。絵師は歌川国直です。図1は深川仲町の子供屋の化粧部屋の風情を描いたものです。図2は色茶屋の場面、図3も同じです。図1と2をよく見てください。いずれも本が畳の上にさりげなく描かれています。図3は女性二人が本を広げて、本を背負った巡回貸本屋と会話をしている場面です。図3は間違いなく先に紹介した人情本の読書の光景を描いたものですが、図1・2はそうではありません。しかしそれまでここに描かれていた人物が本を読んだ形跡をうかがわせます。

ここに描かれたこれらの本は、ここに登場する人物たちのものではないと思います。貸本屋から借りたものです。残念ながら岩波文庫本の『梅暦』上下には、挿絵が忠実に挿入されておりませんので分かりません。

しかし江戸の庶民の女性たちは、本を買い求め、所有していたのでしょうか。つまり小なりといえども蔵書と呼ばれるような複数を持っていたのかどうかです。私は三馬の『浮世風呂』の女湯之巻などを読んでいて、女の子どもが、合巻とやら中草双紙が出るたびに買ますが、葛籠にしっかり溜りました、やれ豊国が能の、国貞が能のと、画工の名まで覚えまして、それはそれは今の子どもは巧者な事でございますよ、をたくさん買い求め

（『浮世風呂』二編巻之上、一一八頁）

と母親を驚嘆させる場面などが描かれていることから、「葛籠にしっかり溜りました」＝蔵書を持っ

図1

図2

図3

ていたことが考えられるわけです。

また明治初年に来日したロシア人のニコライは、東京の街角で見た光景を次のように書き留めております。

あるいは、街頭に娘が二人立ちどまって、一冊の本の中の絵を見ている。一人がいま買ったばかりのものを仲良しの友だちに自慢して見せているのだ。その本というのが、ある歴史小説なのだ。もっとも、この国では本はわざわざ買い求めるまでもない。実に多くの貸本屋があって、信じ難い程の安い料金で本は借りて読めるのである。しかも、こちらから足を運ぶ必要がない。なぜなら、毎日、どんな横町、どんな狭い小路の奥までも配達されるからである。

(『ニコライの見た幕末日本』、一四—一五頁)

と本を購入する娘の姿を描写していると同時に、本を購入する必要がないほどの貸本屋の普及に驚いておりますが、私はその双方だったたと思うのです。

しかし江戸の庶民の女性の蔵書の存在を確認し、その蔵書目録が残っているかどうか、といえば現在それを確認するのは困難かも知れませんが、その手がかりぐらいはつく、いくつかの絵を紹介しておきました。これは女性の読書の光景を描いた女訓用の往来物の挿絵です。

まず、女性の教訓に関する絵入の往来物の中には、女性が読書する光景の挿絵が必ずと言ってよいほど挿入されています。それをよく見ていきますと、女性用の部屋が用意されていて、そこで読書するというのが普通です。ついで読む本が何巻もあればそれを手元において読む光景がよく描かれます。図5のような光景です。また床の間があれば、そこにこれから読むであろうと思われる書籍が置かれ

図4　『和漢絵入 女訓孝経教寿』『往来物大系』84より

図5　『佩戒絵入女小学』『往来物大系』85より

図6　『女知恵鑑宝織』『往来物大系』94より

図７　『新女今川姫鑑』、中野節子『考える女』（大空社）より

ている場合が多く見られます。

そして図4のように、貸本屋がやってきて本を選択させている光景ですが、これは一般に見られる日常の光景でしょう。しかしおどろくべき光景は、図5と図6です。よく見ますと部屋に書棚があって、そこから本を取り出し貸している光景です。女性の部屋にこうした施設が備えつけられていたことが分かります。図7は部屋に書箱が並べてあって、箱ごとに「湖月抄」（源氏物語の注釈書、北村季吟著、一六七三年成立、六〇巻）、「源氏物語」、「廿一代集」（古今和歌集以下の二一の勅撰和歌集の総称）という書籍の名称が書き記されていることが分かります。

これが庶民の女性たちの部屋の光景ではないことは当然ですが、武家や上層町人たちの部屋を描いた光景にせよ、または手習所の女師匠の部屋であるにせよ、女性が部屋を持ち女性の蔵書が存在したことが分かります。そして手習教育の過程でこうした挿絵を眺め、こんな生活をしてみたいという夢を見させようとしたことだけは間違いないと思います。

ではどんな蔵書構成になっているかが問題になります。そこで一つの事例を紹介して私の報告を終わります。

六　多数の合巻類を含む大聖寺藩御典医草鹿家文庫の女性の蔵書

私は学問的に未熟であったためたいへんな失敗をしてしまったことがあります。いま思うとなんと馬鹿げたことをしたものかと、情けなく思います。

それはまだ私が愛知県知多郡美浜町にある日本福祉大学経済学部に在籍していた、一九八九年（平成元）の初夏のことです。同僚で副学長をされていた草鹿外吉教授（ロシア文学）から、累代にわたって引き継いできた蔵書を寄贈したいという申し出がありました。草鹿家は代々、加賀藩の支藩大聖寺藩前田氏の御典医として仕えてきた家柄だと、草鹿さんから聞かされていたので、善は急げということで、さっそく神奈川県鎌倉市にある草鹿家に伺いました。そして父任一さん（海軍中将）の書斎を見せてもらい、さらに母絲さんのお部屋に積まれてあった書籍も拝見させていただきました。

調査の結果、草鹿家の蔵書は、総点数七〇五点、三三五〇冊にのぼり、漢籍・仏書・武術・兵法・軍書・史書・国学・随筆・地方書・地誌・幕末維新記録、そして往来物・読本や絵草紙類に至るまで多岐にわたることが分かりました。

運送のさい私は、父任一さんの書斎の書架にあった書籍と母絲さんのお部屋に積まれてあった書籍を区別せずにトラックに一緒に積み込んでしまったのです。父の書斎にあった書籍は、漢籍から地誌まで学術書が書架に整然と並んでいたのに対し、母の部屋には書棚はなく、書籍が畳の上に所狭しと積まれていて、その大半が江戸時代後期から維新期に刊行された絵本・読本・合巻と明治以降の歌舞伎雑誌類だったことを確認したにすぎなかったのでした。

このころ私は漸く近世の女性の読書などに関心を示したばかりだったのです。そのため「読本や絵草紙類の多くは、どちらかと言えば女性や子供の読み物であった。実際これらのほとんどは、草鹿家のご夫人の部屋に保存されていたようである」(『草鹿家文庫目録』解説、一九九三)と、のんきな解説を書いて得意になっていたのです。いま思えば、あのとき父の書斎の書籍と母の部屋の畳上の書籍を明確に区別し移動すべきだったのです。なぜなら近世の女性が所有していた書籍類などほとんど残されていないからです。これまで全国各地の村方文書や商人文書などの中から発見される蔵書目録は、その内容から見て、そのほとんどは男性が所有した蔵書の目録です。横田冬彦さんや小林文夫さんらのこれらに関するお仕事は、男性の読書傾向に関する分析と言ってよいでしょう。それゆえ母上の部屋に残されていた書籍を父上のそれと厳然と区別して整理・公開すれば、草鹿家の女性たちに代々引き継がれてきた書籍の性格を明らかにできるとともに、草鹿家文庫の史料的価値を一段と高めることになったはずである。その点で草鹿家文庫目録作成委員会が一九九三年(平成五)に刊行した蔵書目録には、こうした配慮が働かず渾然とした内容になってしまったのです。すべて初動から指揮した私の責任です。

その草鹿家の蔵書の存在形態から類推できることは、藩の御典医クラスの家では女性が所持する蔵書は別の場所に置かれていたと想像されることです。そしてそれらの多くは家の蔵書としては扱われず、それゆえ蔵書印も押されず、何度かの書籍の整理のさいも目録にも書き留められず、当人の死後整理され分散・消滅してしまう運命にあったのではなかろうかという扱いを受けてきました。

その点で草鹿家の場合は、母絲さんの没（九一歳）後わずかな期間しか経っておらず、お部屋がそのままの状態で保存されていたことが幸いしました。それゆえ粗末で安易な整理をしてしまったことが悔やまれてならないのです。

しかし母の部屋に積まれてあった蔵書には、まちがいなく曲亭（滝沢）馬琴『南総里見八犬伝』初版本全巻（九八巻・一〇六冊）が書箱入で、柳亭種彦『偐紫田舎源氏』初版全巻、鶴屋版（三八編・一七二冊）が一三冊、合本されて積み上げられていたことを覚えております。そして多数の合巻類が存在したことを覚えているが、これらの書箱が代々引き継がれてきたのかどうかは分からない。ただそれらの多くが初版本である点からして、草鹿家に嫁いだ代々の女性たちが購入して引き継ぎ、また追加され増えてきたと類推できます。もしそうだとすれば、これもまたきわめて偶然であるといわざるをえません。

草鹿文庫の合巻類を整理された小谷成子さん（当時愛知県立大学教授）は、『偐紫田舎源氏』の裏表紙に、「このぬし　いとま」という女性の墨書があり、『筆の海四国の聞書』（再版、柳亭種彦作・歌川国貞画、文久二年刊）、『八幡祭小望月賑』（竹葉舎一瓢作・梅蝶楼国貞画、万延二年刊、木版）には「大久保内」とある。そして『其由縁鄙俤』（柳下亭種員、一陽斎豊国、弘化四年）には「むらまつ　かめ」と墨書があるところから、後代になって購入したものではないかと類推されている。またこうした裏表紙の墨書からみて合巻類の多くが女性の蔵書であり、それがまた女性に引き継がれ愛読されていったのではないかと類推されております。私も実際にこの蔵書の読本・合巻と分類された書籍類を検討したことがありますが、貸本屋から購入したものとか、手に入れた経緯はさまざまですが、とにかく幕末に刊行された合巻類のほとんどが岩波書店の『国書総目録』にも載っていないものばかりで驚きました。

以上のことは、紛れもなく武士身分の家の女性が、近世後期にはこうした戯作類に親しんでいたことを物語っています。このことは草鹿家と同様、幕末の蘭方医坪井信良が、お年玉として実家の富山藩医佐渡家の実母に送った書籍が、絶版処分を受けた『偐紫田舎源氏』の流れを汲む『釈迦八相倭文庫』（万亭応賀作、歌川国貞画、安政六年、木版）と『其由縁鄙俤』であるという事実からもわかります。ともに草鹿文庫に収められています。そしてさらに

先年公世之処、板木御取立てニテ減板ニ成申候者ニテ、世上ニ至テ少キ処ニテ、諸人渇望之処也、然ルニ付テ、一奸生当年窃ニ上木仕候也、尤モ盗板故、板モ出来モ見苦敷御是ニテ鄙ノ俤初篇ト之連続ニ相成申候也、

（『幕末維新風雲通信』、安政元年二月一六日付書簡）

と坪井信良が実母へ手紙を書いておりますように、彼は天保の改革で弾圧を受け板木没収になった後も、「諸人渇望」の状況が変わらないためにひそかに「盗板」された粗末な海賊版『修紫田舎源氏』を送るので、これによって先に送った『其由縁鄙俤』と話がつながるだろうと、実母を喜ばせようとしている点が重要なのです。いうまでもなく草鹿家や佐渡家のような身分の女性たちもまたずっと合巻の愛読者だったと考えられるからです。

ついでながら草鹿絲さんは、どんな女性かと申しますと、父は山口高等学校、第四高等学校長、広島高等師範の校長、そして東北帝国大学総長を歴任した北条時敬《ときゆき》、その二女に生まれました。一九一六年、海軍大尉草鹿仁一と結婚された女性です。おそらく広島高等女学校を卒業されたのではないかと言われております。

そんな女性が晩年まで愛読した書籍の大半が、戯作本だったのです。もう一度メーチニコフの言葉を読み直してみましょう。

そうして本は、いつもきまって外見ばかりか内容までたがいに似通った小説のたぐいであった。後になって分かったが、日本の下層階級のほとんど唯一の精神的糧ともいうべきこれらの俗っぽい出版物は、上流階級の人間（良家の子女までふくめて）にも読まれているのであった。それらの小説にはきまって故意に猥褻な性格が盛りこまれているにもかかわらずである。数百冊におよぶそうした小説のもっとも大きなコレクションは、いろは文庫と総称されている。

とまさにその通りだったのです。

以上で私の話を終わります。ご清聴ありがとうございます。

参考文献

青木美智男「解説」『草鹿家文庫目録』、日本福祉大学付属図書館、一九九三年
為永春水『梅暦』、古川久校訂、岩波文庫、一九五一年
ニコライ『ニコライの見た幕末日本』、中村健之介訳、講談社文庫、一九七九年
メーチニコフ『回想の明治維新』、渡辺雅司訳、岩波文庫、一九八七年
横田冬彦『日本の歴史16 天下泰平』、講談社、二〇〇二年
『浮世風呂』、日本古典文学大系、岩波書店、一九五七年
『日本文学の歴史8 文化繚乱』、角川書店、一九六七年
『幕末維新風雲通信』、宮地正人校訂、東京大学出版会
『芭蕉俳句集』、岩波文庫、一九七〇年
『芭蕉文集』、新潮日本古典集成、新潮社、一九七八年
『枕草子』、新日本古典文学大系、岩波書店、一九九八年

8 地域イメージの定着と日用教養書

鍛治宏介

本章は江戸時代における旅に関して、書物がいかに影響を与えたのかを論じることを課題としております。江戸時代において、地誌や名所記など、旅に関する便利な本が数多く出版されていたことはよく知られています。

本章では旅自体というより、旅にでかける前の段階に注目します。旅というものは居住地以外の遠くの土地にでかける行為ですが、当然、その土地に対して何らかの事前情報を持ってでかけるはずです。現代の日本人が、京都や北海道、沖縄といった地名を聞くと、神社仏閣・舞妓さん、草原や牧場、青い海と珊瑚礁など、ある一定のイメージを思い浮かべることでしょう。それでは江戸時代においては、旅先に関して、どのような情報が流通していたのでしょう。人びとは、どのような旅先のイメージを持って、旅行にでかけるのでしょうか。今あげた京都・北海道・沖縄は、上記のイメージで、旅行先としても人気のエリアですが、旅行地の選択、ルートの選択にあたって、江戸時代の人が持っていた各地のイメージは大きな問題になってくるはずです。

この問題を考えるにあたって、本章で特に注目するのが、書物のなかでも、往来物や節用集などの日用教養知識を伝える書物群（本章では日用教養書と呼びます）です。往来物について、興味深いエピソードを一つ紹介しましょう。大正期に往来物の収集、研究を行った岡村金太郎は、大正一一年（一九二二）に「往来物に就きて」と題する講演を行いました。次に紹介するのが、その講演の冒頭部分です（岡村 一九二二）。

私の母が今年八十歳で天保十四年の生れで御座いますが、昔手習師匠で習つた女江戸方角と云ふ七五調の句を、所々覚えて居て想ひ出しては口誦しますが、何分老人のことで全部は覚えて居らず全文が分らぬので、之を得たいものだと思つて、一日東京中の本屋を歩いて見たが一冊も見当らず、本屋の云ふのには「昔は芝泉堂から出ましたが、今は皆襖の下貼や紙袋になつて了つてありません」と云ふ事でした。

江戸時代の手習教育は徹底した反復練習でしたが（辻本 一九九九）、まさにそのような反復練習のおかげで、岡村氏の母は、八〇歳になっても、手習で習った『女江戸方角』の内容をそらんじたというのです。こういった幼少時の刷り込み教育で脳裏にしみこんだ知識が、成長後に与える影響というものは一考してみる価値はあるでしょう。本章では、そのような手習教育のなかで獲得する地理情報に注目して、人々の地域イメージとの関連について検討します。

一　手習教育と地域イメージの醸成

手習教育の浸透と地域イメージ

江戸時代後半、特に一九世紀に入り、文字文化が社会に浸透して、文字を使えないと、生きていく上で不利益をこうむることも多い社会になり、手習教育が社会に広まっていたことは、よくしられることです（辻本　二〇〇二）。手習教育の発展とも関連して、往来物という、いまでいう教科書に当たる、子供にさまざまな知識、道徳、教養を与えるという名目で作られた本が、大量に出版されました。特に江戸時代後期には、幕府の風俗統制政策とも相俟って、十返舎一九や滝沢馬琴といった戯作者たちも往来物を執筆しました（黒田　一九九四）。比較的容易に作成でき、需要も見込める往来物は、出版界の主力商品となっていき、各書肆《しょし》はこぞって往来物を出版します（鈴木　一九九九）。

手習教育の事例研究は各地で行われており、被差別民も含む村落内の全階層の子供が学ぶ伊勢の手習所の事例（梅村　一九八六）や、村落内の九〇%近い子供たちが通う近江の手習所の事例（柴田　一九九五）なども紹介されています。一方で、江戸時代における教育文化の広がりが、依然、地域差や職業差も強く含んでおり、文字が使えない人が多く存在する地域があったことも指摘されており（八鍬一九九三、リチャード・ルビンジャー 二〇〇八）、その点の考慮は必要ですが、この時代がそれ以前に比べて、文字を使う頻度、層が大きく拡大した時代であることは確かなことといえましょう。

その手習教育のなかで、地域に対するイメージも醸成されていました。手習教育をはじめた子供は、まず「いろは」を習い、さらに「名頭」「村名」「国尽」などを習い、それから「商売往来」や「庭訓往来」といった手本の読み書きの学習に進みます。「村名」というのは、郡内の村名や字名、都市の町名などを列挙した手本です。これは、基本的に各手習所で手習を教える師匠が独自に作ったオリジナルの教材といえます。「国尽」は、古代律令制国家の行政区画である国を、山城、大和、河内……と書き連ねたものです。手習を習う子供たちは、こういう手本を習うことで、自分の住む地域を知り、さらには国郡という枠組みの地理的知識を身につけることになります。

実際の史料をみてみましょう。近江国蒲生郡日野（現・滋賀県蒲生郡日野町）の徳永家という家に、「国尽幷町尽」（『近江日野の歴史』第八巻附録CD—ROM所収）と題した手習の手本が残されています。この手本は、嘉永六年（一八五三）に、徳永喜太郎が使用していたものです。手本全体の内容としては、「山城、大和、河内……」と五畿内から始まり、五畿七道の六六ヶ国の国名を書き連ねる「国尽」、さらに「町尽」として、「寺町、御幸町、麩屋町……」といった京都の南北と東西の通りの名前、「村井、北町、新地……」といった日野の町名、また日野の隣りの水口の町名をそれぞれ列記した手本が含まれています。日野や水口といった居住エリア近辺の町名とともに、京都の町の通り名を記していることが注目されますが、これについては後ほど第三節で詳しく検討するとして、ここではとりあえず、居住地域や近隣の地理情報のみならず、日本全体の地理情報も、手習学習の過程のなかで習っていたということを確認しておきます。

徳永家には、同じく喜太郎の署名入りで、安政二年（一八五五）六月に作成された「御手本」（『近江日野の歴史』第八巻附録CD―ROM所収）と題する手習手本も残されています。その全体の内容としては、源平藤橘で始まる「名頭」と、「村名之覚」、七夕の和歌と、正月の書き初めの成句からなっています。そのうち「村名之覚」には、「深山口・駒月・鎌掛・寺尻……」と、日野や八日市、蒲生、土山など、蒲生郡内の町名・村名・字名が列記されています。日野や水口の町名からさらに蒲生郡全体へ地理的学習の深度が増していることがうかがえます。

オリジナル教材と刊本往来物の写本

ここで一つ注意したいのは、江戸時代の手習教育は、現代のように全国的に画一的なものが行われていたわけではないということです。江戸時代後期の手習教育の隆盛を支えた手習所は、基本的に民間のもので、幕府や各藩が作ったものではありません。実際に手習師匠の教養や個性、また地域や家などの事情に応じて、さまざまなオリジナルな教材も教育の現場で使われていました。

たとえば若狭国三方郡世久見浦（現・福井県三方上中郡若狭町世久見）の桜井市兵衛家には、多くの手習関係資料が残されています（柳沢 二〇〇七）。残された手習資料は、『商売往来』や『世話千字文』、

『消息千字文』といった日本全国どこでもみられる往来物の写本もある一方で、地域色あふれるオリジナリティのある手本もみられます。寛政一〇年（一七九八）の年記がある手本の例文に、次のようなものがあります（「御手本」（福井県文書館所蔵桜井市兵衛家文書））。

小川浦大網に鯨掛り生捕《いけどり》候由ニ而、御城下表より見物ニ群り候事、如何様珎敷《めづらしき》事ニ御座候。必々奉待候。謹言。

世久見のすぐ北隣りの小川浦で鯨が生捕りにされた際、徒歩二時間くらいの距離にある小浜城下からも見物人が集まって賑わったという、田舎の浦に起こった小さな事件を手習の題材にしています。小さな海辺の村でもこのようなオリジナルな教材を使った教育が行われていたのです。

また江戸時代後期から明治にかけて上野国勢多郡原之郷村（現・群馬県前橋市富士見町原之郷）で、地域の農業指導者であり、手習教育の師匠でもあった船津伝次平親子は、それぞれ独自の教材を作って教育を行ったことでよく知られています（高橋 一九九〇）。例えば四代伝次平は文久三年（一八六三）に、「いつれ子供よき《聞》ゝたまへ、ろくに手習せぬ人は、はぢ《恥》をかく事おほいぞよ《多いぞよ》」と始まり、「すぐれて《優れて》かしこき此道は、京も田舎も皆いろは文字」と終わる「伊呂波異見」というテキストを作っています。

ただし、ここであげた二つの事例においても、オリジナルな教材と同時に『商売往来』や『世話千字文』といった、日本各地に残る手習教育関係資料に共通してみられる、一般的な往来物による教育も行われていました。『庭訓往来』や『商売往来』『実語教』『童子教』などの刊本の内容を写した写本往来物は、手習所の資料だけでなく、日本各地の農民や商人の家資料のなかにもしばしばみられます。

江戸時代の手習所では、子供たちは師匠が作った手本を横において、それを紙が真っ黒になるまで、何度も何度も書き写しながら、字を書く練習をしていました。師匠はその都度、子供たちに手本を作って渡すわけですが、その時手本の内容として選ばれたテキストの多くは、児童の読み書きの学習のために作ったことを標榜して出版された各種の刊本往来物ということになります。

例えば、信濃国水内郡上今井村（現・長野県中野市上今井）で手習所を開いていた神田圭斎の日記をみてみましょう（「世家百般日省記」『長野県教育史　第八巻　史料編二』所収）。彼の日記には、「子供江試筆之手本を書与ふ」（嘉永元年（一八四八）一二月二三日条）というように、手習の子弟のために手本を書写している記事が頻繁にでてきます。また手習所に通う子供たち以外にも、近隣の村人から依頼を受けて、手本を執筆し、お礼を貰っている記事も頻出します。

旧家に残る江戸時代の古文書を調査すると、結構な頻度でこのような手習手本の写本にであいますが、その背後にはこのような手習師匠たちの存在が想定できます。そして、日本各地で行われる手習教育において、同じような教材が使われたということは、そこに同じ価値観の広まりをみることもできるわけです。そのような教材のなかで、「村名」や「国尽」以外の、地理的な情報が書かれているものに注目してみましょう。

江戸イメージの展開

その代表的なものが『江戸往来』(『自遣往来』)や『江戸方角』といった都市江戸に関する往来物です。『江戸往来』は、寛文九年(一六六九)の初版以来、明治まで版を重ね流布した往来物で、新年状の形式で、政治経済の中心である江戸の諸相を記述したものです(石川 一九八八)。『江戸方角』は、江戸の地名や町名、神社仏閣、橋の名前などを書き連ねたものです。これらの江戸の地理情報を記した往来物は、江戸のみならず、全国の手習関係資料のなかでみることができます。例えば、現在、東京学芸大学附属図書館望月文庫に所蔵されている天保一一年(一八四〇)刊の『江戸方角』は、裏表紙の書き込みから、「上野国邑楽郡下小泉村横根宿」の「小堀忠輔」が所持していたものとわかります。文運東漸といわれるように、一八世紀半ば、出版界の中心が上方から江戸に移っていくことはよく知られていますが、ちょうどその時期から刊行された『江戸方角』は、京都など、他の地域を題材にした地理的往来物をはるかに凌《しの》ぐ形で大量に刊行されていきます(石川 一九六七)。

また江戸関係の記事は、こうした単独の往来物という形以外にも、各種往来物に付与される附録記事にも数多くみることができます。例えば、天保四年(一八三三)に江戸の鶴屋喜右衛門が刊行した『江戸往来』(東京学芸大学附属図書館望月文庫所蔵)は、本文以外にその巻頭に「御江戸郷庄方角独案内」、頭書欄に、「江戸名所安見」「毎月所々参詣日」「江戸年中行事」といった記事が並びます。また全国各地から江戸迄の距離を記した記事などもよくみられます。まさに政治・経済の中心地として、確固たる地位を確立した江戸時代中後期の江戸という都市の社会的位置づけを示す史料ともいえますが、このような内容のテキストを教材として学ぶことで、日本各地の手習の子供たちに、将軍のお膝元である江戸が、日本の中心であるという意識が幼少時から刷り込まれていったといえるでしょう。

次節から、より具体的に、一つの知識のイメージが社会にどのように広がっていき、それが人びとの旅やそれ以外の面にどのような影響を与えるのか、近江八景と京都を事例に検討していきましょう。

二　地域イメージの書物メディアにおける展開——近江八景を事例に

近江八景の誕生

本節では、近江八景という一つの地域イメージが社会に広がっていく過程を、より詳細にみていきます。近江八景とは、中国の瀟湘《しょうしょう》八景に擬して定められたといわれる琵琶湖南部の八勝景、石山《いしやま》秋月、瀬田《せた》夕照、粟津《あわづ》晴嵐、矢橋《やばせ》帰帆、三井《みい》晩鐘、唐崎《からさき》夜雨、堅田《かただ》落雁、比良《ひら》暮雪の総称です。中国の宋・元代に成立した瀟湘八景は、日本においても鎌倉時代後期には、絵画の画題として、また詩歌の詠題として移入され、南北朝期から室町期にかけて、幕府の外交・文化政策の顧問として活躍した五山の禅僧を中心に広まっていきました（堀川 二〇〇二）。

現行の近江八景がいつ頃から存在するのか、ということについては、江戸時代以来、議論になっており、その選者についてもさまざまな説がとなえられてきました。そのなかでも有力な説は、江戸時代の詩歌集『扶桑名勝詩集』（延宝八年＝一六八〇刊）に載る近衛政家選定説と、近江八幡の商家出身の文筆家伴蒿蹊の随筆『閑田耕筆』（享和三年＝一八〇三刊）などの記事に載る近衛信尹《のぶただ》説です。

近衛政家は室町時代から戦国時代にかけて活躍した公家であり、近衛信尹は安土桃山時代に活躍した公家です。ともに五摂家の一つ近衛家の当主で、関白も務めた同時代の朝廷を代表する人物です。現代、刊行されている辞書類でも、例えば『日本国語大辞典 第二版』（小学館）や『日本大百科全書』（小学館）、『世界大百科事典 第二版』（平凡社）などでは近衛政家説を載せ、『国史大辞典』（吉川弘文館）では近衛信尹説を載せるなど、見解がわかれています。

その近江八景の選者については、近年、江戸時代初頭に活躍した儒者菅得庵《かんとくあん》（玄同）が残した記事が発見されたことで、近江八景を選定したのは近衛信尹だということがほぼ確定的になりました（鍛治 二〇一二）。菅得庵は江戸前期を代表する儒者藤原惺窩門の高弟で、所司代板倉重宗ら諸大名に儒書の講釈を行った人物です。神宮文庫などに所蔵されている得庵の記録の写本には、近衛信尹が膳所《ぜぜ》城を訪れた際に、「膳所金城之八景」を眺め、自ら八枚の紙に、画と和歌を認《したた》めて、城主に贈ったこと、城主はそれを壁に貼って鑑賞したこと記された後に、信尹の詠んだ近江八景の和歌が書き留められています。得庵はこの信尹の画賛を、千里の景色を一つの風景に凝縮し、一つの風景を一枚の紙に書き留めた傑作であり、また歌と画と景色の三者が一体となっていると褒め称えています。

この史料がみつかったことにより、現行の近江八景は近衛信尹が詠んだ歌であること、近江八景が琵琶湖南部に集中しているのは、もともと膳所城を中心に選定された八景であったためであることなど、これまでの近江八景研究において、謎とされてきた点が明らかになりました。

江戸時代に近江八景の知識が流布する際、この信尹和歌とともに、近江八景を詠んだ漢詩も一緒に伝わることが多くありました。この漢詩の作者についてもこれまでの研究では「相国寺朴長老」という名前しかわかっていなかったのですが、その正体が近年明らかになりました（鍛治 二〇一二）。

国立国会図書館が所蔵する蔵書のなかに、京都郊外一乗寺の禅寺、円光寺の旧蔵書群があるのですが、そのなかに円光寺二世である玉質宗樸《ぎょくしつそうぼく》という禅僧の詩歌文集『黔驢集《けんろしゅう》』が含まれています。この『黔驢集』に、「近州八景」と題した漢詩の清書と下書きが載っているのですが、その漢詩がまさに後世、信尹の和歌とともに流布する近江八景の漢詩と一致します。ここから正体不明であった「相国寺朴長老」とは、円光寺二世玉質宗樸のことであったことが判明しました。

近江八景の和歌を詠んだ近衛信尹は、「公家に生れた身ではあるが、心は武家に憧れている」という趣旨の述懐を残しているように、武家への強い憧憬を示し、秀吉の朝鮮出兵に際しては参戦を企図して九州の名護屋《なごや》まで赴いたというエピソードを持つ一風変わった公家です（橋本 二〇〇二）。文化的には、三藐院流の祖として書道においてその才能を発揮しています。また和歌にも優れ、江戸前期の公家文化を代表する後水尾天皇の和歌の最初の指導者でもあり、さらには絵画にも優れており、天神画など独特な画風の作品を多く残しています（前田 二〇〇六）。

また近江八景の漢詩を詠んだ玉質宗樸は、一七世紀前半の五山において、詩才にも優れた有望な学僧として頭角を現しており、その活躍がみこまれていた禅僧でした。しかし、相国寺との対立の結果、京都追放の処分を受け、近江国の八幡《はちまん》郊外にて隠棲することになります。宗樸は、京都の文芸サロンとの関わりを継続させつつ、風光優れた近江、すなわち江州の地で、文芸活動を精力的に行っていました。宗樸は、中国の「江州」で不遇の生活を送った白楽天に我が身をなぞらえていますが、近江八景詩は、そうした彼の境遇、活動のなかで生み出されました。

近江八景の展開

このように、江戸時代初期を代表する文化人が詠んだのが近江八景の和歌であり、漢詩なのですが、両作品は一七世紀前中期の段階では、詩歌を学ぶ公家や大名などのあいだで、学ぶべき手本として流布していました。この公家周辺社会で広まっていた知識である近江八景詩歌を、京都の書肆、吉田四郎右衛門が延宝八年（一六八〇）に刊行した詩歌集『扶桑名勝詩集』に収録したことで、その伝播の範囲は飛躍的に広がります（鍛治 二〇一三）。

吉田四郎右衛門家は、一七世紀前半より書肆を営む一方で、院雑色という、朝廷に出入りする下級職人である地下官人としての顔も持っていました。そのため、朝廷とその周辺の文化圏で流布していた近江八景詩歌が刊本に載り、一気に世の中に広まることになります。一八世紀以降、地誌や名所図会などの書物類はもちろん、歌舞伎や浄瑠璃などの芸能、襖絵や浮世絵などの絵画、さらには、着物や工芸品、欄間や庭園など、さまざまなジャンルにおいて、近江八景を題材としたものがみられるようになります。

よく知られているように、浮世絵は現在、海外にも良質の作品が大量に残されています。近年のインターネットの発達により、これら海外に渡った浮世絵作品も、美術館のホームページなどで容易に確認できるようにもなっているのですが、例えば、大英博物館のホームページで、そのコレクションを「omi hakkei」で検索すると、二〇一四年六月段階で六七点の作品がみつかります。またアメリカのボストン美術館のホームページでは、二代目鳥居清倍《きよます》を始め、田中益信、鈴木春信、勝川春章、磯田湖龍斎、北尾政美《まさよし》、初代喜多川歌麿、礫川亭永理、葛飾北斎、北尾政演《まさのぶ》、二代目勝川春好、歌川豊広、有楽斎長秀、柳々居辰斎、二代目喜多川歌麿、初代歌川国貞、菊川英山、歌川広重、歌川豊清、歌川貞秀、二代目歌川広重、歌川国員《くにかず》、歌川房種、豊原国周《くにちか》といった、浮世絵史を代表する作家たちの作品が、三〇一点もみつかります。

それらの浮世絵作品の多くに近衛信尹の和歌が、またその一部に玉質宗樸の漢詩が掲載されているように、近江八景の情報は、信尹の和歌と宗樸の漢詩を伴って広まりました。極端な例では、幕末期の代表的好色本作家、淫水亭（柳水亭種清）の好色本『艶色近江八景』（鍛治架蔵）でも、八景ごとに描かれる情事のシーンに、宗樸の漢詩と信尹の和歌が添えられています（図1）。このように近江八景という知識が詩歌を伴いながら広がったことは、その受容のあり方にも大きく影響を与えたと思われますが、それについては後述します。

近江八景に関する情報をより広く伝える機会となったのが、前節でも詳しく検討した手習教育でし

図１　『艶色近江八景』矢橋帰帆（架蔵）

た。近江八景を題材とした紀行文をテキストとする往来物も複数作品刊行されています。また刊本の往来物には、読み書きのテキストとなる本文以外に、さまざまな日用知識、教養知識を伝える情報が、本文の前後の前付けや後付けとよばれる部分、さらには本文の上欄の頭書の部分に盛り込まれたものが多く存在していますが、その附録記事に近江八景の記事を載せるものも数多くあります。

例えば、安永九年（一七八〇）に江戸の鶴屋喜右衛門が刊行した『連玉古状揃宝蔵』（筑波大学附属図書館乙竹文庫所蔵）という往来物は、今川了俊の「今川状」、源義経の「義経腰越状」など、歴史上の有名人が筆者に仮託された手紙を集めた古状揃系の往来物ですが、その本を開くと、本文以外に、前付に「士農工商図」「近江八景歌」「和俗制作の文字」「伊勢斎宮忌詞《いみことば》」といった記事が、頭書部分にも「江戸名所往来」「五性名《ごしような》乗字《のりじ》」「人相手引指南」「外国名集」といった記事が載っています。附録記事は、歴史上の人物の書状を載せる本文の内容とは全く関係のない、儒教道徳や地理情報、陰陽道に関する記事です。つまり往来物には、本文以外にも江戸時代の読者が身につけるべき日用教養知識が数多く載っており、そのなかに近江八景に関する記事も含まれていることになります。

私は、このような往来物や節用集などの書物群が、教科書や辞書といった本来の用途以外にも、日用教養知識を伝える機能も有していた面を重視して、日用教養書と呼ぶことを提唱しています（鍛治二〇一〇）。このような日用教養書の附録として載る近江八景の記事には、その多くに、八景の絵と、近衛信尹の和歌、玉質宗樸の漢詩が載っていました。そして実際にこれらの教材を、手習教育の現場でテキストとして使っていたことを示す史料も日本各地でみつかっています。

武蔵国比企郡宮前村（現・埼玉県比企郡川島町）において村役人が輩出し、手習所も経営していた鈴木家には、近江八景詩歌を書き留めた折本仕立ての手本が残されています。また江戸後期、三河国宝飯郡御馬村（現・愛知県豊川市御津町）の手習所桃栖舎《ももの や》の筆子が、七夕祭の際に短冊に認めた詩歌などを書き留めた史料にも、近江八景の石山秋月と堅田落雁を詠んだ、宗樸詩の上二句と信尹歌の上の句が書き留められています。また上野国利根郡下久屋村（現・群馬県沼田市下久屋町）の倉品右近家文書にも、『庭訓往来』や『商売往来』などの刊本往来物や手習写本とともに、近江八景の手本が残されています。

このように幅広い地域で、近江八景が手習教育のテキストとして利用された事例を確認できます。刊本往来物に掲載された記事は、知識としてその所有者が受容するだけでなく、手習のテキストとして、手習の子供たちにも伝播するという可能性を持ちえたのです。

近江八景の広がりと旅行文化

以上、概観した近江八景という知識の広がりと定着は、人びとの近江という地域の認識にも大きな影響を与えることになり、それは旅という行動にも影響をおよぼすことになります。具体的には、近江八景という知識の広がりにより、近江八景の舞台は旅行の目的地ともなり観光地化が進展しました。近江戸時代の観光史の専門家青柳周一さんの研究に依拠して、近江八景の観光地化の状況をみてみましょう（青柳 二〇〇六）。

まず近江八景に選ばれている三井寺・石山寺・堅田満月寺といった寺院自身が、近江八景の一つであることを積極的にアピールする図版などを発行しながら、寺社への旅行者誘致を図っていました。石山寺や三井寺では、江戸時代を通して、開帳がしばしば行われましたが、例えば三井寺は開帳を知らせる立て札を、大津や草津などの近隣だけでなく、京都の三条大橋や祇園、北野、伏見、さらには大坂でも建てて、宣伝を行っていました。開帳の際には、近隣住民が経営する多くの茶屋が境内や門前に建ち並び、さまざまな見世物興行が盛大に行われるなど、地域社会も巻き込んだ一大イベントとなっていました。これらの地域では、一八世紀前半には常設の茶屋や宿屋の存在が確認され、近江八景という名所の存在、さらにはその広がりが、地域経済のありようにも大きな影響を与えていたといえます。

現在、全国各地の自治体が発行する自治体史には、当該地域から伊勢参宮などの名目で旅にでかけた旅行者が残した道中日記が掲載されるものが数多くあります。そのような道中記をみますと、近江八景を訪れたものも多く確認できます。例えば、日向国臼杵郡七折村（現・宮崎県西臼杵郡日之影町七折）で和紙職人を営んでいた甲斐源吉ら七名の一行は、万延二年（一八六一）一月六日から三月一一日にかけて、伊勢参宮の旅にでかけていますが、大津を通る際は、瀬田の唐橋を通り、比叡山をみて、膳所城に行き、さらに石山寺、三井寺を参っています（「道中付帳」『日之影町史』第三巻所収）。

京都滞在中の旅行者がオプションツアーのような形で、近江八景を巡る小旅行を行っている事例も、先述の青柳さんは紹介しています。手習の子供のテキストにまで使われるようになった近江八景という名所を目指して、多くの観光者が実際に現地を訪れるようになったのです。

近江八景という知識の広がりの影響は、現地の観光地化という現象以外にもみることができます。古代文学研究者の居駒永幸さんが紹介する羽前国村山郡富並村（現・山形県村山市富並）の岩吉の事例を検討してみましょう（居駒 二〇一二）。富並村で筆取という庄屋を補佐する書記役を務めていた岩吉は、天保六年（一八三五）、三八歳の時に、遠く京都の東本願寺にまで旅にでています。彼は両親と自分と妻の法名をもらいにでかけたのですが、その時、京都で購入した『仏説阿弥陀経』という経典の裏に、「最上富並八景」の和歌を書き残しています。これは岩吉の住む富並村近辺の名勝を詠んだ和歌ですが、その末尾の奥書に、「江近［近江］八景を引て当八景出ス也」と記しています。岩吉が京都に行った際のルートはわかりませんが、実際に近江八景のいくつかをみた可能性も大いにありましす。岩吉は、日本を代表する名勝近江八景に触発され、自らの地域でも近江八景に準ずる形で八つの名勝をみいだし、和歌を詠むという行為にいたったのです。

もう一つ、近江国からみて羽前国とは正反対の位置にある、安芸国賀茂郡川尻村（現・広島県呉市川尻町）の事例をみてみましょう。広島藩では文化一二年（一八一五）ごろから文政三年（一八二〇）にかけて、藩内の地誌である『芸藩通志』選定のために、領内の村々から村内の地誌関係項目を記載した書類を提出させていました（中山 二〇〇七）。川尻村でも文政二年（一八一九）に広島藩に書類を提出しているのですが、そのなかに近隣の名勝を報告した次のような一節があります（「国郡誌御用ニ付書上」『川尻町誌 資料編』所収）。

蒲刈地《かまがりち》の船を見ては矢橋の帰帆を感じ、猫迫門《ねこせと》渡る霧瀬田《せた》の橋を夢中に見る心地して、野路山《のろさん》威音城《いおん》の洪鐘《こうしょう》を幽に聞ては三井の洪鐘を思ひ、夕日には仁方村白嶽山を善悪山に見越《みこし》、夜に至れば石山の月を慕ひ、遠き琵琶湖を心に移し

この記録を残した川尻村の人々が、実際に近江八景をみたことがあるのかはわかりません。しかし、この書きぶりからは、信尹が瀟湘八景を本歌取りしながら画賛を描き、玉質宗樸が我が身を白楽天になぞらえながら漢詩を詠んだように、書物などを通じて知りえた「遠き琵琶湖」の風景＝近江八景をなぞらえながら、自らの地域にも名勝をみいだしたのだと想定できます。

手習教育において近江八景の詩歌を学んだ子供たちや、歌川広重の浮世絵を鑑賞した人たちのなかには、当然ではありますが、生涯のうちにその実景をみたことがない人も数多くいたはずです。現代

において、テレビや雑誌、インターネットなどで、エジプトのピラミッドや、マチュピチュの遺跡の情報に接し憧れたとしても、実際に現地を訪れたことがある人は、知識として知っている人の数に比べると圧倒的に少ないのと同じように、近江八景という知識の広がりによってもたらされた、近江八景の観光客の増加といった現象の背後には、圧倒的多数の、近江八景という存在を知っているけど、行ったことはない人々が存在していました。それでは、このような知識として地域イメージが広がることの社会的影響について、次は近江八景のお隣りの京都を事例にみていくことにしましょう。

三　書物のなかの京都イメージ

京都情報の展開

本節では、京都の情報が書物を通じてどのように広まったのか検討してみましょう（鍛治 二〇一〇）。第二節で述べたように日用教養書は、江戸時代中後期の出版界の主力商品となり、大量に出版されましたが、実は日用教養書の出版化以前の段階において、京都情報はその内容に組み込まれています。鎌倉末期の有職故実書「拾芥抄」や、室町時代の古本節用集など、公家たちが使用した教養書に、京都の条里名の一覧の記事が載っています。このような記事が、江戸時代前期に出版された節用集などにも入りこんでいったのです。

貞享三年（一六八六）に江戸で出版された『広益二行節用集』（『節用集大系』第二〇巻所収）には、京都の通り名の一覧と通り名の数え歌が載っています。通り名の一覧には、豊臣秀吉による大改造後の、開発が進展した京都の姿を反映した、新しい街路情報が掲載されています。また「寺・御から《［幸］》・ふや《［麩屋］》・とみ《［富］》……」と続く通り名の数え歌は、現代の京都人にもなじみ深いものですが、実はこの『広益二行節用集』に載る「京竪町之歌」が、現在わかっている最も古い出典となります。この後、数え歌は宝永四年（一七〇七）二月初演の近松門左衛門による浄瑠璃作品『堀川波鼓《ほりかわなみのつづみ》』（『新編日本古典文学全集』第七五巻所収）の一節に読み込まれるなど、ほかの媒体でもみられるようになります。日用教養書から広がる知識の一例といえましょう。

江戸時代の出版文化は、前期の段階では、京都がその中心にありました。天皇や公家が住み、多くの寺院の本山が存在する京都という都市が有していた文化資本の蓄積が、江戸時代前期の出版文化の隆盛に貢献したことはいうまでもないことです。そして、その京都の書肆によって作られた本に、京都の情報が掲載され、それが全国に広まっていったのです。

第一節で、近江国蒲生郡日野の徳永家に残る手習教材のなかに、日野やその周辺の町名のみならず、京都の町の通り名も記しているものがあったことを紹介しました。刊本往来物が広まるなかで、京都の地理情報が実際の手習教育にも使われていることがわかります。日野は、京都のお隣りの近江国ということもあり、近隣の村名とともに京都の通り名の学習をしていますが、刊本の日用教養書を通じて広がる京都情報はこれにとどまるものではありませんでした。単なる京都の地名の情報だけでなく、日用教養書にはさらなるイメージが付加された形で京都の都市情報が展開していきます。

元禄三年（一六九〇）の跋があり、京都の書肆が刊行した『頭書大益節用集綱目』（『節用集大系』第二二巻所収）という節用集の附録記事には、京都の通り名一覧とともに、「公家々領」「公家衆之次第」「諸官位」、禁中の平面図である「禁中図」や、その解説「禁中図説」といった朝廷関係情報が載っています。さらに元禄一〇年に江戸と大坂の書肆が刊行した『頭書増字節用集大成』（『節用集大系』第二三巻所収）には、「平安城京之図」「江戸之図」「大坂之図」という三都の図とともに、参内する公家の姿も描かれた内裏の鳥瞰図や、「改正公家鑑」などが附録記事として載りますが、「改正公家鑑」では、東山天皇の年齢が「今年二十三」となっており、元禄一〇年の最新情報を収録していることがわかります。

雅な天皇・公家像の展開

このような情報は、さらに儀礼をする天皇・公家像や、和歌を行う天皇・公家像とも結びついていきます。天明二年（一七八二）刊行の『万代節用字林蔵』（『節用集大系』第四〇巻所収）では、附録記事である「御公家鑑」の記事のあいまに、元日節会・闘鶏・曲水の宴・小松引・蹴鞠などの儀礼を行う公家の図が挿入されています。例えば、蹴鞠を家職とする飛鳥井家の記事の横に蹴鞠の図が載るなど、よりイメージが伝わりやすいような挿絵が意図的に付されています。また和歌を題材とした往来物のなかにも、元禄一二年（一六九九）頃刊の『百人一首』（東京学芸大学附属図書館望月文庫所蔵）のように、

「当時禁中図説」、公家鑑、「天子の御事幷禁中の故実」といった附録記事を載せるものもあります。

ただし一点注意すべき点があります。ここで描かれたイメージは、必ずしも実在の江戸時代の天皇・公家の姿を正確に示すものではありませんでした。例えば、『万代節用字林蔵』掲載の「御公家鑑」のなかに描かれている「曲水の宴」という儀礼は、実は、宮廷儀礼としては平安期に断絶しており、公家の私的行事としても鎌倉期以降は確認できない儀礼です。このような例はほかにも多くあります。例えば単独の女子用往来物として、また日用教養書の附録記事としても、大量に流布していた「百人一首絵」において、衣冠束帯も十二単も成立していなかった時代の天智天皇や持統天皇が、これらの衣装をまとった姿で描かれていることはよく知られています（武田 一九九七、吉海 一九九八）。

日用教養書では、天皇・公家に関する、必ずしも正確ではない情報が、それも平安王朝文化に繫がるような雅なイメージが増幅された虚像が、最新の比較的正確な京都情報と結びついて掲載されていたのです。このように最新の公家の名簿、内裏の鳥瞰図や京都の地図、通り名一覧などに、儀礼や和歌などの芸能を行う公家の図などの情報が重なり、天皇・公家が住んでいる都である京都の情報が、日用教養書のなかでイメージ豊かに展開していたことになります。

それでは、読者はこのような情報をどのように受容したのでしょう。興味深い事例を一つ紹介します。現在、東京学芸大学図書館望月文庫が所蔵する元文三年（一七三八）に江戸の版元が刊行した『庭訓往来』という本があります。庭訓往来は、往来物のなかでも一番有名な教材として、江戸時代にも三百種類以上刊行されていますが、この『庭訓往来』はそのなかでも、本文にでてくる言葉を本文上欄に設けられた頭書と呼ばれるスペースで、絵と言葉による解説を加える絵抄系という系統のものです。例えば「朝拝」という言葉の説明として、天皇が大極殿で公家たちから年頭の賀を受ける朝賀儀礼の絵と説明が載っています。実は、この朝賀儀礼も一〇世紀末に廃絶した儀礼でして、江戸時代の朝廷では全く行われていない儀礼であり、ここでも虚像が描かれているわけですが、この東京学芸大学所蔵本には、絵抄の上欄の余白に、束帯姿の公家の落書きがみられます。

この本は余白に、本文中の語句を書き写すなど、自学自習用のテキストとして使いこんだ痕跡が残っており、「武蔵国葛飾郡西大輪村」の「渡辺邦蔵」という旧蔵者の名前も書き込まれています。つまり、この邦蔵は、刊本往来物を用いた自学自習のなかで、儀礼を行う公家という虚像を受容していたといえます。

そうだ京都、行こう

『筆徳用文袖鑑《ひっとくようぶんそでかがみ》』（東京学芸大学附属図書館望月文庫所蔵）という天明三年（一七八三）に江戸の伊勢屋治助が刊行した往来物に、「禁中歳時御行事」という記事が載っています（図2）。これは題名のごとく、禁中の年中行事を月ごとに詳しく説明する文章ですが、末尾に次のようにあります。

> 御作法のかず〳〵尽すことあたはず。くわしくは上京ありて鳳闕の御粧を拝し奉り、国王の御恩いや高きことをおそれみ申て、人の礼をも守る心を生ずべし。つきて女は一たび王城の地を踏〔ふま〕ば

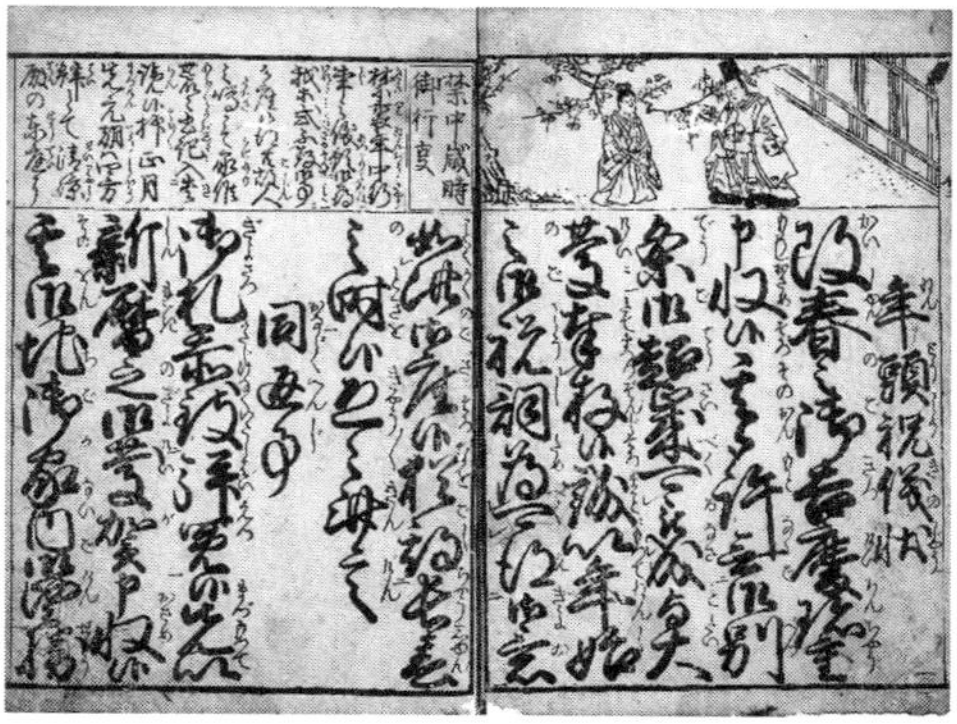

図2　『筆徳用文袖鑑』頭書の「禁中歳時御行事」記事

極楽浄土へ生る丶とかや。扨《さて》や名所古跡神社仏閣諸宗諸寺の本山時々〳〵祭礼行事殊勝なること中〳〵申すはかりはなく候。かえす〳〵も御登有て拝覧なされ、生涯の御たのしみをきはめれは、此地にしくことなく

各種儀礼を行う天皇や公家が住み、諸寺の本山が集まり名所古跡も数多い京都こそが、どこよりも「生涯の御たのしみ」を極めることができる土地であると、まさに江戸時代版「そうだ京都、行こう」キャンペーンのキャッチコピーのような文章になっています。こういった京都への憧憬を高める役割をもった情報が、名所図会や地誌などのように、直接京都に関係する書物ではなく、『筆徳用文袖鑑』のような、内容的には特に京都とは関係がない書状の例文を集めた書物に載っているという点に注目したく思います。このように日用教養書において、一般教養知識に含みこんだ形で京都情報、儀礼をする公家などの虚像も含んだ情報が展開していました。特に京都の情報を欲したわけではない読者に、皇都としての京都イメージが植え付けられていたということになります。

伊勢参宮に出かけた人が、その行き帰りに京都に寄っている事例は枚挙にいとまがありません。第

二節で例にあげた日向国の甲斐源吉一行も、伊勢参宮の帰りに近江八景をみた後、京都に立ち寄っています。一行は、一日目に清水寺・西大谷寺・東大谷寺、二日目に方広寺・三十三間堂・祇園社・知恩院・金戒光明寺・竹中稲荷神社・吉田神社・六角堂・禁裏御所・東本願寺・西本願寺、三日目に伏見稲荷大明神と、有名寺社とその宝物、さらには御所と、まるで旅行会社のパックツアーのようなハードスケジュールで、「生涯の御たのしみ」を極めるような勢いで、京都の街を駆け回っています。旅の主目的である伊勢では一泊しかしていないにもかかわらず、京都で二泊しているところに、源吉一行における京都見物の比重の高さがうかがえます。

近年の研究で明らかになっているように、御所は観光名所として賑わっており、一部開放もされていたのですが（高木 二〇〇一、岸 二〇〇七）、御所を見物に来る人たちの脳裏に、日用教養書で展開するような儀礼を行う公家たちの姿があったことも、十分想定できます。

先ほど女子用の往来物として大量に刊行された百人一首絵にでてくる天智天皇らの絵に間違いがあることを指摘しましたが、江戸中期の公家で有職故実にも通じていた近衛家熙《いえひろ》も、最近の百人一首や三十六歌仙などを描いた絵は間違いが多いが、子供たちがその絵をみてその人を知るようになっていると指摘しています（『槐記』享保一二年（一七二七）七月二三日条（『日本古典文学大系』第九六巻所収））。また文政五年（一八二二）刊の落語家桂文来《かつらぶんらい》による噺本『春興噺万歳』（早稲田大学図書館所蔵）に、「からすを鷺」という小話が収録されています。この話しは次のようなものです。

隠居が百人一首の本を読んでいたところに、愚太郎というものがやってきて、「百人一首の中に天智天皇だの持統天皇とでてくるのはいったい何ですか」と質問するので、隠居が「代々の主上」のことだと説明をすると、愚太郎はさらに「その主上とはなんです」と重ねてきいてきます。それに対して隠居は、「京の禁裏様のことだ」と答えます。愚太郎は「関白、左大臣、右大臣、大中納言とはなんです」とききき、隠居が「それは禁裏様の御家来だ」と答える問答が続きます。

ここでは、天智天皇や持統天皇のこともよく知らない愚太郎の話が描かれています。この寓話は、近衛家熙が心配したように、百人一首の本は、愚太郎のようなものが天智天皇や持統天皇を知る機会になったことを表しています。そして重要なのは、この話が笑い話として成立するには、聴衆の側が天皇や公家に対する知識を持っている隠居の側の立場であることが前提になっている、ということです。

ここまでみてきたような天皇や公家、さらには、彼らが住み、神社仏閣も立ち並ぶ京都という都市のイメージが、書物の世界、それも、愚太郎のような読者にも届きうる射程を持った日用教養書の世界に展開していたという事実は、江戸時代の旅人の行動にも大きく影響を与えたことでしょう。そして、これらの情報は、旅にでるという行動を直接示さない人にも届いており、江戸や近江八景、京都といった個々の場所のイメージを提供する大きな情報源ともなっていたのです。最後にみたような京都イメージの広がりは、旅という問題だけに留まらず、天皇の社会的浮上といった現象との繋がりも想定できますが、本章の考察はここまでといたします。

参考文献

青柳周一「近世旅行史上における近江国――地域間関係史の視点から」『交通史研究』六一号、交通史研究会、二〇〇六年

居駒永幸『富並八景の文化史――ふるさとの風景・郷土の八景』、みちのく書房、二〇一二年

石川松太郎「解説」、石川謙編『日本教科書大系 往来編 第九巻』、講談社、一九六七年

石川松太郎『往来物の成立と展開』、雄松堂出版、一九八八年

梅村佳代「寛政期寺子屋の一事例研究――伊勢国「寿硯堂」を中心にして」『日本近世民衆教育史研究』、梓出版社、一九九一年／初出、一九八六年

岡村金太郎「徳川時代庶民教育の教科書たる往来物に就きて――大正十一年岡村金太郎講演」、石川松太郎『往来物の成立と展開』、雄松堂出版、一九八八年／初出、一九二二年

鍛治宏介「江戸時代教養文化のなかの天皇・公家像」『日本史研究』五七一号、日本史研究会、二〇一〇年

鍛治宏介「近江八景詩歌の誕生」『国語国文』八一巻二号、中央図書出版社、二〇一二年

鍛治宏介「近江八景詩歌の伝播と受容」『史林』九六巻二号、史学研究会、二〇一三年

岸泰子「近世禁裏御所と都市社会――内侍所参詣を中心として」『近世の禁裏と都市空間』、思文閣出版、二〇一四年／初出、二〇〇七年

黒田政広「江戸戯作者による往来本執筆活動――幕府出版統制策との関連から」『作陽音楽大学・短期大学研究紀要』二七巻一号、作陽学園学術研究会、一九九四年

柴田純「近世中後期近江国在村一寺子屋の動向」、朝尾直弘教授退官記念会編『日本社会の史的構造――近

世・近代』、思文閣出版、一九九五年
鈴木俊幸「往来物の流通網――和泉屋市兵衛の戦略」『江戸の読書熱――自学する読者と書籍流通』、平凡社選書、二〇〇七年／初出、一九九九年
高木博志「近世の内裏空間・近代の京都御苑」『近代天皇制と古都』、岩波書店、二〇〇六年／初出、二〇〇一年
高橋敏「近世村落と手習塾――手習塾九十九庵の実証的研究」『近世村落生活文化史序説――上野国原之郷村の研究』、未來社、一九九〇年
武田佐知子「百人一首の持統天皇」『衣服で読み直す日本史』、朝日新聞社、一九九八年／初出、一九九七年
辻本雅史「「滲み込み型」と「教え込み型」」『「学び」の復権――模倣と習熟』、角川書店、一九九九年
辻本雅史「文字社会の成立と出版メディア」、辻本雅史・沖田行司編『新体系 日本史 一六 教育社会史』、山川出版社、二〇〇二年
中山富広「名勝の発見と在村知識人――近世後期の安芸国沿岸島嶼部を事例として」『内海文化研究紀要』三五号、広島大学大学院文学研究科附属内海文化研究施設、二〇〇七年
橋本政宣「近衛信輔の薩摩左遷」『近世公家社会の研究』、吉川弘文館、二〇〇二年
堀川貴司『瀟湘八景――詩歌と絵画に見る日本化の様相』、臨川書店、二〇〇二年
前田多美子『三藐院 近衛信尹』、思文閣出版、二〇〇六年
八鍬友広「近世民衆の識字をめぐる諸問題」、『日本教育史研究』一二号、日本教育史研究会、一九九三年
柳沢芙美子「若狭浦方の手習資料――桜井市兵衛家の資料群から」、『福井県文書館研究紀要』四号、福井県文書館、二〇〇七年

吉海直人「「百人一首」とかるた絵」『国文学 解釈と鑑賞』六三巻八号、至文堂、一九九八年
ルビンジャー、リチャード『日本人のリテラシー――一六〇〇―一九〇〇年』、川村肇訳、柏書房、二〇〇八年
『近江日野の歴史』第八巻、滋賀県日野町、二〇一〇年
『節用集大系』一―一〇〇巻、大空社、一九九三―九五年
『長野県教育史 第八巻 史料編二』、長野県教育史刊行会、一九七三年

〈付記〉本稿は、京都学園大学奨励研究助成費による研究成果の一部である。

9 明治期家相見の活動と家相書——松浦琴生を事例にして

宮内貴久

住宅を建てる際に家相を気にするという話を耳にする。家相の考え方は、松浦東鶏や松浦琴鶴などの人物が家相書を著し、一九世紀初めから全国的に広まっていった。しかし家相判断は淫祠邪教として明治六年（一八七三）に禁止され、建築学会誌『建築雑誌』などで迷信として否定される。ところが、家相図の作成年代を検討した結果では、家相の流行は明治二〇～三〇年代にピークを迎える（宮内 二〇〇六）。

本稿では明治期に長野県を中心に家相図を作成し、『地理風水 万病根切窮理 坤』（明治二二年）と『貧福竈向万病根切窮理続』（明治四二年）の二冊の著書を著した松浦琴生《きんせい》という人物の生涯を二冊の著書と家相図から明らかにしていく。

松浦琴生は文政頃の生まれで、長野県下伊那郡喬木村加々須を拠点に家相図を作成していたことを簡単に紹介したことがある（宮内 二〇〇九）。その後、松浦琴生に関しては、金澤雄記の研究があり（金澤 二〇〇九、二〇一一、飯田市歴史研究所編 二〇一二）、家相図と現存する建物の建築学的検証が行われている。松浦琴生は俗名を勝信義という（喬木村には琴生の墓が現存しており、俗名は墓碑から確認した。また、勝家所蔵文書は国文学研究資料館史料館に「信濃国伊那郡加々須村勝家文書」として寄贈されているが、琴生や家相関係資料はない）。

長野県内の家相見に関しては、大谷典久が佐久の小林凌雲という陰陽師について詳細に論じている（大谷 二〇〇八）。また、竹入弘元は、明治期に伊那で活動していた若林天竜という家相見について論じている（竹入 一九八七）。若林天竜は活動した時期と場所が琴生と重なる。『長野県史 民俗編』では県伊那地方の家相見について、「昔は方角を見てもらう家が多かった。家相見といって、ムラ内に世襲で家相をみる人がいてみてもらった。上伊那地方はもとより、諏訪地方まで依頼されて出張した。今はほとんど行わない」（昭和一〇年生、伊那市青島）とある（『長野県史 民俗編 第二巻』、五六九―七〇頁）。この他の長野県内の民俗調査報告書にも家を建てる際に家相を判断するという報告は多数ある。

本稿では、迷信視されながらもなぜ家相が流行したのか、松浦琴生の生涯を通じて検討していきたい。

一　松浦琴生の生涯

家相判断の始まり

松浦琴生の生年は不詳であるが、生年は文政一二年（一八三九）生まれと推定される。明治四二年に出版された『貧福竈向　万病根切窮理』続編の巻末には「此本衛生根本的記載す万国無類の窮理書なり此衛生術を行用ひて松浦琴生夫婦諸共八十揃の翁嫗と成りて今三夫婦揃居るなり」とある。また、後述する矢沢彦五郎家（伊賀良）の家相図に「明治四三年一一月二九日　八一翁嫗」と記されている。松浦琴生の墓は、長野県下伊那郡喬木村に現存している。戒名は「風水院信義琴生居士」で、没年については「大正一一年一月三日歿　俗名　勝信義」とある。九三歳という長命であった。これらのことから、生年は文政一二年頃と考えられるのである。

『地理風水万病根切窮理坤』によれば、元治元年に松浦筑前氏の門人になり、数年間天地陰陽の道を学んだという。

琴生がいつ頃から家相判断を行ったかは不詳であるが、管見では明治八年四月六日に松川村の部奈一朗家、五月三一日には上郷の篠田重美家の家相図を作成したのが古い。

琴生の生地である下伊那郡喬木村は御岳講が盛んであった（『長野県史　第七巻』、一七九頁）。明治九年二月には家相をめぐる次のような騒動が『信飛新聞』(明治九年二月一日)に報じられている。

伊那郡阿島耕地ハ先年より御嶽講中といふ者がありて加持祈禱だバアサラダと狼狽《うろたえ》廻るを大区長の長谷川範七と云ふ人がだんだん説諭《いひきか》し大方ねつきりはつきならんとせし処《ところ》頃日同所の一ノ瀬小七と云へる者コツソリ彼ノ御嶽講の加持をしたるに家相がわるひから人に知らせず至急に家を移すが宜しひと神の託宣か狐狸の所業か知らないが信仰心の勃起して該組合へ相談したるに組合の者ども、兼て旧染の御嶽さまゆへソリヤヨカロウと云てハ看たれど誰れ先達てコンナ世話も出来かねると福島ニブ沢といふ地より人足を頼み忽ち小七の家を毀ち同所山田三郎兵衛の持地へ断りもなく運搬がけし処が三郎兵衛ハ立腹し吾が地所へ一応の話もなしに家作をするとハ心得ずと云へハまた村吏も聞つけ夫々住民番号のキマリもあるに勝手次第のひとハ出来ぬと叱られて漸く目ハ覚たれど居処に迷ふ一ノ瀬小七此寒雪の堪へ難き時節マア拠《よんどころな》無く近所の明き小屋を借りて這い入て居ると該地よりの報がありました。

伊那郡阿島村(下伊那郡喬木村)の一ノ瀬小七が、御岳講の加持祈禱で、家相が悪いという託宣があり、自分の家を壊して無断で他人の土地に移築した。しかし、所有者や役人にとがめられたため、あき小屋に住んでいるという話である。琴生がこの件に関与したかは不詳であるが、同じ村の事件であるから耳にはしたと考えられ、また家相判断の需要が存在していたことがわかる。

明治一〇年に下伊那郡喬木村字阿島の長谷川半七が経営する製糸所の竈が爆発し、職人が怪我をして工場は破産するという事件が起こった（『信飛新聞』では阿島の区長として長谷川範七と記されているが、『喬木村誌』（二四九頁）には、「明治四年区長阿島村長谷川半七」とあり誤記と考えられる）。琴生は竈《かまど》の方角が未申で大凶だったため、一家が断絶したと判断している。この年に下久堅の三石信義家の家相図を作成している。

広がる活動領域

地元の喬木村周辺で家相判断をしていた琴生は、明治一三年六月に三河国設楽郡槙野島で家相を判断している。その家の老婆が大病であるため、家相図を作成し指示したところ、翌年には老婆は全快したという。また、七月には、家族全員がコレラで死亡し、その跡地に住んだ者が全員死亡するという某家の家相を大凶と判断する。そして、図面を作成して指図したところ病人が出なくなったという。

明治一四年には東京で活動している。一月に東京芝区新桜田久保町の月岡国吉家の家相を見ている（芝区久保町には『地理風水 万病根切窮理 坤』の発行人である勝千博が住んでいる。琴生と同姓であるが、その関係は不詳である）。その家の父親が眼病のため、家相図を作成して処置したところ、父親の病気が全快したとして礼状をもらったという。また、浅太郎という人物が大病で危篤だったため、風水調べをして対処法を教える。同年には信州更級郡志川村（現・千曲市八幡志川）の小崎政右衛門家の家相判断をしている。

明治一七年三月には濃州恵那郡坂下村（現・中津川市坂下）の吉村角兵衛が脳病を煩っており、家相判断をして竈の位置を改善したところ、全快する。九月には、美濃国恵那郡福岡村（現・中津川市福岡）の田口清六家、安保鈍吉家、内野彦六家で風水判断をし、家相図を作成している。一〇月には上京して、東京芝区久保町の耶蘇教会で眼病について宣教師と議論している。同月には美濃国恵那郡植苗村の眼病を煩っている松原六三郎家の家相判断をして竈の位置を変え砂蒔き転宅法（吉方位に転居するという対処法）を批判している。さらに、信州下伊那郡佐竹村の箱川小弥兵衛家は家族が発狂し死亡、養子は酒乱であるため風水調べをしたところ、南の水が悪かったため処置、すると養子が全快したという。同年には、知久平村、北福地村、美濃国恵那山湯舟沢で風水調べをしている。

明治一八年には病気に悩む医師を治し、かつ医師が琴生の門人になった例が紹介されている。四月に信州西筑摩郡長野村の医師古瀬仲安に、患者の家の風水について指図したところ全快したという。また、一一月二六日に美濃国恵那郡の医師川方要の風水調べをする。妻が肺病で，その原因はコタツの位置であると判断し処置したところ、全快した。これに感銘を受けて医師川方要は翌二七日に入門する。長野県外にも入門者が現れたのである。医師の病を治した琴生は得意満面であっただろう。以下のように、病の究理を見つけるまでの事が記されている（『地理風水　万病根切窮理　坤』、六八―六九頁）。

予の宅ハ先年大凶逆の備へ多くして病災絶えず医師売薬ハ勿論方位祈禱ニ至るまで尽くさずと云ふをなし然れども其功少なくして積年の内病人の絶へさるの際元治元年予松浦筑前氏の門に入て

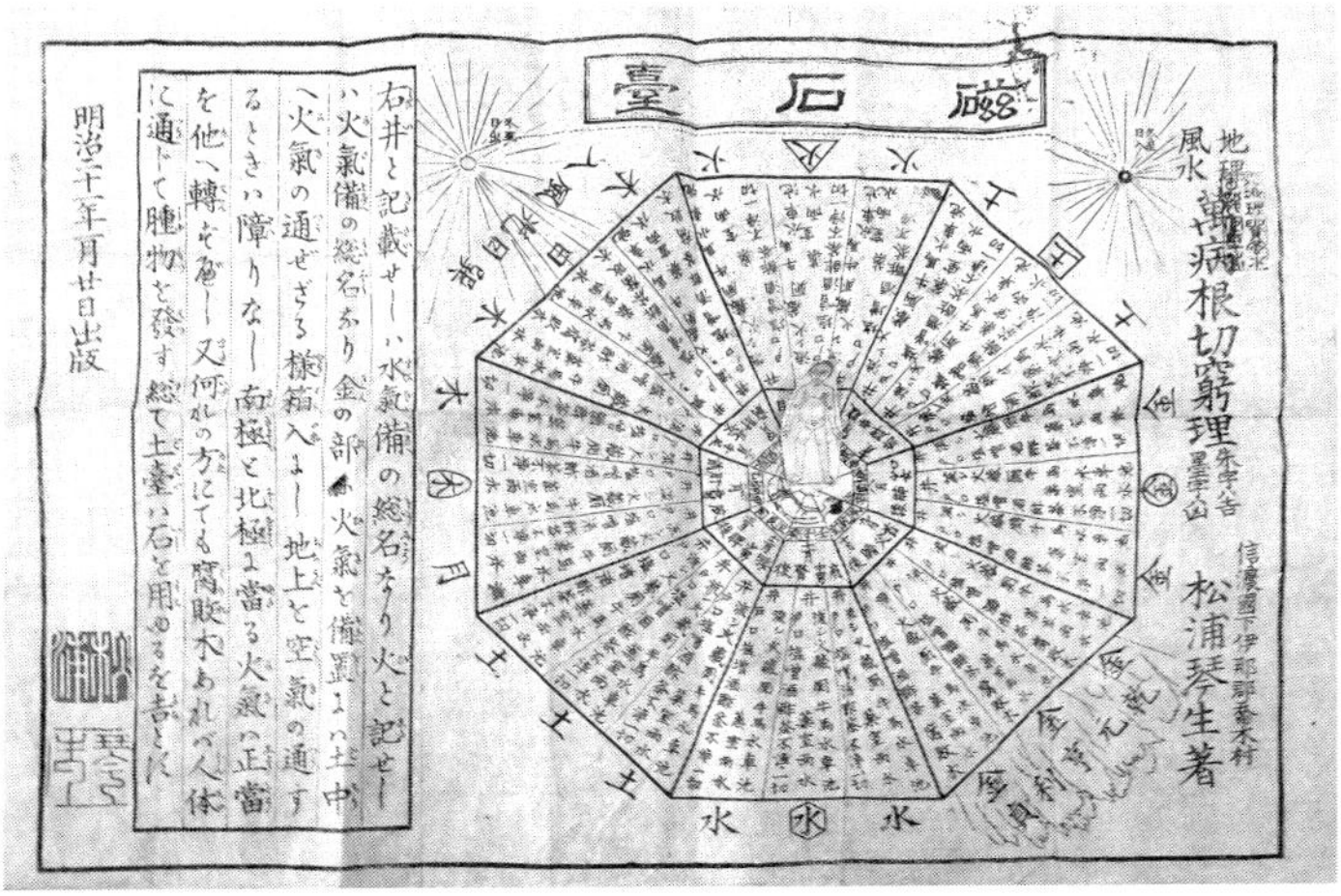

図1　『万病根切窮理磁石台』

是より数年天地陰陽の道を学び終に水火の逆気人身に通じ万病発端の根元となるを窮理を故に此理に因り我家に発病の根元となる凶物を除き

家相判断の変化――竈の特化

明治二一年一月二〇日には『万病根切窮理磁石台』を出版する。図1のように一枚刷りである。

この年の八月上旬には遠州周智郡水窪町（現・浜松市天竜区水窪）の井上重太郎の風水調べをしている。

明治二一年以降、琴生の家相判断は二つの点で大きく変化する。そのひとつが家相図である。それまでは図2のようにシンプルな家相図であったのに対して、詳細は後述するが図3のように「万病根切窮理」と独特の書体で記されるようになる。二つ目は判断対象が竈に特化していく点である。明治四二年に出版された彼の著書『貧福竈向　万病根切窮理』の副題に如実に表れている。この点についても詳細

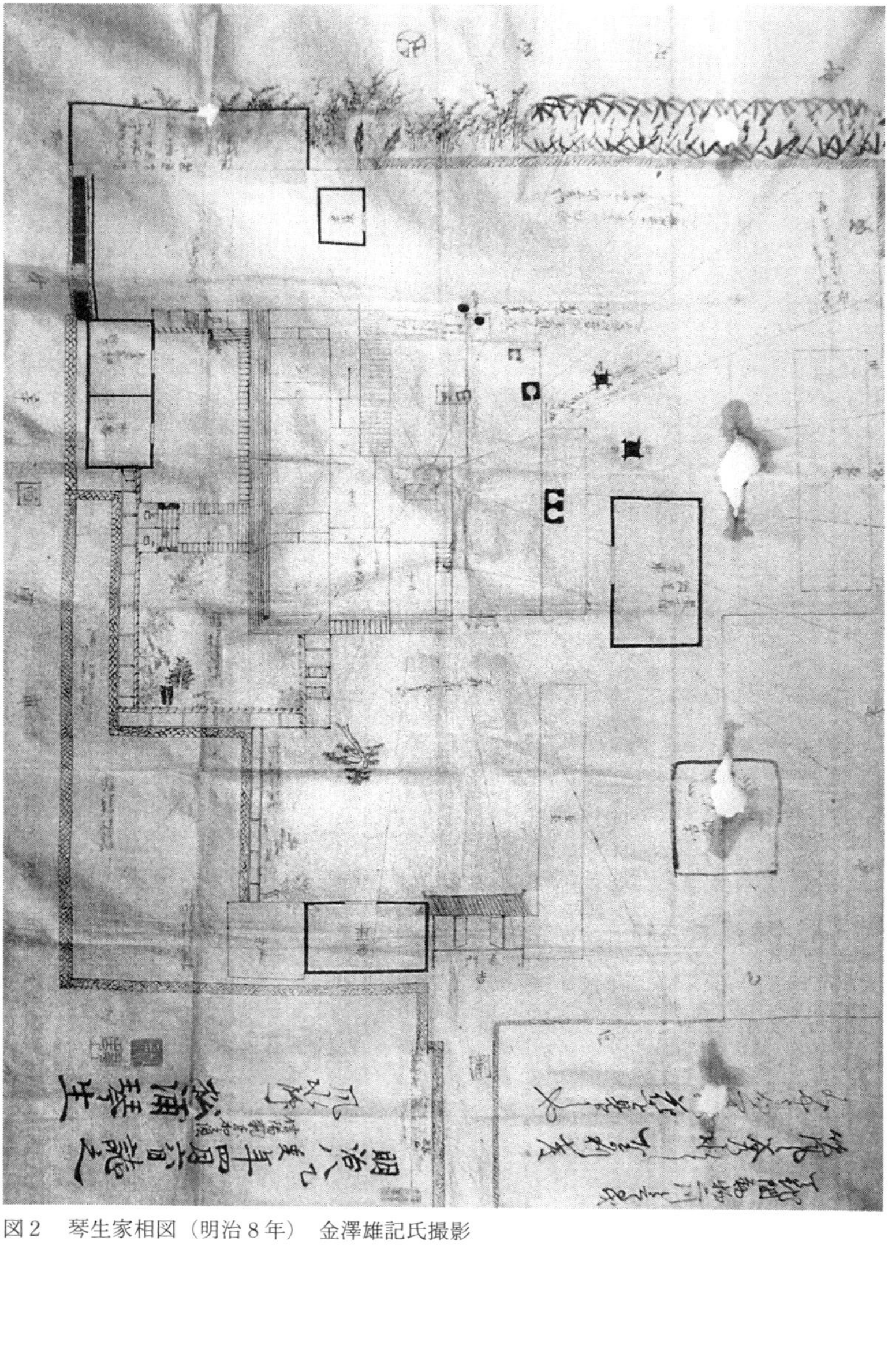

図２　琴生家相図（明治８年）　金澤雄記氏撮影

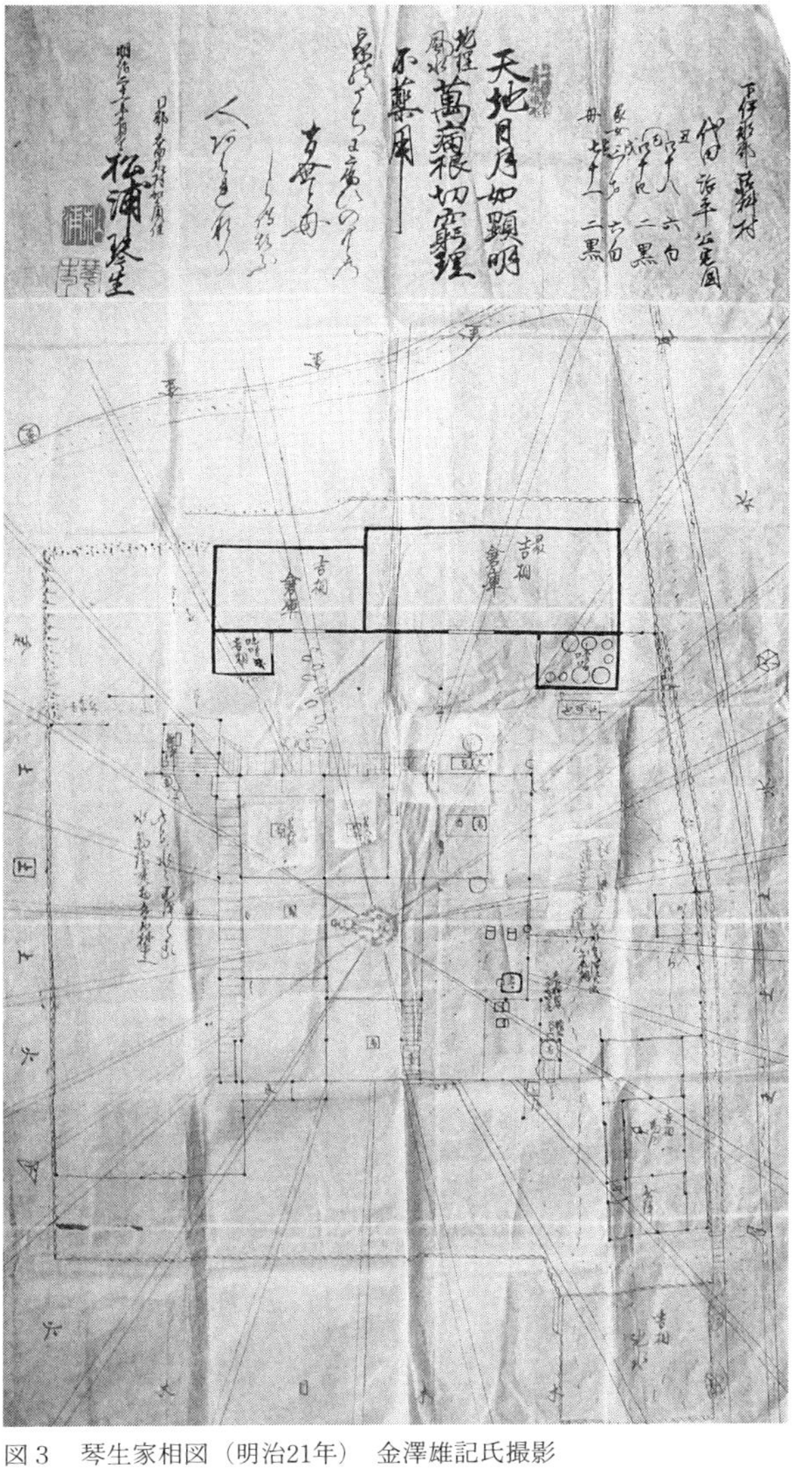

図３　琴生家相図（明治21年）　金澤雄記氏撮影

は後述したい。

明治二一年七月三〇日には竜丘の代田市郎家、明治二二年五月一七日には川路の長谷部宗弘家の家相図を作成する。

同年一一月二八日には、三州八名郡山吉田村（現・新城市山吉田）の田中伊兵治家の西洋竈を判断する。同家では米がうまく炊けず捨てることが多くて、それがきっかけで嫁が離縁された。後にもらった嫁も同様で離縁されそうになった。琴生は「嫁が手ににるめし故にねぐさると　おもふはかまの向にぞ有ける」と揶揄している。琴生の指示で竈の火口を改良すると、誰でも米をうまく炊けるようになり、離縁されずにすんだ。琴生は「嫁が手もけふあらたまるかまとくち　にるたひことに千代も栄えん」と歌っている。『貧福竈向　万病根切窮理』には、このような竈の不備により困っている家に対して、琴生の指示により竈の火口を改良して問題が解決されたというエピソードが数多く紹介されている。

明治二二年三月には『地理風水　万病根切窮理　坤』を出版する。価格は五〇銭である。巻末に著者と発行兼印刷者の住所氏名が、「長野県平民　松浦琴生　長野県喬木村七百十番地　長野県平民　勝栄三郎　東京神田区淡路町一丁目一番地寄留」と記されている（琴生も俗名は「勝」であるが、その関係は不詳である。親族の可能性が考えられる）。

明治二六年には長野県小県郡和村海野（東御市和村）の矢島寿太郎家の竈を判断する。明治二七年には竈の改良をした三河国北設楽郡稲橋村字大野（現・豊田市稲橋）の西尾吉三郎が入門する。

明治二八年一月一六日に下条村の鎮西徹家、四月一一日には上飯田の松沢卓治家、五月二六日には松本市の馬場家（馬場家住宅は一八五一年に建てられた本棟造の民家で一九九六年に国指定の重要文化財となった〈松本市重要文化財馬場家住宅第I期修理報告書〉）、七月七日には上飯田の酒井雅人家の家相図を作成している。一一月二八日には松本の桃瀬貞助旅舎の家相判断を行っている。琴生によれば松本からの風水調べの依頼が多く、松本浅間《あさま》からは入門者も多いという（ただ、松本市立文書館などで調査したが、馬場家以外の家相図は見つからなかった）。一二月三日には東筑摩郡山形村の原春蔵（明治九年生）が入門した。

明治二九年三月一〇日には神奈川県高座郡綾瀬村の山下藤五郎の竈を判断している。五月には下伊那郡飯田町伝馬町村田屋で酒造業を営む醸造家上柳喜右衛門から腐敗酒ができるので家相を見てもらいたいという依頼があった。調べると蔵の方位が大凶だったため、蔵を辰巳の方位に移築し竈火口も辰巳向けにするよう指示した。その結果、いい酒ができるようになり感謝されたという。酒造業からの依頼はこれが初出であり、これ以来醸造家からの依頼が増えていく。

明治三〇年一〇月二四日に東筑摩郡岡田村の宮下竹弥が風水窮理学に入門し、松浦静と称するようになった。年月は不詳であるが同年に下伊那郡大下條村の南島兼太郎から醤油竈の家相判断依頼があり、家相図を作成して醤油蔵の位置を指示したところ幸福になった。

明治三一年に下伊那郡松尾村（現・飯田市松尾）の島田焼酎屋から腐敗酒ができて八〇〇〇円損失したため依頼があった。竈の位置を指示したところ、いい酒ができるようになり評判がよくなった。

明治三二年二月一二日に松尾の古川布希子家、四月二八日に豊丘村の原嘉彦家、九月一八日に伊賀良の矢沢秀信家の家相図を作成している。

明治三三年三月三日は下條村の大島酒屋から依頼があり、泰阜村の明島佐々木鶴太郎が作成した竈の火口を変えた。四月一九日に伊賀良の矢沢洋孝家、五月二二日に三穂の玉置勝郎家の家相図を作成する。

七月上旬には飯田町中ノ町の桶屋職人から家族に病人がいるので風水調べの依頼を受ける。この職人は琴生に家相判断してもらった村田屋に出入りする職人だった。凶方位の竈を優等向けに改良し北の味噌桶を東に寄せたところ、耳の病気が完治した。

下久堅村知久平の山田屋酒造蔵は所有者が三人変わったがいずれも経営に失敗した。現経営者の市瀬宗一も腐敗酒に困っていると聞いた琴生は知人を通して『貧福竈向』を市瀬に送る。明治三三年秋に市瀬から家相判断の依頼があり、竈を優等向けに改良したところ生産量が一三石から六二石に増加した。この例は『貧福竈向』が顧客の獲得に成功した例である。

製糸工場からの依頼

明治三三年からは、酒蔵にくわえて製糸工場からの依頼が出てくる。諏訪にある従業員五〇〇人の龍上館製糸の西向き竈が爆発し多数の死傷者が出たという事故を紹介し、「此本出版して製糸家衆へ一般に配り国中残らず凶を転じて吉に改良有らん事を希望する」（五九頁）と述べている。

同年一〇月二八日には下伊那郡の下條製糸から依頼があり、優等竈に改良するように指示したところ順調に操業したという。下條製糸が製糸場の初出である。一一月一六日には下伊那郡富草村の梅田優勝館製糸から依頼される（梅田製糸場は明治二六年一月に起業した。規模は釜数一二、一ヶ月の製造数は六七五だった（『長野県史 第五巻』、三七頁））。明治三三年に大耀社製糸場が起業した。明治三〇年代は製糸事業家が続出し最盛期を迎えた。しかし、倒産や事業譲渡が続出し、明治後期は組合製糸になった（『阿南町誌 下巻』、五三九―四八頁）。

下伊那郡富草村の玉置安市は、明治三四年に真南に醤油蔵を建築し、竈を北向きにしたが、醤油が腐敗し二年後に廃業した。琴生は大凶の相であると指摘している。

下伊那郡喬木村の梅屋は創業六〇年の老舗の醤油屋で、自宅の真北に醤油蔵が建っていた。妻が八年間リウマチを患い薬が効かないので、明治三七年三月九日に琴生に依頼があった。同家は自宅を寅の方角に建てる際に、琴生が明治二七年以前に作成した家相図を所有していた。その家相図には「自宅の北に醤油蔵を建てると肩や背中が痛くなる。耳の病になる」と記されていた。妻のリウマチの原因が解明されたと梅屋の主人は感心した。琴生は乾の穀蔵と西の長屋を建て替えて、乾に醤油蔵を北に穀蔵を建てるように指示した。

明治三九年二月二三日に松川村の部奈一朗家の家相図を作成した。

明治四〇年九月二三日に木下藤太郎から下伊那郡上久堅村の木下浅太郎製糸が春に新築した竈の蒸気が効かず黒煙ばかり出て生産効率が悪いので見てほしいという依頼があった（上久堅村には、上久堅

図4　琴生の墓

村製糸所、丸日製糸所（後藤藤太郎）、木下製糸所（木下茂太郎）の三つの製糸所があった（『長野県史 第五巻』、五八頁）。琴生は二四日に図面を作成して北向きの竈が原因であると指摘し、二六日に優等竈に改良したところ、二八日に立ち寄ると白い煙になり感謝された。

明治四一年八月一六日に座光寺の今村善興家の家相図を作成する。

明治四二年一月六日に竜江の木下博史家の家相図を作成する。竜江村製糸から依頼があり（大正三年には、竜江村製糸工場、合資会社吉沢製糸所（吉沢伊太郎）、市瀬製糸所（市瀬善治）、合資会社松尾製糸所（木下富）、椚平製糸所（松尾桐次郎）、竜陽館製糸所（林壮逸・大沢今朝次郎）、熊谷製糸所（熊谷亀市）の八つの製糸所があった（同右））、二月二五日に松尾富吉の製糸場を訪問し、周辺の製糸場五軒を見学し、すべて優等竈に改良することが認められ、琴生は満足する。四月二五日に三穂の松村定利家の家相図を作成する。そして、一一月二五日に『貧福竈向　万病根切窮理　続編』を松浦琴雄とともに生々館から発行する。発行者は「長野県平民　東京市芝区桜田久保町　勝千博」、印刷者は「長野県平民　東京市芝区馬車町　勝栄三郎」であり、『地理風水　万病根切窮理　坤』と同じ人物である。

これ以降の琴生の活動は家相図から知ることができる。明治四三年一一月九日に伊賀良の矢沢国義家、一一月二九日に同じく伊賀良の矢沢彦五郎家の家相図を作成する。明治四四年八月一〇日に山本の竹村泰彦家、九月五日に竜丘の代田市郎家の家相図、明治四五年五月三一日に竜丘の代田市郎家の家相図を作成している。大正五年一一月七日に竜丘の中島捷家の家相図を作成している。この家相図の上中央部には「地理風水　万病根切窮理」と記され、「八十七翁　松浦琴生」と署名されている。これが収集した家相図では琴生自らが作成した最後の家相図である。

大正一一年一月三日に琴生は九三歳で没する。喬木村には図4のように彼の墓が現存しており、戒名は「風水院信義琴生居士」である。

二　琴生の家相図

初代・二代の琴生

松浦琴生の名前が記された家相図をまとめたのが表1である。全部で二八点ある（金澤雄記氏の論考を参照した（金澤 二〇〇九、二〇一一）。また資料調査では同氏に大変お世話になった。記して謝意を示したい）。

表1によれば、上飯田の酒井雅人家は琴生没後の大正一三年一〇月一七日の紀年名がある家相図を所蔵している。前述したように琴生が作成した家相図の上中央部には「地理風水　万病根切窮理」と記されている。ところが、酒井雅人家所蔵家相図には「地理風水　万病根切福徳繁栄窮理」と「福徳

表1　松浦琴生作成家相図一覧

作成年代	所有者	住所	主屋	図の大きさ（縦×横）
明治8.4.6	部奈一朗家	松川村	取壊	156×116
明治8.5.31	篠田重美家	上郷	現存移築前	72×77
明治10.3.9	三石信義家	下久堅	現存	108×108
明治11.3.5	代田市郎家	竜丘	現存	66×96
明治12.1.15	松村定利家	三穂	前身建物	96×64
明治21.7.30	代田市郎家	竜丘	現存	70×130
明治22.5.17	長谷部宗弘家	川路	現存	66×120
明治28.1.16	鎮西徹家	下条村	現存	−
明治28.4.11	松澤卓治家	上飯田	現存	88×63
明治28.5.26	馬場家	松本市	現存	
明治28.7.7	酒井雅人家	上飯田	前身建物	50×59
明治32.2.12	古川布希子家	松尾	現存	48×66
明治32.4.28	原嘉彦家	豊丘村	現存	48×99
明治32.9.18	矢沢秀信家	伊賀良	取壊	82×52
明治33.4.19	矢沢洋孝家	伊賀良	現存	78×93
明治33.5.22	玉置勝郎家	三穂	現存	58×80
明治39.2.23	部奈一朗家	松川村	取壊	79×109
明治41.8.16	今村善興家	座光寺	取壊	−
明治42.1.6	木下博史家	龍江	現存	84×40
明治42.4.25	松村定利家	三穂	現存	82×52
明治43.11.9	矢沢国義家	伊賀良	現存	52×83
明治43.11.29	矢沢彦五郎家	伊賀良	−	52×83
明治44.8.10	竹村泰彦家	山本	現存	81×52
明治44.9.5	代田市郎家	竜丘	別宅	53×81
明治45.5.31	代田市郎家	竜丘	別宅	26×47
大正3.12.7	西澤真太郎家	松尾	現存	39×110
大正5.11.7	中島捷家	竜丘	取壊	109×48
大正13.10.17	酒井雅人家	上飯田	現存	52×104

繁栄」の四文字が加筆されている。大正三年一二月七日の紀年名がある松尾の西澤真太郎家所蔵家相図にも、この四文字が加筆されている。この二つの家相図には、「第二世　松浦琴生」と署名されている。また、字体が琴生の字と異なることから、この二つの家相図は二代目を継承した弟子が作成したものである。二代目が活動する一方で、琴生は完全に引退したわけではない。大正五年一一月七日には竜丘の中島捷家の家相図を作成している。この家相図の上中央部には「地理風水　万病根切窮理」と記されており、「八十七翁　松浦琴生」と署名されている。琴生と二代目が作成した図の違いは、「福徳繁栄」の有無により判明できる。

琴生に複数回家相図の作成を依頼した例が四件ある。

代田市郎家（竜丘）は明治一一年、二一年に主屋の家相図を作成してもらった。明治四四、四五年には別宅の建物の家相図を作成してもらっている。同家は琴生以外にも、文久二年に松浦琴楽、年代は不詳であるが三枝精香に家相図を作成してもらっている。また、この他にも年代・作成者とも不詳であるが二枚の家相図を所蔵している。

酒井雅人家（上飯田）は明治二八年と大正一三年、松村定利家（三穂）は明治一二年と四二年、部奈一朗家（松川村）は明治八年と三九年に家相図を作成してもらっている。複数回依頼した家と琴生とのつきあいは代田家が三四年、酒井・松村家が三〇年、部奈家が三一年と長期間にわたる。別宅や増改築などの際には琴生に相談し家相判断を依頼しているのである。これらのことから、琴生と家相図所蔵者の間には長期間にわたる信頼関係が構築されていたことが確認される。

琴生の弟子たち

琴生の弟子たちも家相図を作成している。

神稲村の福沢未蔵所蔵の家相図には、「明治四三年一一月二六日　松浦琴生門人　神稲村戸中　松浦琴明」と記されている。

松尾の木下昭郎家所蔵家相図には、「大正七年一二月二二日　松浦琴勝」と記されている。座光寺の矢澤通則家所蔵家相図には「大正一五年三月六日　松浦琴生門人　松尾村　松浦琴勝」と記されていることから、松浦琴勝もまた琴生の弟子である。

松本市岡田の所武郎家所蔵の家相図には、「明治三六年六月二一日　東京神田区錦町一一八　方鑑仁信会本部長　松浦琴雄」と記されている。琴生の門人とは記されていないが、中心点の針が人型で、琴生の物と酷似している。何らかの関係があったかもしれない。

三　琴生の家相判断戦略

一枚刷り『地理風水万病根切窮理磁石台』

先に指摘したように明治二一年以降、琴生の家相図は大きく変化する。それまでは図2のように

「明治八乙亥年四月六日之誌　信陽郡奈和加々須　風水術　松浦琴生」と記されたシンプルな家相図であった。それに対して、図3のように図上部紙幅をすべて使い、右側に「住所・氏名・家族の年・本命星」、中央に「天地日月如顕明　地理風水万病根切窮理　不薬用」、左に「作成日と松浦琴生の署名」という構図に変化する。これ以後の琴生が作成する家相図ならびに弟子たちの家相図も同じ構図である。

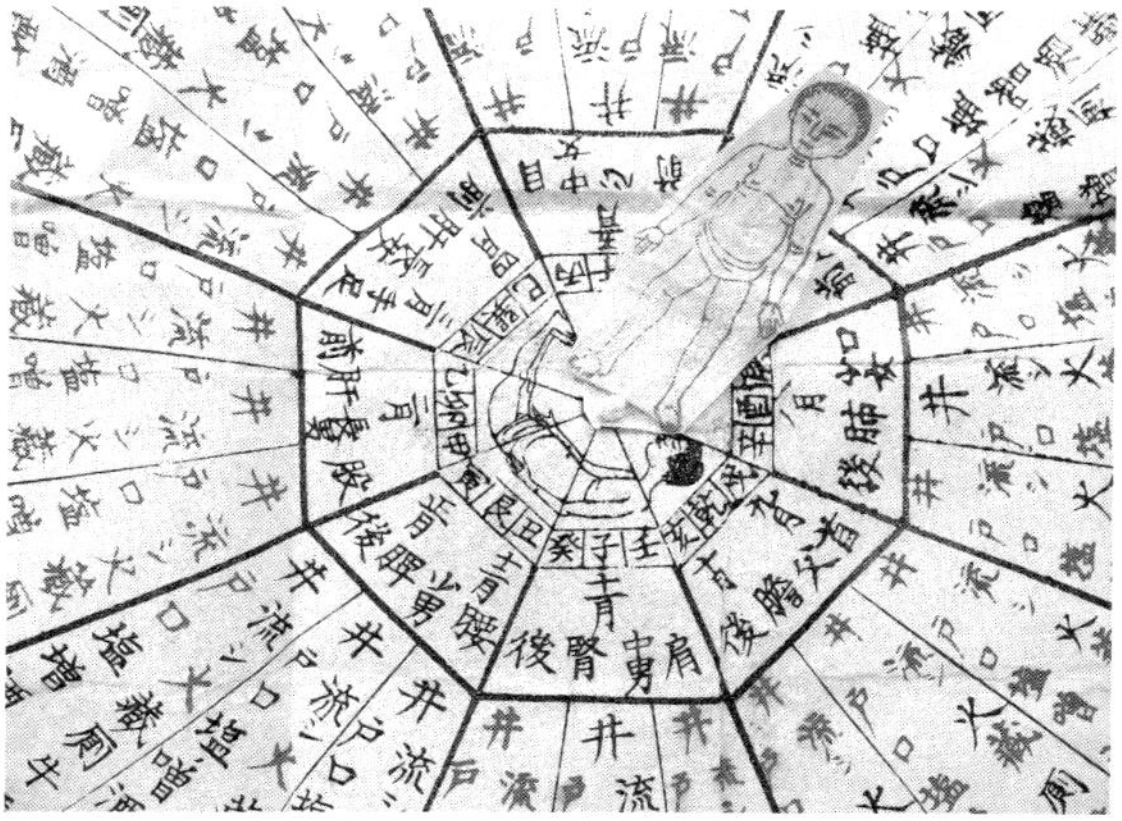

図5　『地理風水万病根切窮理磁石台』部分

「地理風水万病根切窮理」という言葉の初出は、明治二一年一月二〇日に出版された『地理風水万病根切窮理磁石台』である。一枚刷りである。図右側に「地理風水万病根切窮理　朱字ハ吉黒字ハ凶　信濃国下伊那郡喬木村　松浦琴生」と記されている。図の上中央に「磁石台」と記され、その下に方位八方位に分割され、さらにそれぞれ三方位、二四方位に分割されている。そして各方位の吉凶が具体的に記されている。台の中心には図5のような人形の針がある。この人形は家相図の中心点に紙縒《こよ》りで付けられていて動かすことができる。それぞれの方位に動かして判断するものと考えられる。左側には「右井と記載せしハ水気備の総名なり火と記せしハ火気備の総名なり金の部□〔虫食い〕火気を備置にハ土中へ火気の通ぜざる様箱入れよし地上と空気の通ずるときハ障りなし南極と北極より当る火気ハ正当を他へ転ずべし又何れの方にても腐敗木あれば人体に通じて腫物を発す総て土台ハ石を用ゆるを吉とす」と解説が加えられている。

琴生がなぜ『地理風水万病根切窮理磁石台』を出版したのかは不詳である。一枚刷りで安価と想像されるので、売るあるいは訪問先で顧客などに配布したと想像される。入手した者は、自宅で簡単に家相判断を行うことができる。もし、何か差し障りがあれば琴生に連絡して相談することができる。そのために琴生の自宅住所が記されているのであろう。すなわち顧客獲得のための営業用として作成されたと推定される。また、翌年には、『地理風水　万病根切窮理　坤』を出版する。その予備宣伝として作成したのかもしれない。

『地理風水　万病根切窮理　坤』『貧福竈向　万病根切窮理　続編』の出版

『地理風水　万病根切窮理　坤』の目次は次の通りである。

(一)家の中央より割出に二十四路正伝、(二)易原由の事、(三)養生法、(四)疝積痞溜飲腰腹痛(根切治法)経験、(五)肩背痛及腕痛(根切治法)経験、(六)頭痛眩暈健忘脳病虫歯(根切治法)経験、(七)眼病(根切治法)経験、(八)疾病及乳汁出す(根切治法)経験、(九)諸腫物類(根切治法)経験、(一〇)難産、(一一)傷寒付傷風感冒、(一二)中寒及疫病、(一三)風邪中風、(一四)胃病、

（一五）霍乱、（一六）湿熱、（一七）中湿、（一八）疳狂気酒乱々心、（一九）食傷付肥満、（二〇）酒毒除、（二一）泄瀉、（二二）瘧疾、（二三）痢病、（二四）諸気鬱病、（二五）疾飲、（二六）咳嗽、（二七）嘔吐付反胃吞酸呎逆、（二八）諸虚労、（二九）諸血症、（三〇）水腫、（三一）黄疸付黄搦、（三二）疝気、（三三）小便及大便閉、（三四）遺精付遺搦、（三五）脚気、（三六）耳鳴付聾、（三七）驚風虫、（三八）疾病、（三九）癲癇、（四〇）喑啞付

諸雑種吉凶目次（四一）頭大小、（四二）人気強弱形姿、（四三）変死、（四四）鰥寡、（四五）盗気人発、（四六）味噌、（四七）酒造庫吉凶、（四八）薬種吉凶、（四九）染物職、（五〇）紙漉職、（五一）菓子店、（五二）鍛冶職、（五三）養蚕吉凶、（五四）大工木挽桶屋吉凶、（五五）厩吉凶

「万病根切窮理」と題するだけに、五五項目中、冒頭の（一）家の中央より割出に二十四路正伝と（二）易原由の事、加えて「諸雑種吉凶目次」の一五項、あわせて一七項目以外の三八項目は、すべて病気に関わる内容である。先に紹介したとおり、琴生はさまざまな病気を治したというエピソードを書き残している。悪い家相による災いには、「家運が下がる」「米銭失墜多き事」などさまざまなものがあるが（宮内 二〇〇九）、琴生は家相が悪くて引き起こされる災いを病気にのみ特化していることが特筆される。『地理風水万病根切窮理磁石台』の方位を示す針は人型であることも、身体と病を表象すると考えられる。「万病根切窮理」という言葉からも、琴生は家相の災いを病気に特化した戦略を取ったと考えられる。なお、同書では竈については、一切言及していない。

琴生は明治四二年一一月二五日に『貧福竈向 万病根切窮理 続編』を出版する。「万病根切窮理」という言葉は継承されているが、新たに「貧福竈向」という言葉が加えられている。目次は、以下の通りである。

(一)貧福竈向図解、(二)全世界周中風門窮理、(三)不及御竈向、(四)兵営竈向吉凶、(五)飯烹方凸凹成事井御備餅吉凶、(六)竈音聞吉凶知事、(七)西洋飯炊竈向吉凶、(八)地炉火坪吉凶之事、(九)大竈向吉凶、(一〇)酒蔵竈向吉凶、(一一)醬油竈向吉凶、(一二)豆腐屋竈向吉凶、(一三)菓子屋竈向吉凶、(一四)製糸竈向吉凶、(一五)採脳製造竈向吉凶、(一六)茶漬飯好と成人之事、(一七)旅舎竈向吉凶、(一八)下宿屋飯竈炊噺、(一九)雑品竈向井炭次伝授之事、(二〇)竈坎向竈　米三割五分薪六分五厘損失経験、(二一)竈坤艮向竈　米三割薪六分損失経験、(二二)竈乾兌向竈　米弐割五分薪五分五厘損失経験、(二三)竈離向竈　米壱割五分薪五分損失経験、(二四)竈貧福境向　米一割二分薪四分損失経験、(二五)竈甲と向巳向下等　米一割薪三分損失経験

二五項目中、(二)全世界周中風門窮理以外はすべて竈についてである。家相判断の対象を竈に特化したのである。竈の位置が悪いことを原因と判断した初出は明治一七年である。

酒蔵は明治二九年、製糸工場は明治三三年である。

近代化の中の竈の占い

『長野県史』によれば（第七巻、二九一―九二頁）、長野県下の器械製糸工場の繰湯の熱源は、明治一二年に三六〇工場のうち二二一工場、六一％が炭火や焚き火などの直接火力だった。明治一〇年代後半から鉄製全通筒横釜式となり、二〇年代に多管半通式の本格的ボイラーが普及し、明治二六年には五〇〇工場の中で焚き火による加熱は一六工場まで減少する。また、動力も水力が圧倒的に多かったが工場が大規模化すると水力では動力不足のため、蒸気機関を採用する工場も明治二六年には八一に及んだという。工場の近代化が進み、明治二六年には長野県の器械製糸業は、全国の一〇釜以上の製糸工場の二割、釜数の三割、生産高の四割を占めるようになった。

このように琴生が製糸工場の竈に注目するようになった時期は、ボイラー・蒸気機関の普及による工場の近代化が急速に進んだ時期と重なる。新たな近代的な設備を使いこなすのは容易ではなかったと推定される。琴生の竈判断が燃焼率などどれだけ科学的なものだったかは不詳である。しかし、黒煙が白い煙に変わるなど竈の改善が実感されたことは想像される。ボイラー・蒸気機関をうまく使いこなしていない工場もあったであろう。琴生はそうした製糸工場を新たな顧客として開拓したのではないかと考えられる。琴生自身、『貧福竈向 万病根切窮理 続編』の中で「此本出版して製糸家へ一般に配り国中残らず凶を転じて吉に改良有らんことを希望す」と述べていることはその証左である。

製糸業は繭の生産時期と価格に連動する季節的な性質を持ち、また生糸価格は海外の状況により激しく変動するため、その経営は不安定であった（同第七巻、二九九頁）。その経営的な不安定さは、工場主の不安を助長させたと推測され、経営がうまくいかないときに琴生のような占いに頼る余地が生まれたと考えられる。琴生はそうした部分に取り入ったのではなかろうか。製糸工場の家相を判断したのは琴生だけではない。伊那市美篶青島の若林友太郎（嘉永四年（一八五一）五月一日―昭和二年（一九二七）三月二六日）もまた、諏訪・辰野方面の製糸家、片倉館・武井製糸の家相を見たという。若林友太郎は若林天竜と名乗っていた。飯田市松尾の家相見から習ったといい、伊勢暦を手にして方角を見ていた。活動範囲は、諏訪・辰野方面、小横川・川島・小野・塩尻だった。塩尻市宗賀日出塩の丸山佳平家所蔵の家相図（明治四四年「地理家相専門士　信陽上伊那郡美篶村住人若林天竜」）、伊那市西箕輪梨の木の原富夫家所蔵の家相図（明治二六年「天地日月顕明也地理風水病根切不薬用　維持明治二十六年四月二十八日製　同郡美篶村住人　若林天竜選」）を作成している（竹入　一九八七）。これらの例からも、製糸工場の不安定な経営という要素が家相判断を依頼する心意を生んだと考えられる。

家相判断は淫祠邪教として明治六年に禁止される。しかしながら、家相図の作成年代を検討した結果、明治二〇～三〇年代に盛んに作成されたこと、同時期に山形県置賜地方で家相見として活動した渋谷常蔵という人物について検討したことがある（宮内　二〇〇六）。松浦琴生は、まさに家相判断が盛んに行われた時期に活動していたのである。

渋谷常蔵は旧庄屋など地域の有力な家の易相談にのり、家相図を作成することで地域の信頼を得て家相見としての地位を確立していった。松浦琴生もまた同じような戦略を採ったと考えられる。明治一〇年に家相図を作成した三石信義家は庄屋をした家で酒造業も行った名家である（飯田市歴史研究所二〇一二）。明治一一年に家相図を作成した代田市郎家は、大正末期から昭和初期に村長を務めた家である（同右）。こうした有力な家の家相図を作成することで、地域の信頼を得ていったと推定される。

また、長野県は養蚕が盛んな地域であり、蚕を飼育するための空間の確保、採光のために建物を改造する必要があった。明治四四年に家相図を作成した竹村泰彦家は養蚕のため二階を増築した。酒井雅人家は明治二八年と大正一三年に家相図を作成している。同家には建て替えた理由が養蚕には狭かったと伝えられている（同右）。明治三〇～四〇年代は養蚕業が盛んになり、二階に蚕を飼う部屋を設けたり、蚕を飼う巨大な長屋が建てられ始めた時期である。こうした養蚕業の拡大と効率化が建物の増改築を引き起こし、家相判断の需要を生んだと考えられる。

さらに製糸業の拡大により、ボイラー・蒸気機関の普及による工場の近代化が急速に進む。先述したように新たな近代的な設備を使いこなすのは容易ではなかったと推定される。琴生は竈に家相判断を特化し、製糸工場を新たな顧客として開拓したと考えられる。

以上のように、松浦琴生は、①地域の有力者の信頼を得る、②養蚕業の拡大による増改築による家相判断の需要、③製糸業の拡大による工場の近代化、という時代の流れに乗って家相判断を行ったのである。家相判断という近世的知識を、近代化の中でうまく生かしたと言えるであろう。

参考文献

飯田市歴史研究所編『本棟造と養蚕建築』、二〇一一年
大谷典久「家相見・測量家としての小林凌雲――『観相宝来記』を中心として」『信濃』七〇七号、信濃史学会、二〇〇八年
金澤雄記「家相図と建築」『飯田歴史研究所年報』四号、二〇〇九年
金澤雄記「家相図と建築――飯田・下伊那地域の家相図を事例として」『比較日本学教育研究センター研究年報』七号、お茶の水女子大学比較日本学教育研究センター、二〇一一年
竹入弘元「家相観察――明治時代の事例二件」『伊那路』三一巻七号、上伊那郷土研究会、一九八七年
宮内貴久『家相の民俗学』、吉川弘文館、二〇〇六年
宮内貴久『風水と家相の歴史』、吉川弘文館、二〇〇九年
『阿南町誌 下巻』、阿南町町誌編纂委員会編、一九八七年
『信飛新聞』、信飛新聞刊行会編、一九七〇年
『喬木村誌』、喬木村誌編纂委員会編、喬木村誌刊行会、一九七九年
『長野県史 第五巻(三)』、長野県史刊行会編、一九八〇年
『長野県史 第七巻』、長野県史刊行会編、一九八八年
『長野県史 民俗編 第二巻』、長野県史刊行会編、一九八七年
『松本市重要文化財馬場家住宅第I期修理工事報告書』、松本市、一九九六年

【執筆者】

佐竹朋子（さたけ ともこ）
1976年生まれ。京都女子大学大学院文学研究科博士後期課程単位取得退学。現在、郡山城史跡・柳沢文庫保存会学芸員。専攻、日本近世史。主な著作に、「幕末の修陵事業――朝廷側の視点から」（『明治維新史研究』4）、「近世公家社会における葬送儀礼」（『国立歴史民俗博物館研究報告』141）、「学習院学問所の果たした役割」（『近世の天皇・朝廷研究』2）などがある。

高橋章則（たかはし あきのり）
1957年生まれ。東北大学大学院博士後期課程単位取得退学。博士（社会学。一橋大学）。現在、東北大学大学院文学研究科教授。専攻、文芸社会学。主な著作に、『江戸の転勤族』（平凡社選書）、「思想の流通――月次な文芸世界」（『岩波講座 日本の思想 2』）、「表現される遊女から表現する遊女へ」（『男と女の文化史』、東北大学出版会）などがある。

工藤航平（くどう こうへい）
1976年、神奈川県生まれ。総合研究大学院大学博士後期課程修了。博士（文学）。現在、東京都公文書館専門員。専攻、日本近世史。主な著作に、「日本近世における村役人の資質と文字文化」（『国文学研究資料館紀要 アーカイブズ研究篇』10）、「名主家文書における文書認識と目録編成――分散管理と情報共有の視点から」（『アーカイブズの構造認識と編成記述』、思文閣出版）などがある。

山中浩之（やまなか ひろゆき）
1947年、奈良市生まれ。大阪大学大学院修士課程修了。大阪府立大学名誉教授。現在、大阪大谷大学非常勤講師。専攻、日本近世文化史。主な著作に、『中井竹山・中井履軒』（共著、明徳出版社）、『河内屋年代記』（共著、大谷女子大学資料館）、『南大阪の文化基盤』（大阪公立大学共同出版会）などがある。

引野亨輔（ひきの きょうすけ）
1974年、兵庫県生まれ。広島大学大学院文学研究科博士後期課程修了。現在、千葉大学准教授。専攻、日本近世文化史。主な著作に、『近世宗教世界における普遍と特殊』（法蔵館）などがある。

青木美智男（あおき みちお）
1936年、福島県生まれ。東北大学大学院修士課程修了。日本福祉大学教授、専修大学教授などをつとめる。専攻、日本近世社会史・文化史。2013年歿。主な著作に、『天保騒動記』（三省堂）、『百姓一揆の時代』（校倉書房）、『深読み浮世風呂』（小学館）、「近世非領国地域の民衆運動と郡中議定』（ゆまに書房）、『小林一茶――時代を詠んだ俳諧師』（岩波新書）などがある。

鍛治宏介（かじ こうすけ）
1973年、富山県生まれ。京都大学大学院文学研究科博士課程単位取得退学。現在、京都学園大学人間文化学部准教授。専攻、日本史（江戸時代）。主な著作に、『海士町村上家文書調査報告書』（編、海士町役場）、『禁裏・公家文庫研究』第4輯（共著、思文閣出版）、「近江八景詩歌の伝播と受容」（『史林』96巻2号）、『近江日野の歴史 第3巻』（共著、滋賀県日野町）などがある。

宮内貴久（みやうち たかひさ）
1966年、岩手県生まれ。筑波大学大学院歴史・人類学研究科博士課程文化人類学専攻単位取得退学。お茶の水女子大学大学院人間文化創成科学研究科文化科学系教授。専攻、民俗学。主な著作に、『家相の民俗学』『風水と家相の歴史』（吉川弘文館）などがある。

【編者】

横田冬彦（よこた ふゆひこ）
1953年、京都府生まれ。京都大学大学院博士課程修了。現在、京都大学大学院教授。専攻、日本近世史。主な著作に、『日本の歴史16 天下泰平』（講談社学術文庫）、『シリーズ近世の身分的周縁2 芸能・文化の世界』『身分的周縁と近世社会5 知識と学問をになう人びと』（編、吉川弘文館）、『異文化交流史の再検討』（共編、平凡社）などがある。

平凡社創業100周年記念出版

シリーズ〈本の文化史〉1
読書と読者

発行日　2015年5月25日　初版第1刷

編　者　横田冬彦
発行者　西田裕一
発行所　株式会社平凡社
〒101-0051 東京都千代田区神田神保町3-29
電話 03-3230-6580（編集） 03-3230-6572（営業）
振替 00180-0-29639
ホームページ http://www.heibonsha.co.jp/
装　丁　東幸央
DTP　平凡社制作
印　刷　藤原印刷株式会社
製　本　大口製本印刷株式会社

ISBN978-4-582-40291-9　NDC分類番号020.21
四六判（19.4cm）　総ページ336